本书是西北大学关学研究院
"中华关学"系列丛书之一

品读关学文粹

刘学智 魏冬 /主编

陕西新华出版传媒集团
陕西人民出版社

图书在版编目(CIP)数据

关学文粹品读/刘学智,魏冬主编. —西安:陕西人民出版社,2020.11
ISBN 978-7-224-13828-3

Ⅰ.①关… Ⅱ.①刘… ②魏… Ⅲ.①关学—文集 Ⅳ.①B244.45-53

中国版本图书馆 CIP 数据核字(2020)第 229096 号

出 品 人	宋亚萍
责任编辑	朱小平　王金林
	白艳妮　曾　苗
整体设计	白明娟

关学文粹品读

主　　编	刘学智　魏　冬
出版发行	陕西新华出版传媒集团　陕西人民出版社
	(西安北大街147号　邮编:710003)
印　　刷	陕西隆昌印刷有限公司
开　　本	787毫米×1092毫米　1/16
印　　张	21.5
字　　数	286千字
版　　次	2020年12月第1版
印　　次	2020年12月第1次印刷
书　　号	ISBN 978-7-224-13828-3
定　　价	46.00元

如有印装质量问题,请与本社联系调换。电话:029-87205094

《关学文粹品读》编撰委员会

主　编：

　　刘学智（陕西师范大学哲学与政府管理学院）

　　魏　冬（西北大学关学研究院）

编　委：（以姓氏笔画为序）

　　王美凤（西北大学关学研究院）

　　王海成（西北农林科技大学马克思主义学院）

　　米文科（宝鸡文理学院马克思主义学院）

　　刘　泉（陕西师范大学文学院）

　　刘　峰（西北大学关学研究院）

　　刘宗镐（西北大学关学研究院）

　　江求流（陕西师范大学哲学与政府管理学院）

　　李　明（西北政法大学哲学与社会发展学院）

　　李敬峰（陕西师范大学哲学与政府管理学院）

　　张　波（宝鸡文理学院政法学院）

　　陈战峰（西北大学中国思想文化研究所）

　　曹树明（陕西师范大学哲学与政府管理学院）

　　魏　涛（郑州大学历史学院）

序言

关学的"关",是一地理概念,指陕西的关中。"关学"不能简单理解为"关中之学",而是宋代后理学的一个地域性学术流派的称谓,就一般的意义上说是指"关中理学",它是儒学发展到宋代后出现的一个新形态。关学由张载在北宋关中创立,由于它的影响越来越大,以后人们常把它与北宋周敦颐创立的"濂学",程颢、程颐兄弟创立的"洛学"以及南宋朱熹创立的"闽学"并称为"濂洛关闽"。关学是宋代理学的四大流派之一,也是陕西宋代以降最有影响的儒学学术流派。

张载字子厚,他原是河南大梁(今开封)人,其父张迪在宋天禧年间在长安(今西安)为官,张载本人即出生在长安。后其父到重庆涪州(今重庆涪陵)任知州,张载随其父也生活在那里。在张载十五岁时,其父因病卒于官。按照河南的习俗,张载母亲决定将张迪葬回自己的家乡大梁,于是张载与其母陆氏、其弟张戬一起,护送张迪的遗骨回大梁。他们穿过巴山,越过秦岭,出褒斜古道到达关中眉县境内,因资费不足,加之前方有战事,难以前行,于是就把父亲葬于眉县横渠镇靠近终南山的迷狐岭上,于是全家也就在横渠定居下来。故以后的史书多记其为"郿人",他一生大部分时间都在横渠度过。横渠地处偏僻,"人不堪其忧",而张载则"处之益安"。就是横渠这一处"僻陋"而安静之地,成就了张载,他坚守在这里读书、著述、讲学,并写下了对理学发展有重大影响的著作《正蒙》,人称他为"横渠先生"。通过长期讲学、授徒,在他周围逐渐形成了一个学术群体,由于他们有共同的学术倾向和风格,人称其为关学。关学于张载在世时已成规模,故黄宗羲说:"关学之盛,不下洛学"(《宋元学案》卷三一)。

张载与周敦颐、邵雍、程颢、程颐并世,人称他们为"北宋五子"。这些人大都创立有独特的思想体系。如周敦颐著有《太极图说》,建立了儒道合一的思想体系;二程(程颢、程颐)建立了以"理"为本体的思想体系,而张载则提出了"太虚即气"的命题,确立了"虚一气"为本的宇宙观,以为万物都在"太虚"中存在着,"太虚"不是"无",而是不离"气"的真实存在,气"聚而为万物""散而为太虚",从而肯定了宇宙万物的真实存在,坚持了唯物主义的立场。重要的是,张载还在此基础上,建立了"性与天道为一""天人合一""学政不二"的思想体系,成为宋明理学的重要奠基者。理学的一些基本范畴和重要命题,在张载那里已经提出或见其端倪;理学心性论的基本理论框架在张载那里已见雏形;张载批判佛老的态度确立了理学家的基本理论立场;张载提出的"天地之性""气质之性"和"知礼成性,变化气质"的人性论和修养工夫论,"德性之知""见闻之知""心统性情"以及"立诚""尽性"的认识论和道德修养论,也多为包括二程、朱熹在内的理学家承继和阐发。张载《西铭》所阐发的"天人一体""民胞物与"的思想境界,也为宋明诸儒力加推崇。冯从吾评价说:"其学以《易》为宗,以《中庸》为体,以《礼》为的,以孔、孟为法,穷神化,一天人,立大本,斥异学,自孟子以来未之有也。"(《关学编·横渠张先生》)可见,他在北宋时所达到的理论高度,不仅孟子以来无人及之,也把北宋理学推向巅峰。

张载关学在宋代以降特别是在明清时期被关中士人传承和高扬,形成了绵延不绝的关学史序列。元代关学处于低潮,到明代则出现了"中兴"的气象。明代前期,出现以王恕、王承裕父子为代表的三原之学,推动了关学的发展,其学人还有马理、杨爵、韩邦奇等人。另一支则是承继河东薛瑄之学的薛敬之、吕柟等人,此派经由兰州段坚、秦州周蕙传入关中,故又称"关陇之学"。他们虽然标榜学宗程朱,但是都推崇张载,以为"关中士人宗师";都推崇《西铭》,高扬其"天人一体""民胞物与"的思想,亦有人"论道体则独步张横渠"(韩邦奇)。经由他们的努力,关学遂再度得以复兴。到晚明,则涌现出长安冯从吾、凤翔张舜典等人,他们对晚明关学的振兴起了重要作用。他们虽然在学术倾向上受到阳明心学的影响,但是他们又总是清醒地进行着清算阳明后学空疏学风的努力。冯从吾是该时期关学的集大成者。至清代以至民国初年,又涌现出诸如王建常、李二曲、王心敬、李元春、贺瑞麟、柏景伟、刘古愚、牛兆濂等学人,尤以李二曲为著。他们虽然在学术倾向上不尽相同,或宗程朱,或宗陆王,或二者兼之,但在认同张载为"关学士人宗师",或"道继横渠"这一点上,高度一致。并且在承继和保持张载关学躬行礼教、经世致用、笃行践履、崇真务实、崇尚气节的宗风方面,也都是相通的,且各有其鲜明的特色。

张载之学至今已经走过了近千年的路程,但是它的文化精神仍光耀当代。张载提出的"为天地立心,为生民立命,为往圣继绝学,为万世开太平"的"四为"精神,仍然激励着当今的中华儿女为中华民族的伟大复兴而不懈奋斗。张载关于"知礼成性,变化气质"的道德修养论,对于广大民众加强道德修养、提升遵纪守法的人文素质,增强青少年法治意识有着重要的意义。张载建立在"仁爱"和"天人一体"基础上的"民胞物与"思想,对于今天践行社会主义核心价值观也将起到积极的作用。关学的崇真务实、笃实践履、经世致用的思想,对于今天培养求真务实、不尚空谈的工作作风,也有重要的启示。关学学人群体都有着鲜明的气节和操守,这些人的节操风骨绝不仅仅是个人一时一地的境遇所致,而是为如张载所说的"于公勇,于私怯,于公道有义,真是无所惧"的道义精神所支撑和培育,也将对培养关中人质朴、敦厚、善良、率真的品格有积极的意义。在今天,学习和了解关学,承传关学的优秀传统和文化精神,以"醒世道,正人心",应该是我们今天纪念张载的最好方式。

关学学人大都留下了丰硕的文献典籍,只是大多辞晦义奥,对于广大读者来说,阅读可能有一定的困难。为了方便广大读者阅读关学学人的著作,学习关学学人的思想,了解关学学人的精神风貌,我们组织原《关学文库》的部分作者,从诸多关学学人的著作中选出十多位学人最能反映其思想特点的名篇或名段,加以注释、解读,以帮助大家学习关学知识,了解典籍文义,领悟关学思想,并希望能从中受益。虽然我们尽力去做,但仍可能会因或选文不当,或解读不准而不能达其目的。为此,诚望读者朋友予以批评指正。

此为序。

刘学智

2020年7月28日

目录

张　载　　　"横渠四为"句 / 4

　　　　　　西　铭 / 7

　　　　　　东　铭 / 12

　　　　　　太和篇（节选） / 14

　　　　　　诚明篇（节选） / 20

　　　　　　大心篇（节选） / 25

　　　　　　乾称篇（节选） / 28

吕大临　　　西铭解 / 32

吕大钧　　　吕氏乡约 / 40

范　育　　　正蒙序 / 48

杨　奂　　　正统八例总序 / 58

萧　斛　　　地震问答（节选） / 73

马　理　　　马理语录（节选） / 94

吕　柟	泾野子内篇（节选）／ 107
	仰止亭记 ／ 113

韩邦奇	正蒙拾遗序 ／ 120

杨　爵	隆治道疏 ／ 129

冯从吾	做人说（上）／ 142
	做人说（下）／ 144
	善利图说 ／ 148
	关学编自序 ／ 155

王建常	《复斋录》（节选）／ 165

李　颙	悔过自新说（节选）／ 180
	盩厔答问（节选）／ 192
	与当事论出处 ／ 197
	匡时要务 ／ 204

李　柏	花之圣人 ／ 216

李因笃	乞终养疏 ／ 224
	重修宋张诚公横渠夫子祠记（节选）／ 230

王心敬	明　学 ／ 238

李元春	桐阁重刻关学编序 / 261
	原　命 / 266
	管宁挥金不顾论 / 270
柏景伟	校刻关学编序 / 278
贺瑞麟	重刻关学编序 / 289
刘光蕡	时务斋学规 / 301
牛兆濂	芸阁学舍记 / 317
	重修鲁斋祠落成并祭黄小鲁观察启（节选）/ 324
	与张鸿山 / 329

张　载

张载(1020—1077),字子厚,原籍大梁(今河南开封)。其父张迪于宋真宗时在长安为官,天禧四年(1020)张载出生在长安(今西安市)。张迪后继任涪州(今重庆涪陵区)知州,景祐元年(1034)逝世于涪州任上,时年张载15岁。家人决定将他移棺至原籍大梁安葬,于是张载与其母、弟护送父亲灵柩,越巴山,奔汉中,出斜谷,行至今宝鸡市眉县横渠镇时,因资费不足,又听前方有战乱,自感难以返归故里,遂将他安葬于眉县横渠镇之南大振谷口迷狐岭,以后全家就定居于眉县横渠镇。张载一生除了短暂的为官经历外,大部分时间都在这里度过,其主要活动为著述立说,教育弟子,故他被称为"横渠先生"。

张载年轻时很有抱负,时西夏入侵中原,他曾欲率民团夺回被西夏侵占的洮西之地。21岁时,他谒见当时主持西北防务的范仲淹,并上书陈《边议》九条。范仲淹"一见知其远器",告之"儒者自有名教可乐,何事于兵!"并劝他读《中庸》,由此使他明确和坚定了成圣成贤的方向和决心,"遂幡然志于道"。他通读了儒家的经典,"犹以为未足",又"访诸释老,累年,尽究其说。知无所得,反而求之六经"(《关学编》卷一)。他的思想经历了出入佛老而后归之儒的心路历程。嘉祐初,他到了开封,尝坐虎皮讲《周易》,听者甚众。一夕,二程(颢、颐)来看望他,并与之论《易》。他感到二程更"深明《易》道,吾所弗及",遂"撤坐辍讲",并谦虚地导引人们向二程习《易》。他尝与二程"论道学之要",更增加了习儒成圣的信心,说:"吾道自足,何事旁求!"于是"尽弃异学",彻底放弃了佛老而专事儒学。

嘉祐二年(1057),张载进士及第,时年38岁,被任命为祁州(今河北安国市）司法参军，后又任丹州宜川（今陕西宜川县北）县令，复迁著作佐郎、签书渭州（今甘肃平凉）军事判官公事。神宗熙宁二年（1069），张载因吕公著推荐而受宋神宗召见，并以法"三代"之策应对。时王安石正推行新法，神宗准备起用他，他却说："臣自外官赴召，未测朝廷新政所安，愿徐观旬月，继有所献。"（《关学编》卷一）后王安石请他出来参与新政，但两人却语多不合。王安石主张以法律手段，通过激进的变法手段，增加国家的财政收入，以解决当时的一些社会问题。张载主张采取比较温和的方法，重点解决社会贫富悬殊的问题，特别强调变法不要与民争利。不久又命他为崇文校书，还未得赴任，被派往浙江处理狱案，事毕还朝，恰遇其任御史的弟弟张戬以言得罪王安石而被贬官，他觉得自己的理想已难以实现，遂借病而返归故里。熙宁三年（1070），张载辞官回到横渠镇，继续潜心研学，发奋著述，"其志道精思未始须臾息，亦未始须臾忘"，尝"俯而读，仰而思"，进行艰苦的理论探索。这一时期，张载通过招收门徒，传授学问，逐渐形成了以他为核心的学术流派，史称关学。熙宁九年（1076），因吕大防举荐，张载受召入同知太常礼院，在此他欲推行"冠婚丧祭"古礼，却得不到朝廷的支持和理解。看到自己"道之终不行"，遂于熙宁十年（1077）冬再次告归，不幸于回归途中病逝，时年58岁。

　　古人将张载的思想特点概括为："以《易》为宗，以《中庸》为体，以孔、孟为法，黜怪妄，辨鬼神。"（《宋史·张载传》）他尝与诸生谈及为学之要，"每告以知礼成性、变化气质之道，学必为圣人而后已"（《关学编》卷一）。强调要以礼为教，继善成性，实现成圣的理想。他总结汉唐以来儒学的"大蔽"，就是"知人而不知天，求为贤人而不求为圣人"（《关学编》卷一）。认为汉唐儒者其思想尚未达到本体的高度，其境界并不高远，而"天人合一"才是他要达到的思想高度。这一高度，从本体论上说，"性与天道合一存乎诚"（《正蒙·诚明》），即"性道不二"才是圣人的境界；从认识和修养工夫论说，"儒者则因明致诚，因诚致明，故天人合一"，即圣人因"诚"而致"明"（由知性而穷理），贤人则因"明"致"诚"（由穷理而尽性），诚明互补，方可达天人合一的境界。

他强调人要有"为天地立心,为生民立命,为往圣继绝学,为万世开太平"的使命意识和责任担当,要肩负起为社会确立以"仁孝"之理为根本的价值原则,为民众确立安身立命的正确精神方向,要在"学绝道丧"之时承继和弘扬古圣先贤创造的文化传统,重建儒家的价值系统,从而开创太平祥和的万世基业。"四为"反映了张载非凡的精神气象,成为宋明以来儒家士大夫不懈的精神追求和努力方向。

张载一生著述很多,主要有《正蒙》《易说》《经学理窟》等。《正蒙》是其代表作,该书在宋代关中几乎"家弦户诵"。《易说》是张载早期解《易》的著作,其中已部分地收入到《正蒙》中。《正蒙·乾称篇》有首尾两章,首章名《订顽》,末章名《砭愚》,张载将其分别抄录在西、东窗户上。程颐非常推崇这两章文字,更其名为《西铭》和《东铭》。其伦理境界、人格理想、为人处事的原则,在这里得到了集中的体现,故程颐称《西铭》"此横渠文之粹者也"(《二程粹言》),又说"《西铭》明理一而分殊,扩前圣所未发,与孟子性善养气之论同功,自孟子后盖未之见"(《宋史·张载传》)。《西铭》的核心精神是"民胞物与",这集中体现了张载崇高的伦理境界。对关学的研习,应从张载开始,对张载精神境界的了解,当从《西铭》开始。而要全面了解张载的思想体系,要特别注意阅读《正蒙》中的《太和篇》《诚明篇》《大心篇》《乾称篇》。此处即选出张载最著名的"横渠四为句"、《西铭》《东铭》以及《正蒙》中《太和篇》《诚明篇》《大心篇》《乾称篇》等重要论述予以品读。

"横渠四为"句

为天地立心,为生民立命,为往圣继绝学,为万世开太平。[1]

【注释】

[1] 为天地立心,为生民立命,为往圣继绝学,为万世开太平:此"四为"句,见于《宋元学案》卷一七《横渠学案上》黄百家案语所引,清朱轼康熙五十八年本《张子全书序》同此。南宋《诸儒鸣道》本所收《横渠语录》及南宋以前诸多版本作:"为天地立心,为生民立道,为去圣继绝学,为万世开太平。"元儒真德秀《西山读书记》则作:"为天地立心,为生民立极,为前圣继绝学,为万世开太平。"因《宋元学案》所说流传较广,故这里采用此说。

品 读

张载在长期的为学为政生涯中,形成了自己远大的抱负、志向和社会理想,他将其概括为四句话,即"为天地立心,为生民立命,为往圣继绝学,为万世开太平"。明人贺时泰将其概括为"横渠之'四为'",冯友兰概括为"横渠四句",马一浮概括为"横渠四句教",但因张载还有其他以四句为格式的格言,为表示区别,此处称为"横渠四为"句。"四为"集中体现了张载的使命意识和社会理想。

"四为"各句不是并列的关系,其中"为天地立心"是其核心,只有"立心"才能"立命""继绝"和"开太平"。其实古人常以"立""天地之心"释"为天地立心"。如罗洪先说:"盖欲'为天地立心',必其能以'天地之心'为心。"(《念庵文集》卷二)何谓"天地之心"?张载说:"大抵言'天地之心'者,天地之大德曰生,则以生物为本者,乃天地之心也。"(《横渠易说·上经》)也就是说,天地之心乃仁爱之心。清儒李二曲说:"天无心,以生物为心。""生物之心"即仁爱之心。他认为人可通过"慈祥利济""仁民爱物"的实践,"为天地立心"。故他概括说:"盖仁之与义,'为天地立心,为生民立命'。"(《义林志序》)马一浮解释说,天地之心可从"人心一念之善"处见之,故"天地以生物为心,人心以恻隐为本"。他认为往哲先贤所做的事,如"《西铭》'一体之仁',《礼记》'大道之公',《大学》'明新至善之道'"(《司牧宝鉴序》)皆是在为天地立心。从一定意义上说,我们今天所进行的道德教育、"三观"教育、核心价值观教育,都是在做着"为天地立心"的工作。

"为生民立命","立命"亦作"立道"。"立命"出自《孟子·尽心上》,说:"夭寿不贰,修身以俟之,所以立命也。"朱熹注:"(夭寿)不贰者,知天之至,修身以俟死,则事天以终身也。立命,谓全其天之所付,不以人为害之。"孟子本义是指通过修身以保持天所付之生命,不要让人的行为妨害它。张载对孟子"立命"从道德意义上有所发挥,与其"立心"相联系,主张儒者应该有一种社会使命和责任担当,引导广大民众"立命",即帮助民众安身立命,确立自己生命的精神方向、人生准则和价值目标,从而获得生命的价值和意义。

"为往圣继绝学"。"往圣",指历史上的圣人。"绝学",指当时已经衰微的当时已经衰微的儒家学说和学术传统。张载继承的是由尧、舜、禹、汤、文、武、周公而至于孔子、孟子所一贯倡导的仁义之道的道统,并且要在"自孔孟没,学绝道丧千有余年"(《正蒙·范育序》)之后继承和高扬它。要继承就必须扫除导致儒家道统中衰的异端邪说,所以他勇敢地担负起从哲学上批判佛老的使命,一面尽力反佛老,一面"勇于造道",努力建构新儒家的学术体系,建立了"以《易》为宗,以《中庸》为体,以孔孟为法,黜怪妄,辨鬼神"的学术体系。张载不仅发挥传统儒家"乐且不忧"的人生观、"尊道贵德"的道德观、"一天人、合内外"的价值理想以及"不语怪力乱神"的理性精神,而且提出了"太虚即气"的宇宙观、"民胞物与"的伦理观和"性与天道合一"的心性论。其所著《正蒙》即言"六经之所未载,圣人之所不言"(《正蒙·范育序》),充分彰显了张载强烈的使命意识,也实现了他"为往圣绝学"的夙愿。

张载提出的"为万世开太平",既为社会指明了前进的方向,也为人类指出了实现美好理想的目标。"太平""大同"等观念,是周公、孔子以来圣人的社会政治理想。孔子一直以"道之将行"(《论语·宪问》)的状态为理想的社会,孟子也一直向往"王道"的理想社会,《礼记·礼运篇》所述的"大道之行也,天下为公"的"大同"社会,也是他们所理想的太平盛世。在那个社会里,没有剥削,没有压迫,没有贫富差别,人们各尽所能,过着平等、自由的生活。张载面对宋代社会的种种矛盾和人民生活的困苦,以儒家仁爱精神为基,以更深远的视野展望"万世太平"的人类理想,强调要努力为人类开创万世祥和的基业,反映了张载的博爱情怀和远大志向。这一点可成为我们今天倡导建构人类命运共同体的重要思想资源。

张载的"四为"句通过立心、立命、继学,最后达到"开太平"的目标,涉及人们的仁爱价值、生命意义、学统传承、社会理想等多方面的内容。它不仅是张载对自己一生抱负和理想的概括,也是对当时、后世有志青年的一种方向指引和精神激励。

西 铭[1]

张载

乾称父，坤称母[2]；予兹藐[3]焉，乃混然[4]中处。故天地之塞，吾其体；天地之帅，吾其性。民吾同胞，物吾与也。大君[5]者，吾父母宗子[6]；其大臣，宗子之家相[7]也。尊高年，所以长其长；慈孤弱，所以幼其幼。圣其合德[8]，贤其秀也[9]。凡天下疲癃[10]残疾、惸独[11]鳏寡[12]，皆吾兄弟之颠连而无告[13]者也。于时保之，子之翼也[14]；乐且不忧，纯乎孝者也。违曰悖德[15]，害仁曰贼；济恶[16]者不才[17]，其践形[18]，唯肖者也。知化[19]则善述其事，穷神[20]则善继其志。不愧屋漏[21]为无忝[22]，存心养性为匪懈[23]。恶旨酒[24]，崇伯子[25]之顾养；育英才，颍封人[26]之锡类[27]。不弛劳而厎豫[28]，舜其功也；无所逃而待烹，申生[29]其恭也。体其受而归全者，参[30]乎！勇于从而顺令者，伯奇[31]也。富贵福泽，将厚吾之生也。贫贱忧戚，庸玉女于成[32]也。存，吾顺事，没[33]，吾宁也。

【注释】

【1】《西铭》：原为《正蒙》第十七《乾称篇》的首章，张载将其抄录贴在西边窗户上，称《订

顽》,以之为座右铭。后二程将其更名为《西铭》。

【2】乾称父,坤称母:出自《周易·说卦》:"乾,天也,故称乎父;坤,地也,故称乎母。"

【3】藐:小。

【4】混然:与天地无隔的状态。

【5】大君:指帝王、君主。

【6】宗子:古代宗法制下家庭中的嫡长子。

【7】家相:管家的头目。

【8】圣其合德:语出《易传·文言》:"夫大人者与天地合其德。与日月合其明。"圣人是天地(乾坤)之德的集中体现。

【9】贤其秀也:德才兼备的贤人则体现了天地的灵秀之德。

【10】疲癃:老而病之态。

【11】惸独:孤独无依靠者。

【12】鳏寡:失去配偶者,男为鳏,女为寡。

【13】无告:有难而无处申诉。

【14】于时保之,子之翼也:于时,于是;翼,帮助。"于时保之,子之翼也",语出《诗经·周颂·我将》:"畏天之威,于时保之。"是说我们不仅要保护他们,还要帮助他们。

【15】悖德:违逆道德。

【16】济恶:增其恶名。语出《左传》文公十八年:"世济其恶,增其恶名。"

【17】不才:不成其才。

【18】践形:语出《孟子·尽心下》:"形色,天性也。惟圣人,然后可以践形。"

【19】知化:知晓宇宙事物之变化。

【20】穷神:穷究事物之奥妙。"善述其事""善继其志",语出《中庸》:"夫孝者:善继人之志,善述人之事者也。"

【21】不愧屋漏:语出《诗经·大雅·抑》:"相在尔室,尚不愧于屋漏。""不愧于屋漏",是说做事不愧于神明。

【22】忝:羞辱。"无忝"语出《诗经·小宛》:"夙兴夜寐,毋忝尔所生。"为无忝,即不使父母受到羞辱。

【23】匪懈:匪,同"非";懈怠。语出《诗·大雅·烝民》:"夙夜匪解,以事一人。"解:通"懈"。

【24】旨酒:美酒。

【25】崇伯子:即禹。禹父鲧曾被封为崇国的伯爵,故称。

【26】颍封人:即颍考叔。

【27】锡类:锡,通"赐"。锡类,把恩德赐予朋类。语出《左传》隐公元年:"颍考叔,纯孝也。爱其母,施及庄公。诗曰:'孝子不匮,永锡尔类',其是之谓乎。"

【28】厎豫:厎,致;豫,乐。厎豫,由不愉快到欢乐。

【29】申生:春秋时晋献公之子,在宫廷斗争中为阴谋所逼。"受赐而死",故被后人尊为恭世子。

【30】参:曾参,即曾子。

【31】伯奇:周朝大夫吉甫的儿子,以勇于顺从父命而闻名的孝子。

【32】玉女于成:女,汝。玉汝于成,即上天看重你,促使你得以成功。
【33】没:同"殁",去世。

品 读

《西铭》原是《正蒙》第十七篇《乾称篇》的首章。明代沈自彰编《张子全书》则把此章析出,置于《正蒙》之前,中华书局1978年所出《张载集》将其回归《乾称篇》。

《西铭》在张载思想中占有重要地位,如二程说:"此横渠文之粹者也。"(《二程粹言·论道》)并给予其很高的评价,谓其言"极纯无杂,秦汉以来学者所未到"(《张子语录》)。张载在《西铭》中谈到了三个层面的意思,一是"天人一体"和"民胞物与"的思想;二是"仁孝"之理;三是积极进取和达观超然的人生态度。

首先,张载在"天人一体""天人合一"思想基础上,讲"民,吾同胞;物,吾与也",即认为民众都是我的同胞兄弟,万物都是与我为邻的同伴,这句话被后人概括为"民胞物与"。在张载看来,乾父坤母,包括人在内的宇宙万物,都因气化而有生,同禀一气而有性。值得注意的是,张载在这里何以"不曰天地而曰乾坤"?因为在张载看来,"言天地则有体,言乾坤则无形。故性也者,虽乾坤亦在其中。"(《横渠易说》)也就是说,只有无形的乾坤才能说明万物禀气而有之性。从禀赋之气所承载的价值意义上说,所有的人和物都是平等的,所以我们要以"民胞物与"的态度,看待和处理人与人、人与物的关系。张载的这一思想不是凭空产生的,而是在儒家传统仁学思想基础上形成的,并有大的超越。《论语》说"泛爱众,而亲仁""四海之内皆兄弟"。这就把早先建立在"亲亲"基础上的人伦之爱,扩展到广泛的人与人之爱。孟子说"亲亲而仁民,仁民而爱物",又进一步把人伦之爱扩展到万物。之后,唐代韩愈说"博爱之谓仁",把儒家的仁爱观明确提升到博爱的高度。张载从易理出发,在"天人一体"的基础上讲"民胞物与",此则是在"天人合一"基础上,既讲人与人的爱,又强调人要与万物相伴而生。这是一种具有生态伦理意义的大爱,也是张载对儒家仁爱思想的升华。在张载看来,大自然不是人类的专属品,人在自然界是很渺小的,只能"混然中处"于其中。人类也不是大自然的主宰者,天人本为一生态共同体,其命运是连在一起的。人应该爱护所有的有生之类,也要关照所有的无生之属,人类若无限度地征服自然,必然要受到大自然的惩罚。事实上,自然界几亿年发展出的生态平衡,绝不是才有几十万年发展史的人类(文明史也许还不到五千年)所能控制和主宰的。张载在千年前已经有了这种生态共同体的意识,是非常了不起的。

其次,张载在"民胞物与"的思想基础上,更突出儒家的"仁孝"道德。《礼记·礼运》所说"故不独亲其亲,不独子其子;使老有所终,壮有所用,幼有所长,矜(鳏)寡孤独废疾者皆有所养",体现了对仁爱、平等、和谐社会的向往。张载对之做了充分的发挥,不仅强调要尊长慈幼:"尊高年,所以长其长;慈孤弱,所以幼其幼。"尤其强调要对那些"疲癃残疾、惸独鳏寡"以及生活"颠连而无告者"等社会弱势群体,视其为自己的同胞兄弟,给予更多的关爱。孝道也是儒家特别倡导的道德,《中庸》说:"夫孝者,善继人之志,善述人之事者也。"认为最大的孝就是要承继父母之志,完成父母未竟之业。张载从《易》理"天人合一"的高度讲孝道,认为只有"穷神知化""修身养性",才能达到继父母之志、成父母之事的境界,才能上无愧于苍天,下无辱于父母。张载由此进一步强调"践形""继善成性"等修养理论,主张人之有形有色,是人的天性。与"济恶"相对,人能继善成性,方可达崇高的境界,并能自觉践履德性,这叫"践行"。若能自觉践行天赋的德性,就是尽性。能尽性就可"践形",只要能践形的人就很像天地父母的孝子。为了说明这一点,张载不厌其烦地列举出舜、禹、颍考叔、申生、曾子、伯奇等古代圣王和志士仁人行孝的事例。正是在这一意义上,二程说:"仁孝之理备于《西铭》之言"(《二程粹言·论道》)。朱熹也说:"横渠作《西铭》,亦只是要学者求仁而已"(《孟子精义》卷一三)。

再次,张载最后讲人处于不同境遇时应持有的生活态度。人生的境遇无非有顺境和逆境两种。处于顺境,即在享受富有、尊贵、幸福、恩泽之时,不要高傲和狂妄,要将其视为这是上天给予自己的特别眷顾;处于逆境,即在遭遇穷困、卑贱、忧愁、悲伤之时,应将其视为上天对自己的考验和激励,以促使其振作精神,取得成功。这种文化精神,古人常以"贫贱忧戚,庸玉汝于成也"来概括。在此基础上,张载特别强调,人对自己有限的生命应该持一种坦荡达观、乐观进取的胸襟和态度。活着,就要顺从规律,积极做事;死了,就视其回归本来的安宁。以这种积极而超然的态度处世,人就不会有诸多烦恼,总能乐观地面对生活。

东　铭

戏言[1]出于思也,戏动[2]作于谋也。发乎声,见乎四支[3],谓非己心,不明也;欲人无己疑,不能也。过言非心也,过动非诚也。失于声,缪迷[4]其四体[5],谓己当然,自诬[6]也;欲他人己从[7],诬人[8]也。或者以出于心者,归咎为己戏,失于思者,自诬为己诚,不知戒其出汝者,归咎其不出汝者,长傲[9]且遂非[10],不知孰甚焉!

【注释】

【1】戏言:戏耍之言。
【2】戏动:戏耍的行动。
【3】四支:即四肢。
【4】缪迷:谬论迷失。
【5】四体:四肢,这里指行动。
【6】自诬:自己欺骗自己。
【7】己从:跟从自己。
【8】诬人:欺骗别人。
【9】长傲:增长自己的傲慢。
【10】遂非:顺遂不正确的东西。

品　读

　　《东铭》附于《正蒙》第十七篇《乾称》之末,强调做人要诚实,既不要自欺于己,也不要欺于人。如那种"戏言""戏动"好像没有什么目的,也似乎不是出于己心。其实,它也是经过自己思考过的;既已说了、做了,要让别人不起疑是不可能的。所以,人既不可"自诬",也不要"诬人"。他强调说话做事,一开始就要立诚,不要出于自己思考而做错了事,却把它归结为是自己在开玩笑;没有好好思考做错了事,却说自己当初是真诚的,所以最好是"戒其出汝",而不要事后"归咎其不出于汝",强调做人的重要原则是立"诚"。明人沈自彰在《张子二铭题辞》中将《西铭》与《东铭》做了比较,说《西铭》"包三才之广大,充其精蕴,体天人为一源"。而"《东铭》严毅",故"二铭""一时并出",都受到后世学者的推崇。

太和篇(节选)

太和[1]所谓道,中涵浮沈、升降、动静、相感之性,是生絪缊[2]、相荡、胜负、屈伸之始。其来也几微[3]易简[4],其究[5]也广大坚固。起知于易者乾乎！效法于简者坤乎！散殊而可象为气,清通而不可象为神[6]。不如野马[7]、絪缊,不足谓之太和。语道者知此,谓之知道；学易者见此,谓之见易。不如是,虽周公才美,其智不足称也已。

【注释】

【1】太和：宇宙间阴阳二气平衡、和谐的最佳状态。语出《周易·彖传》："乾道变化,各正性命,保合太和,乃利贞。"

【2】絪缊：语出《周易·系辞下》："天地絪缊,万物化醇。"与"氤氲"同,形容烟或云气的浓郁。

【3】几微：事物发展最初的征兆。

【4】易简：平易简约。语出《周易·系辞上》："乾以易知,坤以简能。易则易知,简则易从。"

【5】究：《说文》："穷也。"终极或根本之义。

【6】神：指气的神妙作用。太和之气清通不可象的特性称为"神"。

【7】野马：天地间的游气。语出《庄子·逍遥游》："野马也,尘埃也,生物之以自相吹也。"

司马彪注:"野马,天地间气,如野马之驰。"

太虚[1]无形,气之本体。其聚其散,变化之客形[2]尔。至静无感[3],性之渊源[4]。有识有知,物交之客感[5]尔。客感客形与无感无形,惟尽性[6]者一之。

【注释】

【1】太虚:本指广袤空虚的宇宙太空。见《庄子·知北游》:"不过乎昆仑,不游乎太虚。"《列子注》卷五:"夫含万物者天地,容天地者太虚也。"
【2】客形:变化不定之气的暂时状态,即气聚而为万物的状态。
【3】至静无感:即宇宙的终极状态是"至静",故没有阴阳之气相互间的感应。此与《老子》所说"归根曰静""静为躁君"之义相通。
【4】性之渊源:即"至静"是太和之气浮沉、升降、动静、相感之性的始基。
【5】客感:特定情况下的感应。
【6】尽性:语出《周易·说卦》:"穷理尽性以至于命",即扩充天赋予人的善的本性。

天地之气,虽聚散、攻取[1]百涂[2],然其为理也顺而不妄。气之为物,散入无形,适得吾体[3];聚为有象,不失吾常[4]。太虚不能无气,气不能不聚而为万物,万物不能不散而为太虚。循是出入,是皆不得已而然也。然则圣人尽道其间[5],兼体[6]而不累[7]者,存神[8]其至矣。彼语寂灭者[9]往而不反[10],徇生执有者[11]物而不化[12],二者虽有间[13]矣,以言乎失道则均焉。

【注释】

【1】攻取:排斥和吸收。
【2】百涂:泛指多种复杂的路径。
【3】吾体:气之本然状态。
【4】吾常:气之本然的变化规律。
【5】尽道其间:充分认识气聚与散的变化规律。
【6】兼体:对气的无感无形和客感客形相兼体察到。
【7】不累:不为其所局限。
【8】存神:存其精神。

【9】语寂灭者:指佛教教徒。
【10】往而不反:是说佛教只看到气的无形无感的一面(谓世界是虚无),而没有看到气必然聚为有形有象的万物的一面。
【11】徇生执有者:指道教教徒。
【12】物而不化:道教重生,认为人可以长生不死,肉体成仙,故永恒存在。
【13】有间:有差别。

知虚空即气[1],则有无、隐显、神化、性命通一无二,顾[2]聚散、出入、形不形,能推本所从来,则深于易者也。若谓虚能生气,则虚无穷,气有限,体用[3]殊绝,入老氏"有生于无"自然之论,不识所谓有无混一之常;若谓万象为太虚中所见之物,则物与虚不相资[4],形自形,性自性,形性、天人不相待而有,陷于浮屠[5]以山河大地为见病[6]之说。此道不明,正由懵者略知体虚空为性,不知本天道为用,反以人见之小因缘[7]天地。明有不尽,则诬世界乾坤为幻化。幽明[8]不能举其要,遂躐等[9]妄意而然。不悟一阴一阳范围[10]天地、通乎昼夜、三极大中之矩,遂使儒、佛、老、庄混然一涂。语天道性命者,不罔于恍惚梦幻,则定以"有生于无",为穷高极微之论。入德之途,不知择术而求,多见其蔽于诐[11]而陷于淫[12]矣。

【注释】

【1】虚空即气:虚空即太虚,或谓广袤的宇宙太空。即,不离。
【2】顾:只是。
【3】体用:本体和作用。
【4】相资:相互依凭、依赖。
【5】浮屠:佛教一词的早期翻译。
【6】见病:幻象。
【7】因缘:佛教用语,指宇宙间一切事物生灭的原因和所依赖的条件。
【8】幽明:指幽暗与明亮。语出《周易·系辞上》:"仰以观于天文,俯以察于地理,是故知幽明之故。"
【9】躐等:超越等级。
【10】范围:囊括。语出《周易·系辞》:"范围天地之化而不过。"
【11】诐:偏颇、诐辞。
【12】淫:放荡、过分。

气之聚散于太虚,犹冰凝释于水,知太虚即气,则无"无"。故圣人语性与天道之极,尽于参伍[1]之神变易而已。诸子[2]浅妄,有有无之分,非穷理之学也。

【注释】

【1】参伍:语出《周易·系辞上》:"参伍以变,错综其数。"指阴阳之气错综复杂的神妙变化而已。
【2】诸子:这里指老庄。

由太虚,有天之名;由气化,有道之名;合虚与气,有性之名;合性与知觉,有心之名。

两[1]不立则一[2]不可见,一不可见则两之用息[3]。两体者,虚实也,动静也,聚散也,清浊也,其究一而已。

感而后有通,不有两则无一。故圣人以刚柔立本[4],乾坤毁则无以见易。

气本之虚则湛一[5]无形,感而生则聚而有象。有象斯有对[6],对必反其为[7];有反斯有仇[8],仇必和而解。故爱恶之情[9]同出于太虚,而卒归于物欲[10],倏而生,忽而成[11],不容有毫发之间,其神矣夫!

【注释】

【1】两:两体,对立的两方面。
【2】一:统一。
【3】息:指相互作用停息。
【4】立本:立足点。语出《周易·系辞下》:"刚柔者,立本者也。"
【5】湛一:清彻,纯一。《正蒙·诚明》:"湛一,气之本。"
【6】对:两端。
【7】反其为:对立方面性质相反,其作为也就不同。
【8】仇:斗争、排斥。
【9】爱恶之情:这里指和解与对立、排斥两种情形。

【10】物欲：据王植《正蒙初义》卷一，此"非私欲之谓也"，这里指气变化为各种具体形态的物类。

【11】倏而生，忽而成：忽然产生，忽然形成。

品　读

《太和篇》是张载《正蒙》首篇，主要阐发了三层意思。

其一，关于"太和"之道。"太和"是指太虚之气的和谐状态，它是宇宙间万事万物和谐的根源。作为宇宙间一切运动变化的最高和谐，称"太和"，如王夫之所说："太和，和之至也。""阴与阳和，气与神和，是谓太和。"(《张子正蒙注》)"太和"既包括"阴与阳和"，即在阴阳二气运动变化中所含浮沉、升降、动静、相感等相互矛盾、相互作用而又浑然无间的和谐；也包括"气与神和"，即世界既充满了"散殊而可象"即可生成宇宙万物的气，而气本身又具有"清通不可象"的神妙，二者是体与用相统一的和谐。在张载看来，"太和"若不像庄子所形容的"野马"和《周易》所形容的"絪缊"那样的状态，就"不足谓之太和"。"太和"的价值意义在于："太和"是宇宙的最佳状态，也是我们人类追求的崇高而美好的境界；认识了"太和"，才真正懂得了"易"理，懂得了"道"，如张载所说，"语道者知此，谓之知道；学《易》者见此，谓之见《易》"。

其二，"太虚即气"是该篇的核心命题。张载所说"太虚"吸取了道家的概念，同时对其有进一步的理论升华。他将"太虚"视为宇宙万物的本体，说"太虚者，气之体"，又说："太虚无形，气之本体。"认为太虚是气的本然状态，是"至虚之实"的物质实体。"由太虚，有天之名"，即"天"是太虚的存在状态。张载虽以"太虚"为宇宙的本体，但不赞成佛、老所说的离开气的"虚"，而主张"太虚即气"。"即"，不离之意，是说广袤的宇宙太空是不能离气的。他说："太虚不能无气，气不能不聚而为万物，万物不能不散而为太虚。"又说"其聚其散，变化之客形尔。"气聚而为万物，气散而为太虚，万物只是气聚的暂时形态,虚不离气,明确表达了"虚—气"为本的思想。通常所谓张载主张"气本论"的说法,是不全面、不确切的。阴阳之气虽然"散则万殊",气聚而为大千世界,但其本则归于"虚"。然而人们往往只看到"万殊"世界,而"莫知其一",即看不到其统一的一面;或者只看到"合则混然",即归于统一的一面,而"未见其殊",看不到世界的万象差异,这都是不全面的。可以看出,张载是在对立统一中把握世界本体与万殊的关系的。

其三,张载提出"一物两体""有象斯有对",把矛盾的斗争性看成世界的普遍存在。他所说和谐的最佳状态"太和",其实也是充满矛盾的,其本身就具有浮沉、升降、动静、相感的性质。他主张"由气化,有道之名",他以气化为道,气化的过程又是充满着虚实、动静、聚散、相荡、相摩、屈伸等矛盾运动的动态过程。张载在千年前已认识到,矛盾内部对立与同一两种性质是相互依存的关系,所谓"两不立则一不可见,一不可见则两之用息",已认识到没有对立就没有统一;没有统一,对立面之间的作用也就不会存在。但是,他没有把矛盾斗争视为无条件的永恒状态,提出"有反斯有仇,仇必和而解"的命题,认为矛盾斗争到一定程度,斗争双方会趋于和解。这一点,可以成为我们今天建构和谐社会的重要思想资源。

诚明篇(节选)

诚明[1]所知乃天德良知,非闻见小知而已。

天人异用,不足以言诚[2];天人异知,不足以尽明。[3]所谓诚明者,性与天道不见乎小大之别也。

义命[4]合一存乎理,仁智合一存乎圣,动静合一存乎神,阴阳合一存乎道,性与天道合一存乎诚。

天所以长久不已之道[5],乃所谓诚。仁人孝子所以事天[6]诚身[7],不过不已于仁孝[8]而已。故君子诚之为贵。

诚有是物,则有终有始;伪实不有,何终始之有!故曰"不诚无物"。

【注释】

【1】诚明:语出《中庸》:"自诚明谓之性,自明诚谓之教。诚则明矣,明则诚矣。""诚"是天赋予人的道德属性;"明"则是指人通过后天学习而对事物的明确认识。"诚"与"明"的互动可以达到对天德良知的认识和把握,这一认识是不同于有限的闻见之知的。

【2】天人异用,不足以言诚:人的行动与天性要求不一致,就谈不上达到天赋的"诚"的境界。

【3】天人异知,不足以尽明:人的认识与天所示之理不一致,就不能说达到了"明"的认识高度。
【4】义命:道义和天命。
【5】不已之道:不停止运动的原因。
【6】事天:侍奉天。
【7】诚身:自己做到诚。
【8】不已于仁孝:不停止地践行仁与孝的道德。

"自明诚",由穷理而尽性也;"自诚明",由尽性而穷理也。

性[1]者万物之一源,非有我之得私[2]也。惟大人[3]为能尽其道,是故立必俱立,知必周知,爱必兼爱,成不独成。彼自蔽塞[4]而不知顺吾理者,则亦末如之何矣。

性于人无不善,系其善反[5]不善反而已。过天地之化,不善反者也;命[6]于人无不正,系其顺与不顺而已,行险[7]以侥幸,不顺命者也。

【注释】

【1】性:人物之性。张载《太和篇》:"合虚与气,有性之名。"
【2】非有我之得私:(性)不是人类能据为己有的。
【3】大人:德高位尊者。
【4】自蔽塞:指自己被邪说蒙蔽的人。
【5】善反:恢复、回复。
【6】命:命运、性命,这里指性命。
【7】行险:做坏事,或做违背道德的事。语出《中庸》:"小人行险以侥幸。"这句是说,那些常怀侥幸心理干坏事的小人,就是不顺从正命的人。

形而后有气质之性,善反之则天地之性存焉。故气质之性,君子有弗性者焉。

人之刚柔、缓急、有才与不才,气之偏也。天[1]本参和不偏[2],养其气,反之本而不偏,则尽性而天矣。性未成则善恶混,故亹亹[3]而继善者斯为善矣。恶尽去则善因以成,故舍曰善而曰"成之者性也"。

【注释】

【1】天:这里指天地之性。
【2】参和不偏:天地之性因参和太极、阴、阳而为一体,故其性不偏。
【3】亹亹:勤勉不倦。参见《周易·系辞下》:"成天下之亹亹者。"。

品　读

《诚明篇》是《正蒙》的第六篇,旨在阐发"性与天道合一"的心性论,从而实现了从太虚之气到价值领域的转折。这一转折是通过"诚"范畴地展开得以实现的。

首先,张载提出"性与天道合一存乎诚"。"性与天道"一句,最早见于《论语》中子贡所说:"夫子之言性与天道,不可得而闻也"(《公冶长》)。这里说的"性"指人性、性命。孔子罕言天道与性命,孟子则对性与天道的问题做了充分阐发,他说:"尽其心者,则知其性也。知其性则知天矣"(《尽心上》)。孟子把性与天联系起来,认为领悟了天赋予人的善的本性并践行之,就达到知天的境界,如朱熹所说:"性即天道,故知性则知天"(《孟子精义》卷一三)。在孟子看来,"诚者,天之道也;思诚者,人之道也"(《离娄上》)。"诚"本意是指真实无妄、笃实无伪的品德,孟子将"诚"视为天道的本性,因性即天道,故"诚"即天道。"诚"于是就具有了本体论与价值论的双重意义,成为儒家心性论的一个核心范畴。即从本体论来说,天道实存,真实无妄,天道具有诚的品性;从价值论上说,诚也是人得之于天而应该力加持守的品德。张载承继孟子以及《中庸》的思想并做了发挥。他把"诚"与"太虚"相关联,认为太虚具有"至诚"的本性。他说"由太虚,有天之名",又说"圣者,至诚得天之谓",认为圣人至诚的品性得之于体现太虚之性的"天""至诚,天性也"(《乾称篇》)。这是从本体论意义上说的。同时张载又认为,"万物取足于太虚,人亦出于太虚,太虚者,心之实也""虚者,仁之原"(《张子语录·语录中》)。太虚也具有诚、信和仁的道德品性。因此,作为"取足于太虚"的人,也就具有诚的道德本性。"性与天道合一存乎诚",是张载在天人合一、性道不二思想基础上提出的本体与价值相统一的命题。

其次,张载以"诚"与"明"的范畴探讨了"尽性"与"穷理"的关系,把本体与工夫统一起来。《中庸》说:"自诚明,谓之性;自明诚,谓之教。诚则明矣,明则诚矣。"由诚而明,重点强调"尽性";由明而诚,重点强调后天的教育和对事物的认识,二者结合互动才能尽性和明教。张载以"尽性"与"穷理"对"诚""明"的关系做了充分地阐发,说:"'自明诚',由穷理而尽性也;'自诚明',由尽性而穷理也。"意思是说,"自明诚"即由对事物的透彻认识(穷理)以达"至诚"的精神境界(尽性);"自诚明",则是由充分发挥天地之性就达近于诚的精神境界(尽性),再达至穷究事物之理(穷理)即对事物的透彻认识。在张载看来,圣人能"自诚明",而贤人则只能"自明诚",如朱熹所说:"德无不实而明无不照者,圣人之德。""先明乎善,而后能实其善者,贤人之学。"(《四书集注·中庸》)圣人之德与天性之诚相通,贤人之学与后天的认识和践行相关联,这就在本体与工夫相统一的意义上,对"诚"与"明"做了新的阐释。

最后,张载讨论了人性问题,主张"继善成性"。张载肯定了包括物性、人性在内的万物之"性"均渊源于太虚之气,故谓"性者万物之一源"。就人性来说,"湛一,气之本",即纯净、澄明的"天地之性",是气的本然状态,它是善的本源;而"攻取,气之欲",即排斥和吸取所导致的"性之欲",则是"气质之性"的表现。气质之性导致人对欲望的追求。所以,它是恶的根源。张载认为,"性与人无不善",即每个人生来都具有善的本性,问题在于,能否发现和回复到天所赋予的天地之性即善,所以,张载说"善反之,则天地之性存焉"。他强调人要"善反"以顺"正命"行事,不能"行险以侥幸"。张载认同《周易·系辞上》所谓"继之者善也,成之者性也"的说法,提出人性具有"天地之性"和"气质之性"的二重结构。正因为如此,他主张"性未成则善恶混",要真正完成人性,必须进行后天的修养以成就善的人性,所以他说"恶尽去则善因以成"。张载承继了孟子的性善说,同时又发挥了《周易》的"继善成性"说,并有所发展。

大心篇(节选)

张载

大其心[1]则能体[2]天下之物,物有未体,则心为有外。世人之心,止于闻见之狭。圣人尽性,不以见闻梏[3]其心,其视天下无一物非我[4],孟子谓尽心则知性知天[5]以此。天大无外,故有外[6]之心不足以合天心。见闻之知[7],乃物交而知,非德性所知[8];德性所知,不萌于见闻。

人谓己有知,由耳目有受也;人之有受,由内[9]外[10]之合也。知合内外于耳目之外,则其知也过人远矣。

【注释】

【1】大其心:即大心。朱熹《孟子精义》卷一三:"尽其心者,大其心也。"
【2】体:体会,体验,体认。
【3】梏:束缚。
【4】非我:没有不被"我"体悟的。
【5】尽心则知性知天:出自《孟子·尽心上》:"尽其者,知其性也。知其性则知天矣。"
【6】有外:有界限。
【7】见闻所知:由感觉器官与外物接触得到的认识。
【8】德性之知:天所赋予的天德良知。

【9】内:指主体的认识能力。
【10】外:指客观事物。

释氏[1]不知天命[2]而以心法起灭天地[3],以小缘大,以末缘本[4],其不能穷而谓之幻妄,真所谓疑冰[5]者与!夏虫疑冰,以其不识。

释氏妄意[6]天性[7]而不知范围天用,反以六根[8]之微因缘天地。明不能尽,则诬天地日月为幻妄,蔽其用于一身之小,溺其志于虚空之大,所以语大语小,流遁失中[9]。其过于大也,尘芥六合[10];其蔽于小也,梦幻人世。谓之穷理可乎?不知穷理而谓尽性可乎?谓之无不知可乎?尘芥六合,谓天地为有穷也;梦幻人世,明不能究所从也。

【注释】

【1】释氏:指佛教。
【2】天命:自然的必然性。
【3】心法起灭天地:佛教观点,认为山河大地都不过是由心所生所灭。
【4】以小缘大,以末缘本:小、末,指人心。大、本,指天地万物。意思是说,佛教把心看成世界的本原,是以小的、末节的东西为依据来说明大的、天地万物之本原,是本末倒置。
【5】疑冰:如夏虫怀疑冰的存在。
【6】意:疑为臆,猜度。
【7】天性:天的属性,或可作天道性命。
【8】六根:佛教用语,指眼、耳、鼻、舌、身、意。
【9】流遁失中:认识片面,脱离正道。
【10】尘芥六合:尘,尘埃;芥,小草;六合,上下四方,指宇宙。尘芥六合,泛指微观和宏观世界。

品　读

《大心篇》是张载《正蒙》中第七篇。这里节选的主要是反映张载认识论以及对佛、老批判的部分内容。

张载认为,人的认识、知识分为两种,即"见闻之知"和"德性之知"。就

"见闻之知"来说,"人谓己有知,由耳目之有受",即肯定人有认识事物的能力,而认识的发生,是由于人的感官可以接受外部事物的作用,这是"物交而知"。认识的全面过程是"内外之合",这个"合"既有感性的过程,也有理性的归纳推理的过程,所以他说,认识要"合内外于耳目之外",强调"大其心",即充分发挥人心的作用。如果能发挥心的作用去体悟世界的真理,那其认识就远远超过一般普通的人了,说明张载看到了"见闻之知"的局限性。但是当张载要突破"见闻之知"而达到理性高度的时候,却为传统的道德理性所囿,提出"德性之知"的概念,并且认为"德性之知不萌于见闻"。他所说的"大心",朱熹的解释是"尽其心者,大其心也",即扩充道德本心,这就从认识论走向孟子所说"尽心、知性、知天"的道德心性论。他认为,普通人都"止于见闻之狭",而圣人才能"不以见闻梏其心",通过"大心"达到尽心、知性的道德境界。

张载建构新儒学理论体系的一个重要动机,就是批判佛、老。他认为中国思想文化所以陷入危机,与佛教和道教的盛行有很大的关系。他承继了唐代韩愈的反佛立场,但他不是如韩愈那样着重从政治、伦理的角度反佛,而是从哲学理论上、思想方法上反佛。他紧紧抓住佛教"以心法起灭天地",不仅"诬天地日月为幻妄""以山河大地为见病",而且"梦幻人世",即把世界和人世都看成是虚幻的这一要害,进行批判。同时,指出佛教在方法论上的误区,就是"以小缘大,以末缘本",本末倒置,所以佛教不能真正"穷理",也不能真正"尽性"。

乾称篇(节选)

凡可状,皆有也;凡有,皆象也;凡象,皆气也。气之性本虚而神,则神与性[1]乃气所固有,此鬼神[2]所以体物而不可遗[3]也。

至诚,天性也;不息,天命也。人能至诚则性尽而神可穷矣,不息则命行而化可知矣。学未至知化,非真得也。

【注释】

【1】神与性:疑"性"为"虚",与前"本虚而神"相对应。认为神妙和空虚是气本身所固有的性质。

【2】鬼神:见《神化篇》:"鬼神,往来屈伸之义。"

【3】体物而不可遗:语出《中庸》。张载从无神论的意义上加以改造,认为气往来屈伸的运动产生万物而没有遗漏。

释氏语实际[1],乃知道者所谓诚也,天德也。其语到实际,则以人生为幻妄,以有为为疣赘,以世界为荫浊,遂厌而不有,遗而弗存。就使得之,乃诚而恶明者也。儒者则因明致诚,因诚致明,故天人合一,致学而可以成圣,得天而未始遗人[2],易所谓不遗、不流、不过[3]者也。彼语虽似是,观其发本要归,与吾儒二本殊归矣。道一而已,此是则彼非,此非则彼是,固不当同日而语。其言流遁失守[4],穷大则淫[5],推行则诐[6],致曲则邪[7],求之一卷之中,此弊数数有之。大率知昼夜、阴阳则能知性命,能知性命则能知圣人,知鬼神。彼欲直语太虚,不以昼夜、阴阳累其心,则是未始见易,未始见易,则虽欲免阴阳、昼夜之累,末由也已[8]。易且不见,又乌能更语真际[9]!舍真际而谈鬼神,妄也。所谓实际,彼徒能语之而已,未始心解[10]也。

【注释】

【1】实际:佛教用语。指本体,与实相、真如、涅槃、真性等概念相通。
【2】得天而未始遗人:即使努力掌握天道成为圣人,也从未忘却人世。
【3】不遗、不流、不过:指不遗弃、不散乱、不错过。语出《周易·系辞上》:"旁行而不流""范围天地之化而不过,曲成万物而不遗。"
【4】流遁失守:隐晦而失去根据。
【5】穷大则淫:穷究宇宙,则很过分。
【6】推行则诐:诐,偏颇。即推广实行则易走上邪道。
【7】致曲则邪:语出《中庸》:"其次致曲,曲能有诚"。朱熹注:"致,推致也。曲,一偏也。"致曲则邪,是说佛教在具体的小事上常违背正道。
【8】末由也已:没有途径而已。
【9】真际:佛教用语,与实际、真如等义相通,又指佛教所说的本体、永恒真理。
【10】心解:心领意会。语出《礼记·学记》郑玄注:"学不心解,则忘之易。"

品 读

《乾称篇》是《正蒙》之第十七篇,这里仅选有关气论、穷神知化以及反佛的有关论述加以品读。

张载认为,客观的物质世界是真实存在的,也是可以形容的。而这种可以名状的物质世界其本质是气。气有空虚和神妙的特性,这种特性正是阴、阳二气相互作用产生万物的根源。天道有"至诚"的品性,人若能效法天道达到"至诚"的境界,就可以"尽性",尽性则可以"知化",即通晓事物的运动变化。可以看出,"诚"是从气论过渡到价值论的中介和核心概念。

张载此篇进一步从心性论角度深入剖析佛教的虚妄和邪见,指出佛教所说的"实际",是把世界和人生都说成虚妄的,这就会把人们引向出世的境地,这并不是如儒家所说的天德之"诚",也并没有真正透彻认识世界的道理。因为,从根本上说,儒家的成圣成贤的路径与佛教实现理想境界的路径不同。虽然儒者走的是"自明致诚"即由穷理而尽性,或"自诚致明"即由尽性而穷理两种路径,但本质上都把天人统一起来了,只是前者由人而天,后者由天而人,这叫作"天人合一"。

(撰稿:刘学智)

吕大临

吕大临(1042—1093),字与叔,号芸阁。原籍河南汲郡(今河南省卫辉市),后移居京兆蓝田(今陕西省蓝田县)。治平二年(1065)及第。宋神宗熙宁三年(1070)至熙宁十年(1077),与其兄吕大忠、吕大钧一道问学于关学创始人张载。1077年,张载去世。1079年,吕大临兄弟转投洛学创始人二程之门。元丰三年(1080),陪程颐至关中讲学。元祐二年(1087),在文彦博的推荐下,任太学博士。元祐六年(1091),其兄吕大防推荐其为秘书省正字。元祐七年(1092),范祖禹"荐其修身好学,行如古人,可为讲官",然"不及用"而于元祐八年(1093)"方暑之时"(《伊洛渊源录》卷八)去世。有《易章句》《礼记解》《论语解》《孟子解》《诗传》及《考古图》等著述,但大部分散佚。后人多有辑佚工作:清末牛兆濂辑成《蓝田吕氏礼记传》十六卷,今人陈俊民辑有《蓝田吕氏遗著辑校》(中华书局,1993年版;《儒藏》本,北京大学出版社,2007年版),曹树明整理成《蓝田吕氏集》,收入《关学文库·关学文献整理系列》(西北大学出版社,2015年版)。

西铭解

乾称父,坤称母;予兹藐焉,乃混然中处。

人者万物之灵[1],受天地之中以生[2],为天地之心[3]者也。能知其所自出,故事天[4]如事亲[5]。

故天地之塞,吾其体;天地之帅,吾其性。

克己复礼,天下归仁[6],此之谓体。尽其心则知其性,知其性则知生矣[7],此之谓性。

民吾同胞,物吾与也。

均有是性,彼伤则我伤,故有怵惕恻隐之心[8]。均有是生,彼伤则我所不欲,故血气之类弗身践[9],而草木以时伐[10]。

【注释】

【1】人者万物之灵:语出《尚书·泰誓上》:"惟天地,万物父母;惟人,万物之灵。"儒家继承这一观念,强调人贵于物。

【2】受天地之中以生:语出《左传》成公十三年:"民受天地之中以生,命也。"

【3】为天地之心:语出《礼记·礼运》:"人者,天地之心也。""心"可以有两种理解:一、中

心。这样,这句话就是人是天地的中心的意思。二、灵气。如是,这句话就可以理解为人是天地中具有灵气的一类。第二种解释更贴切一些。

【4】事天:"事天"是孟子的观念,侍奉上天的意思。孟子有所谓"知天"与"事天"之说:"尽其心者,知其性也,知其性,则知天矣;存其心,养其性,所以事天也。"(《孟子·尽心上》)

【5】事亲:侍奉双亲。

【6】克己复礼,天下归仁:出自《论语·颜渊》:"一日克己复礼,天下归仁焉。"克己,就是克制自己的感性欲望;复礼,就是践履社会规范。孔子认为,人们一旦做到了克己复礼,仁就成为了一个普遍的伦理原则,而沉淀在个体的心理结构之中。

【7】尽其心则知其性,知其性则知生矣:这是吕大临对《孟子》原文的改造,篡改原文当然是为了表达自己的思想。《孟子》原文作:"尽其心者,知其性也,知其性,则知天矣。"这是一个通过道德修养而达到天人合一境界的过程。吕大临将"知天"之"天"改为"生",则把修养工夫的终极目标从天上拉回到了人间。在这个意义上,可以认为吕大临以人道为重。

【8】怵惕恻隐之心:语出《孟子·公孙丑上》:"今人乍见孺子将入于井,皆有怵惕恻隐之心。"据杨伯峻:"'怵惕'皆惊惧之义,'恻隐'皆哀痛之义,都是同义复词。"(《孟子译注》,中华书局,1960年版,第81页)

【9】血气之类弗身践:语出《礼记·玉藻》:"君子远庖厨,凡有血气之类,弗身践也。"吕大临这句话的意思是:对于动物,不要亲自宰杀。

【10】草木以时伐:语出《大戴礼记·曾子大孝》。意为:对于草木,要根据时节砍伐。此句与上句"血气之类弗身践"是至今为止仍具有重要参考价值的生态观念。

大君者,吾父母宗子;其大臣,宗子之家相也。尊高年,所以长其长;慈孤弱,所以幼吾幼。圣其合德,贤其秀也。凡天下疲癃残疾、惸独鳏寡,皆吾兄弟之颠连而无告者也。

大君[1]者,裁成天地之道,辅相天地之宜[2],奉天命[3],代天治,犹宗子[4]治吾父母之家事也。大臣燮理阴阳[5],寅亮天地[6],相其大君,犹家相[7]也。宗子、家相,吾所以敬[8]者,治[9]吾父母之事云乎。大君大臣治吾天地之事,可不敬乎?以"天下为一家,中国为一人"[10],则天下之长[11]于我者皆吾父兄,天下之幼[12]于我者皆吾子弟。天下之有圣人,其敬之也,犹父之执友[13],盖与天地合德[14]也。天下之有贤[15]者,皆吾之执友,天地之秀贤于我者也。天下之贫民,皆吾宗族兄弟之贫者也。

【注释】

【1】大君：即君主。

【2】裁成天地之道，辅相天地之宜：语出《周易·泰卦》的象辞。整句作："天地交，泰。后以裁成天地之道，辅相天地之宜，以左右民。"《周易》里以"天地交"为前提，吕大临则把这个功能转给了"大君"，平添了其中的政治意味。

【3】天命：即天的命令、天的意志。

【4】宗子：指大宗的嫡长子，泛指嫡长子。

【5】燮理阴阳：语出《尚书·周官》。整句作："立太师，太傅，太保，兹惟三公，论道经邦，燮理阴阳，官不必备，惟其人。"燮，调和的意思；理，治理之义。"燮理阴阳"指调和阴阳之道，引申为大臣辅佐君主治理国家。

【6】寅亮天地：语出《尚书·周官》。整句作："少师，少傅，少保，曰三孤，贰公弘化，寅亮天地，弼予一人。""寅亮天地"指恭敬地信奉天地之教。其目的是辅助君主之治。

【7】家相：春秋时指卿大夫家中的管家，后泛指臣仆、管家。

【8】敬：敬畏之义。

【9】治：治理之义。

【10】天下为一家，中国为一人：语出《礼记·礼运》。整句作："故圣人耐以天下为一家，以中国为一人者，非意之也。"这是儒家大同理想的描述，是中国古代知识分子的社会理想。

【11】长：指年长。

【12】幼：指年幼。

【13】执：真挚、真诚的意思。执友，即志同道合的朋友、知心的朋友。

【14】与天地合德：语出《周易·文言传》："夫大人者，与天地合其德。"吕大临的意思是，圣人的道德与天地相配。

【15】贤：贤德之义。

于时保之，子之翼也；乐且不忧，纯乎孝者也。

听于无声，视于无形[1]，敬亲不敢慢[2]也。恐惧乎其所不睹，戒谨乎其所不闻[3]，敬天不敢慢也。惟顺于父母可以解忧，乐于事亲者也。不识不知，顺帝之则[4]，乐于事天者也。举[5]天下之重，无以加[6]此，诚敬乎此者也。举天下之乐，无以间[7]此，诚乐乎此者也。事亲事天虽异，所以[8]敬乐则一也。

违曰悖德，害仁曰贼；济恶者不才，其践形，惟肖者也。

违天者，天之悖德之子。害[9]仁者，天之贼子。长恶不悛者，天之不才之子。与天地相似者，天之克省[10]之子。

知化则善述其事，穷神则善继其志。

可以赞天地之化育[11],则能述天地之事矣[12]。斋戒以神明其德[13],则能继天地之志矣。事所以行也,志所以存也。

不愧屋漏为无忝,存心养性为匪懈。

天命我以信而不信,则辱[14]天之命。天付我以道而堕不守,则扩[15]天之职。

【注释】

【1】听于无声,视于无形:语出《礼记·曲礼上》。指即使父母不在身边,也应该像能听到他们的声音、看到他们的身影一样,自觉地遵从父母的教诲、效法父母的德行。
【2】慢:怠慢、态度冷淡的意思。
【3】恐惧乎其所不睹,戒谨乎其所不闻:语出《礼记·中庸》,但与原文稍有出入。原文作:"戒慎乎其所不睹,恐惧乎其所不闻。"意为,在别人看不见的地方也要小心谨慎,在别人听不到的地方也要恐惧敬畏。这是要求人作慎独的工夫。这本是内省的修养工夫,吕大临则提升为对天的敬畏。
【4】不识不知,顺帝之则:语出《诗经·大雅·皇矣》。郑玄笺曰:"其为人不识古,不知今,顺天之法而行之者。此天之道尚诚实,贵性自然。"
【5】举:全的意思。
【6】无以加:指不能再增加、比不上。
【7】间:离间之义。
【8】所以:……原因的意思。
【9】害:使受损伤的意思。
【10】克省:克,克己之义;省,省思之义。
【11】赞天地之化育:语出《礼记·中庸》。
【12】能述天地之事:语出《礼记·中庸》:"夫孝者,善继人之志,善述人之事也。"吕大临将"人"改为"天地"。下文"能继天地之志"亦是如此改动。
【13】斋戒以神明其德:语出《周易·系辞上》:"圣人以此斋戒,以神明其德夫。"孔颖达疏云:"言圣人既以易道自斋戒,又以易道神明其己之德化也。"
【14】辱:指辜负。
【15】扩:放大、扩大的意思。

恶旨酒,崇伯子之顾养;育英材,颖封人之锡类。

不穷[1]人欲,所以存[2]天德。以善养[3]人,所以广[4]天德。

不施劳而厎豫,舜其功也。无所逃而待烹,申生其恭也。

自强不息[5],至于与天地合德,则天下底豫[6],故先天而天弗违[7]。无妄之以大,非其自取,则天无所逃,故顺受其正。

体其受而归全者,参乎！勇于从而顺令者,伯奇也。

天全德于予,既全而予之,可不全而归之[8]？故行一不义、杀一不辜而得天下,不为也[9]。曾子曰:"吾得正而毙焉,斯已矣,吾又何求?"皆全而归之者也。子之于父母,东西南北惟令[10]之从,素其位而行,不愿乎其外[11],安时处顺[12],其顺令之至者焉。

富贵福泽,将厚吾之生也；贫贱忧戚,庸玉汝于成也。

父母厚[13]汝之生,使汝仁及宗族[14],天地厚汝之禄[15],使汝泽[16]及于民,皆不可自致危暗。父母苦[17]汝,使汝知艰难,以成其身。天地穷汝,使汝由疾疢[18],以成其德。爱汝故苦汝,福汝故穷汝,皆不可妄生疾怨。

存,吾顺事；没,吾宁也。

无终食之间违仁[19],足以顺吾生。无一行之有不慊[20],足以安吾死。

【注释】

【1】穷:穷尽之义。

【2】存:指保存。

【3】养:涵养的意思。

【4】广:扩充之义,义同上文之"扩"。

【5】自强不息:语出《周易·象传》:"天行健,君子以自强不息。"

【6】底豫:指得到快乐。语出《孟子·离娄上》:"舜尽事亲之道,而瞽瞍底豫。"赵岐注曰:"底,致也。豫,乐也。"

【7】先天而天弗违:语出《周易·文言传》:"先天而天弗违,后天而奉天时。"

【8】天全德于予,既全而予之,可不全而归之:语出《礼记·祭义》:"父母全而生之,子全而归之,可谓孝矣。"吕大临按照自己的观念对《礼记》的话进行了改造,意思就变为:天赋予人以整全的德性,人不敢毁坏,从而全部归还于天。

【9】行一不义、杀一不辜而得天下,不为也:语出《孟子·公孙丑上》。意为:让做一件不合道义的事情,杀一个无辜的人,从而得到天下,(他们)都不会做。

【10】令:命令之义。

【11】素其位而行,不愿乎其外:语出《礼记·中庸》:"君子素其位而行,不愿乎其外。"意

为：君子在自己所处的地位上做应该做的事情，不超出自己的本分做事。

【12】安时处顺：语出《庄子·养生主》："适来，夫子时也；适去，夫子顺也。安时而处顺，哀乐不能入也。"意为：安于其时，顺其自然。

【13】厚：使富有、殷实之义。

【14】宗族：指同一父系的家族。

【15】禄：指俸禄。

【16】泽：指恩泽、恩惠。

【17】苦：指使受苦。

【18】疢疾：疢，指小的身体不适；疾，指长期生病。疢疾则泛指疾病。

【19】无终食之间违仁：语出《论语·里仁》。意为：没有一顿饭的时间违背仁德。

【20】慊：指满足、满意。

品 读

《西铭》是张载的名篇，与《东铭》一起书于横渠学堂的东西两面窗户上。两篇原名分别为《订顽》和《砭愚》，后程颐觉得这两个篇名易引起争端，而改称为《西铭》和《东铭》，学界遂沿用之。吕大临《西铭解》是现存最早的对张载《西铭》的注解之作。其注解有三个显著的特点：

第一，广泛用典，以经解经。从上面的注释可以看到，《左传》《尚书》《礼记》《周易》《诗经》等经书，《论语》《孟子》等儒家书籍，《庄子》等道家书籍皆在使用。

第二，据己意改经。这种做法当然不符合文献学的要求，但对于思想的创造来说却是有意义的。如引用《礼记·中庸》"夫孝者，善继人之志，善述人之事也"的话时，改为"能继天地之志矣""能述天地之事"，则把孝推广至对天地父母的孝敬。这不仅与张载的"乾称父，坤称母"意义更加接近，而且表现了天人合一的境界追求。再如，引用《孟子·尽心上》"知其性则知其天矣"时，将其中的"天"字改为"生"字。孟子的"知其天"为"心""性"确立了至高无上的形上依据——"天"，或者说，他用"天道"为人道之"心""性"的存在与合理提供了保证，而吕大临的"知其生"则仍然活动于人道范围之内，没有进行形上的追索。进言之,"知其性则知生矣"是讲在万物一体的生存境域中对"生"(包括生命和人生意义)的尊重或重视。

第三,思维路径的转向。张载之学"以《易》为宗",其《西铭》蕴涵的也是"推天道以明人事"的易学旨趣,而吕大临的思维方式却是"人道具则天道具"。如"乾称父,坤称母,予兹藐焉,乃混然中处"注云:"人者,万物之灵,受天地之中以生,为天地之心者也。能知其所自出,故事天如事亲。"在张载看来,人相对于天地而言本来是渺小(藐焉)的。然而,吕大临却在注文里强调了人为万物之灵的观念,进而将之视为"天地之心"。从张载的以天道为重到吕大临的以人道为重的迹象,是非常明显的。

(撰稿:曹树明)

吕大钧

吕大钧(1031—1082),字和叔,吕大临的哥哥。嘉祐二年(1057)中进士乙科,"授秦州司理参军,监延州折博务。改光禄寺丞,知三原"(冯从吾《关学编》)。后因担心父亲年老体力不支,代父入蜀为官,移绵州巴西县。熙宁三年(1070)韩绛宣抚陕西时,辟书写机密文字。翌年,移知福建侯官县。熙宁七年(1074),其父吕蕡过世,吕大钧回家丁忧,此后数年居家讲学。晚年,起为诸王宫教授,寻监凤翔船务,官职改为宣义郎。元丰五年(1082)六月,感疾,卒于延州官舍。吕大钧与张载为同年进士,因敬佩其学问,往执弟子礼。吕大钧兄弟在蓝田推行乡约,"横渠叹以为秦俗之化,和叔有力焉,又叹其勇为不可及也"(《宋元学案》卷三十一黄百家案)。有《四书注》《诗说》《蓝田吕氏祭说》《诚德集》和《吕氏乡约》著述。

吕氏乡约

德[1]业[2]相劝[3]

德,谓见善必行,闻过必改。能治其身,能治其家;能事父兄,能教子弟;能御[4]僮仆[5],能事长上;能睦亲故,能择交游。能守廉介[6],能广施惠;能受寄托,能救患难;能规过失,能为人谋;能为众集事[7],能解斗争,能决是非;能兴利除害,能居官举职[8]。凡有一善为众所推者,皆书于籍,以为善行。

业,谓居家则事父兄、教子弟、待妻妾,在外则事长上、接朋友、教后生、御僮仆。至于读书治田、营家济物[9]、好礼乐射御书数之类,皆可为之。非此之类,皆为无益。

【注释】

【1】德:指德行。《乡约》此处的"德"偏重从外在的行为而言。

【2】业:功业、事业之义。《左传》襄公二十四年讲"三不朽":"太上有立德,其次有立功,其次有立言,虽久不废,此之谓不朽。"《乡约》讲德、业,而非讲言,盖普通百姓文化水平低,故立言难,而培养高尚的品德,做好自己的本业,则是可行的,也是必须的。

【3】劝:劝勉之义。

【4】御:指管制。
【5】僮仆:指家童和仆人。
【6】廉介:指清廉耿介。
【7】集事:即成事、成功的意思。
【8】举职:指尽职、称职。
【9】济物:犹济人。

过失相规

过失,谓犯义[1]之过六,犯约[2]之过四,不修[3]之过五。

犯义之过:一曰酗博斗讼,二曰行止逾违,三曰行不恭孙,四曰言不忠信,五曰造言诬毁,六曰营私太甚。

犯约之过:一曰德业不相劝,二曰过失不相规,三曰礼俗不相成,四曰患难不相恤。

不修之过:一曰交非其人,二曰游戏怠惰,三曰动作无仪,四曰临事不恪,五曰用度不节。

已上不修之过,每犯皆书[4]于籍,三犯则行罚。

【注释】

【1】义:指公义。犯义,即违反公义的意思。
【2】约:约定的意思。这里指《乡约》。
【3】修:指修饬、行为端正,不违礼义。
【4】书:记录、记载、书写的意思。

礼俗相交[1]

凡行婚姻[2]丧葬祭祀之礼,礼经具载,亦当讲求。如未能遽行[3],且从家传[4]旧仪。甚不经[5]者,当渐去之。

凡与乡人相接[6],及往还书问[7],当众议一法共行之。

凡遇庆吊,每家只家长[8]一人与同约者皆往,其书问亦如之。若家长有故[9]，或与所庆吊者不相识，则其次者当之。所助之事，所遗之物，亦临时聚议，各量其力裁定名物及多少之数。若契分[10]浅深不同，则各从其情之厚薄。

凡遗物婚嫁，及庆贺用币、帛、羊、酒、蜡烛、雉、兔、果实之类，计所直[11]多少，多不过三千，少至一二百。丧葬始丧，则用衣服或衣段以为襚礼[12]，以酒脯为奠礼[13]，计直多不过三千，少至一二百。至葬，则用钱帛为赙礼[14]，用猪、羊、酒、蜡烛为奠礼，计直多不过五千，少至三四百。灾患如水火、盗贼、疾病、刑狱之类，助济者以钱、帛、米、谷、薪、炭等物，计直多不过三千，少至二三百。

凡助事谓助其力所不足者，婚嫁则借助器用，丧葬则又借助人夫，及为之营干[15]。

【注释】

【1】交：交往之义。"礼俗相交"是说按照礼仪和习俗进行交往。
【2】姻：同姻。
【3】遽：迅速、快速的意思。"遽行"此处指礼经所载没有得到立即实施。
【4】家传：指家庭世代相传。
【5】经：指常用的义理、规则等。
【6】接：交接、交合、会合之义。
【7】书问：指书信、音问。
【8】家长：指一家之主。
【9】故：指已经去世。
【10】契分：指情分、交情。
【11】直：同值，指价值、价钱。
【12】襚礼：指吊丧的人赠送死者的衣衾等物。
【13】奠礼：犹奠仪。
【14】赙礼：指送给丧家的礼物，亦指赠送礼物以助人治丧。
【15】营干：指办理、做事等。

患难相恤[1]

患难之事七：一曰水火，二曰盗贼，三曰疾病，四曰死丧，五曰孤弱，六曰诬枉,七曰贫乏。

  凡同约者,财物、器用、车马、人仆,皆有无相假[2]。若不急之用,及有所妨[3]者,亦不必借。可借而不借,及踰期不还,及损坏借物者,皆有罚。凡事之急者,自遣人遍告同约;事之缓者,所居相近及知者告于主事,主事遍告之。凡有患难,虽非同约,其所知者亦当救恤,事重[4]则率同约者共行之。

罚式[5]

  犯义之过,其罚五百。不修之过及犯约之过,其罚一百。凡轻过,规[6]之而听[7]及能自举[8]者,止书于籍,皆免罚。若再犯者,不免。其规之不听,听而复为,及过之大者,皆即罚之。其不义已甚,非士论[9]所容者,及累犯重罚而不悛[10]者,特聚众议,若决不可容,则皆绝[11]之。

聚会

  每月一聚,具食[12];每季一会,具酒食。所费率钱[13],合[14]当事者主之。遇聚会则书其善恶,行其赏罚。若约有不便[15]之事,共议更易。

主事

  约正[16]一人或二人,众推正直不阿者为之,专主平决[17]赏罚当否。直月[18]一人,同约中不以高下,依长少轮次为之,一月一更,主约中杂事。

  人之所赖[19]于邻里乡党者,犹身有手足、家有兄弟,善恶利害皆与之同,不可一日而无之。不然,则秦越其视[20],何与[21]于我哉!大忠[22]素病于此,且不能勉[23],愿与乡人共行斯道。惧德未信[24],动或取咎[25],敢举其目[26],先求同志[27],苟以为可,愿书其诺,成吾里仁之美[28],有望于众君子焉。熙宁九年[29]十二月初五日,汲郡吕大忠白[30]。

【注释】

【1】恤:体恤、救济之义。

【2】假:借助之义。有无相假,指互通有无,相互借助。

【3】妨:有两层意思:一、妨碍;二、古人认为借给别人某物对自己不利,所以有所忌讳。

【4】重:指繁重。

【5】式:指特定的规格。

【6】规:劝告、建议的意思。

【7】听:指听从、接受别人的意见。

【8】自举:指自我检举。

【9】士论:原指士大夫之间的评论,此处指舆论。

【10】悛:本义为停止,后引申为悔改之义。

【11】绝:指与之断绝关系。

【12】具食:指准备好食物。

【13】率钱:语出《酉阳杂俎·支诺皋》下:"复率钱于同辈,合二十万"。率钱,凑钱、敛钱、募钱的意思。

【14】合:指使凑到一起。

【15】不便:指不适宜。

【16】约正:指地方组织的头目。这里指主持乡约的人。

【17】平决:指评判、决断、处理等。《汉书·王莽传》曰:"安汉公,四辅平决。"

【18】直月:直、值通,意为当值某月。

【19】赖:依赖、依靠的意思。

【20】秦越其视:语出《宋史·食货志》:"劝富民,使之无秦越肥瘠之视。"秦越,具体指春秋时秦、越二国。因秦国在北、越国在南,距离遥远,不大往来,所以后来被用作比喻关系疏远。

【21】与:指帮助、援助。

【22】大忠:即吕大忠(1020—1100),字进伯,吕蕡的长子,吕大临的哥哥。其人"老而好学,理会直是到底"(《河南程氏遗书》卷第十)。又重礼,"如召宾客,亦须临时改换食次"(《上蔡语录》卷一)。著有《辋川集》《前汉论》等。

【23】勉:指尽力。

【24】信:指取得信任。

【25】取咎:指招来过失。

【26】目:指条目、要目。

【27】同志:谓志向相同之人。

【28】里仁之美:语出《论语·里仁》:"里仁为美;择不处仁,焉得知!"此处指敦亲睦邻。

【29】熙宁:北宋神宗年号(1068—1077)。熙宁九年即1076年。

【30】白:指表白、说明自己的意思。

品 读

《吕氏乡约》是北宋名门望族蓝田吕氏家族的兄弟几人创作的。旧题吕大忠作,盖因文末有"汲郡吕大忠白"而致。南宋理学家朱熹根据其时《吕氏乡约》载于《吕和叔文集》,篇末又附《答伯兄》《答仲兄》《答刘平叔》几封书信,断定此书是吕大钧所定,而篇末之所以署名吕大忠,乃由于其是长兄的缘故。不止于此,朱熹还对《乡约》做了增损工作。然而,《宋史·吕大防传》却记载吕大防撰有《乡约》,明代关学传人王承裕则认为《乡约》是"吕氏兄弟相与论定"。事实上,该书应是"吕大钧起草《乡约》,然后征求兄长意见,最后定稿,以吕大忠之名义公之于乡党予以推行"(李如冰:《宋代蓝田四吕及其著述研究》,人民出版社,2012年版,第127页)。

《吕氏乡约》是中国古代最早的成文乡约。它主要从四个方面要求同约之人,即在德行和功业上相互劝勉,有过失则相互规诫,按照礼仪和习俗相互交往,遇到艰难困苦能够相互救济。为了保证这几项约定的顺利实施,《乡约》还设置了罚式、聚会和主事等保障机制。自《乡约》推行,"关中风俗为之一变"(冯从吾《关学编》)。《吕氏乡约》的出现,与关学重视礼教直接相关。关学创始人张载"以躬行礼教为本"(黄宗羲《明儒学案》),重视实践。其弟子吕大临也很重视礼,著有《礼记解》。在这种氛围下,制定乡约也就不足为怪。"《吕氏乡约》的基本主张,在树立共同道德标准,共同礼俗标准,使个人行为有所遵守,不致溢出标准范围以外。这种步骤在礼学里面,可以说是到了登峰造极的地位。"(杨开道:《中国乡约制度》,商务印书馆,2017年版,第69页)《吕氏乡约》不仅影响了当时的民风,还波及后世,南宋朱熹制订了《增损蓝田吕氏乡约》,明代心学家王阳明即受其启发而作《南赣乡约》。2018年,《光明日报》刊登《蓝田新乡约》,则是乡约传统在新时代的延续与转型。

(撰稿:曹树明)

范 育

范育(？—1093)，字巽之，三水(今陕西旬邑县)人。举进士，为泾阳令。经推荐，曾被授崇文校书、监察御史里行。神宗曾喻之曰："《书》称'谗说殄行'，此朕任御史之意也。"谏言请用《大学》"诚意""正心"治理国家，于是推荐张载等数人。他还奉命出使河东，曾就韩绛筑啰兀二寨事，纵论连年战争使人民生活生产遭到极大破坏，他的建议被神宗采纳。后来因为弹劾李定而被免掉御史之职，贬到韩城任知县。以后又知河中府，加直集贤院，后徙凤翔，以直龙图阁镇秦州。元祐初，召为太常少卿，改光禄卿，出知熙州。当时朝廷有人打算放弃兰州一带的质孤、胜如两个城堡，范育坚决反对。后又入给事中，仕终于户部侍郎。绍兴中赠宝文阁学士。

范育曾从张载与二程三先生学，张载曾问他："吾辈不及古人，病源何在？"先生请问，横渠曰："此非难悟，设此语者，欲学者存之不忘，庶游心深久，有一日脱然如大寐得醒耳。"这与张载所倡导的"学贵心悟，守旧无功"的为学之方是一致的。张载的这一点拨，对范育产生了重要影响。横渠《正蒙》书成，其专为作序。通过此序可以看到，其笃信师说并善发其蕴并非偶然，乃是基于与其师的密切学术交流和对其师思想的深刻领悟。

范育是先从张载后入程门的一位善于独立思考且有见解的学生。他即便在入程门后仍能坚守张载学说，故程颐说他"闻而多碍者，先入也"(《二程粹言圣贤篇》)。实际上，程颐的这个批评，也正好体现了范育注重自己主意，不轻易盲从的理学为学精神。张载曾评价范育说："今之学者大率为应举坏之，入仕则事官业，无暇及此。由此观之，则吕、范过人远矣。"(《张子语录·语录下》)从现存材料来看，范育也是张载弟子中具有较高政治地位和社会影响的一位。张载去世后,范育虽然和张载的其他门人,如苏昞、三吕等一样,跟从二程学习。但他在入程门后仍能坚守张载学说,对于二程的观点总有些抵触。基于他的推介和维护,《正蒙》得以广泛传播。从这个角度来说,他对张载关学的发展发挥了重要作用。相信通过对范育《正蒙序》的仔细研读,对张载《正蒙》的思想会有更为深入的理解和准确的把握。

正蒙序

子张子校书崇文[1]。未申其志[2],退而寓於太白之阴,横渠之阳,潜心天地,参圣学之源。七年[3]而道益明,德益尊,著《正蒙》[4]书数万言而未出也,间因问答之言,或窥其一二。熙宁丁巳[5]岁,天子召以为礼官[6],至京师,予始受其书而质问焉。其年秋,夫子复西归,殁[7]于骊山之下。门人遂出其书,传者浸广[8],至其疑义独无从取正,十有三年于兹矣。痛乎微言之将绝也!

【注释】

【1】校书崇文:熙宁二年(1069),在吕公著推荐下,张载曾任崇文院校书。
【2】未申其志:指张载因与王安石改革意见不合,政治理念没法实现。
【3】七年:指张载退居横渠的七年。
【4】《正蒙》:一名《张子正蒙》,张载的代表作,约成书于熙宁九年(1076)。
【5】熙宁丁巳:即1077年。
【6】礼官:指张载熙宁十年(1077)知太常礼院一职。
【7】殁:去世,逝世。
【8】浸广:浸,逐渐。逐渐推广、传播。

友人苏子季明[1]离其书为十七篇,以示予。昔者,夫子之书盖未尝离[2]

也,故有"枯株""晬盘"之说[3]。然斯言也,岂待好之者充且择欤?特[4]夫子之所居也。今也离而为书,以推明夫子之道,质[5]万世之传,予我加损[6]焉尔。

【注释】

【1】苏子季明:即苏昞,字季明。生卒年不详。武功人。始学于张载,而事二程卒业。元祐末,吕大忠荐之,起布衣为太常博士。坐元符上书入邪籍,编管饶州,卒。
【2】离:划分。
【3】"枯株""晬盘"之说:出自苏昞《正蒙序》:"先生著《正蒙》书数万言。一日,从容请曰:'吾之作是书也,譬之枯枝,根本枝叶莫不悉备。充荣之者,其在人功而已。又如晬盘示儿,百物具在,顾取者如何尔'。""枯株"乃张载自谦之语,同时也指出其《正蒙》之著的大体理论框架已比较完备。"晬盘":旧俗于婴儿周岁日,以盘盛纸笔刀箭等物,听其抓取,以占其将来之志趣;借指婴儿周岁。张载这里借以比喻其理论已经较为完备,各方面都涉及,就看关注者从中吸取哪些方面。
【4】特:不过。
【5】质:诚信。
【6】加损:增减。

惟[1]夫子之为此书也,有六经之所未载,圣人之所不言,或者疑其盖不必道。若清、虚、一、大之语[2],适将取訾于末学[3],予则异焉[4]。

【注释】

【1】惟:只有。
【2】清、虚、一、大之语:指程颐对张载在《太和》《参两》《神化》等篇所阐发的宇宙论的批评之语。
【3】适将取訾于末学:适将:恰好会。取訾:受到非议。末学:肤浅无本之学。该句意为恰恰会受到那些肤浅无本之学人的非议。
【4】予则异焉:我则有不同的看法。

自孔孟没,学绝道丧千有余年,处士横议[1],异端间作,若浮屠、老子之书,天下共传,与六经并行。而其徒侈[2]其说,以为大道精微之理,儒家之所不能谈，必取吾书为正。世之儒者亦自许曰："吾之六经未尝语也，孔孟未尝及也。"从而信其书，宗其道，天下靡然同风，无敢置疑于其间，况能奋一朝之辩，而与之较是非曲直乎哉！

【注释】

【1】处士横议：处士，有才德而隐居不做官的人。横议，不顾一切的大发议论。
【2】侈：夸大。

子张子独以命世[1]之宏才，旷古之绝识，参之以博闻强记之学，质之以稽天穷地[2]之思，与尧、舜、孔、孟合德乎数千载之间。闵[3]乎道之不明，斯人之迷且病，天下之理泯然其将灭也，故为此言，与浮屠、老子辩。夫岂好异乎哉？盖不得已也。

【注释】

【1】命世：著名于当世。
【2】质之以稽天穷地之思：质之，就正于。稽天穷地，探究天地宇宙之规律。此句意思为以探究宇宙天地规律的深度思考就正于当世。
【3】闵：通"悯"，忧虑。

浮屠以心为法[1]，以空为真[2]，故《正蒙》辟之以天理之大，又曰："知虚空即气，则有无、隐显、神化、性命通一无二。"老子以无为为道，故《正蒙》辟之曰："不有两则无一。"至于谈死生之际，曰轮转不息[3]，能脱是者则无生灭；或曰久生不死[4]。故《正蒙》辟之曰："太虚不能无气，气不能不聚而为万物，万物不能不散而为太虚。"夫为是言者，岂得已哉！

【注释】

【1】以心为法：指《正蒙·大心》篇所说的："释氏不知天命而以心法起灭天地，以小缘大，

以末缘本,其不能穷而谓之幻妄,真所谓疑冰者与!"

【2】以空为真:佛教认为一切现象都是因缘和合所成,刹那生灭,假而不实,所以谓"空"。佛教各派无不言空。大乘各派有我法二空、三空、四空、六空、十空、十八空、二十空等说,可以说一空到底。

【3】轮转不息:佛教的轮回转世说。

【4】久生不死:指的是道教的长生不老之术。

使二氏[1]者真得至道之要,不二之理,则吾何为纷纷然与之辩哉?其为辩者,正欲排邪说,归至理,使万世不惑而已。使彼二氏者,天下信之,出于孔子之前,则六经之言有不道者乎?孟子常勤勤辟杨朱、墨翟矣[2],若浮屠老子之言阐乎孟子之耳,焉有不辟之者乎?故予曰《正蒙》之言不得已而云也。

【注释】

【1】二氏:指佛教与道教。

【2】孟子常勤勤辟杨朱、墨翟矣:指孟子极力批判杨墨思想。《孟子·滕文公下》:"杨氏为我,是无君也;墨氏兼爱,是无父也。无父无君,是禽兽也。"

呼呼!道一而已,亘万世,穷天地,理有易乎是哉!语上极乎高明,语下涉乎形器;语大至于无间,语小入于无朕[1]。一有窒而不通,则于理为妄。故《正蒙》之言,高者仰之,卑者举之,虚者实之,碍者通之,众者一之,合者散之。要之,立乎大中至正之矩。天之所以运,地之所以载,日月之所以明,鬼神之所以幽,风云之所以变,江河之所以流,物理以辨,人伦以正。造端[2]者微,成能者著,知德者崇,就业[3]者广。本末上下,贯乎一道。过乎此者淫遁之狂言也;不及乎此者邪诐之卑说也。推而放诸有形而准,推而放诸无形而准,推而放诸至动而准,推而放诸至静而准,无不包矣,无不尽矣。无大可过矣,无细可遗矣。言若是乎其极矣。圣人复起,无有间[4]乎斯文矣。

【注释】

【1】无朕:没有形迹。
【2】造端:开始、开头。
【3】就业:成就事业。
【4】间:不合。

元祐丁卯岁[1],予居太夫人忧。苏子又以其书属余为之序,泣血[2]受书,三年不能为一辞。今也去丧而不死,尚可不为夫子言乎?虽然,烛火[3]之微,培堘[4]之尘,恶乎助太阳之光而益太山之高乎?盖有不得默乎云尔,则亦不得默乎云尔。门人范育谨序。

【注释】

【1】元祐丁卯岁:北宋哲宗元祐二年(1087)。
【2】泣血:因亲丧而哀伤之极。
【3】烛火:小火把。
【4】培堘:小土丘。

品 读

该篇序文据(宋)吕祖谦编《宋文鉴》(中册,齐治平点校,北京:中华书局1992年版,第1284—1286页)移录。

范育《正蒙序》作于宋哲宗元祐五年(1090),是继苏昞序之后的又一篇北宋时期的序文。此前,苏昞在其所作《正蒙》序文中提到,张载原来手定《正蒙书》数万言,并认为《正蒙》基本理论框架已经比较完备,后人可以从不同方面去汲取。于是苏昞根据张载是书内容,按类编从,效法《论语》体例,形成今天所见的十七篇本《正蒙》。而范育对张载思想的评价,就是依据这一文本展开的。

在该序中,范育不仅对张载的思想特点做了准确的把握,而且能发现其中内在意蕴。张载以气论"太虚"、统"有无"、一"体用",遂破佛老"空""无"之论。对他以"清虚一大"之"气"学思想,程颐曾有过批评。据《伊洛渊源录》记载:"渠初云'清虚一大',为伊川诘难""渠本要说形而上,反成形而下,最是于此处不分明。"对此,深得张载"气"学本旨的范育在《正蒙序》中对二程委婉地提出了反驳,说"若'清虚一大'之语,适将取訾于末学,予则异焉",并指出张载"此言与浮屠老子辩,夫岂好异乎哉?盖不得已也"。张、程"清虚一大"之辩,暴露出二者主"理"为本与主"虚气"为本的分野。显然,范育在这里是在维护张载关学。再考虑到此序是范育在张载去世后十余年而作,此时他已入程门十余年,然而却在该序中盛赞《正蒙》"有六经之所未载,圣人之所未言","本末上下贯乎一道","言若是乎其极矣,道若是乎其至矣,圣人复起,无有间于斯文矣。"由此可见,他对张载的拳拳服膺之心了。

《范育序》还进一步明确了张载《正蒙》一书的写作背景和所针对的理论问题。如范育所言:"自孔孟没,学绝道丧千有余年,处士横议,异端间作,若浮屠老子之书,天下共传……子张子独以命世之宏才,旷古之绝识,参之以博闻强记之学,质之以稽天穷地之思,与尧、舜、孔、孟合德乎数千载之间。闵乎道之不明,斯人之迷且病,天下之理泯然其将灭也,故为此言与浮屠老子辩,夫岂好异乎哉?盖不得已也。"这就是说,张载著《正蒙》主要是"闵乎道之不明",是为了"与浮屠老子辩",改变当时天下"不归佛,则归老"的"儒门淡薄"的格局。在《正蒙》的开篇章,张载即明确指出:"彼语寂灭者往而不反,徇生执有者物而不化,二者虽有间矣,以言乎失道则均焉。"(《正蒙·太和》)显然,无论是"语寂灭者"还是"徇生执有",都是人生"失道"的表现,而《正蒙》正是针对这种看似相反而实相同的错误观点而立论的。所谓"语寂灭者"自然指佛教,而"徇生执有"则显然是指道教而言。但从另一个层面来看,佛老之所以炽传,首先是由于儒学不振之内在因素所致,也正是儒学不振,缺乏超越性的追求,从而才有佛老的乘虚而入。所以,张载反思道:"知人而不知天,求为贤人而不求为圣人,此秦汉以来学者大蔽也"。(《宋史·张载传》)他甚至在其《杂诗》中,也充满了对汉唐儒学的反省与批评:"圣心难用浅心求,圣学须专礼法修。千五百年无孔子,尽因通变老优游。"很显然,在张载看来,佛老所以炽传,首先是由于"千五百年无孔子""学绝道丧"的结果,所以《正蒙》之作,必然同时包含着对汉唐儒学纠偏补弊的成分。关于《正蒙》之辟佛排老及其对汉唐儒学的纠偏指向,不仅《正蒙》言之甚详,而且自范育以来的历代研究也无不就此立论。范育在《正蒙序》中曾言:"其(佛老)徒侈其说,以为大道精微之理,儒家之所不能谈,必取吾书为正。世之儒者亦自许曰:'吾之《六经》未尝语也,孔孟未尝及也。'从而信其书,宗其道,天下靡然同风。"范育的这一分析,看到了《正蒙》不得不作的历史必然性,同时,也更明确地点出了张载强烈的现实关怀。针对宋代特定的三教关系的现实,张载就是要"自立说以明性",立"造道"之言。所以说,正是"造道"的关怀和"四为"的担当,将《正蒙》不得不作的原因从历史引向了现实。

  但对张载来说,这只可以说,是其《正蒙》不得不作的时代背景或历史必然性。因为无论是辟佛排老,还是对汉唐儒学的纠偏,都首先表现为他对儒学的现状及其历史发展的不满:正是由于这种不如人愿的发展,才有所谓"未识圣人心,已谓不必求其迹;未见君子志,已谓不必事其文。此人伦所以不察,庶物所以不明,治所以忽,德所以乱,异言满耳,上无礼以防其伪,下无学以稽其弊"。(《正蒙·乾称》)张载曾明确指出:"吾之作是书也,譬之枯枝,根本枝叶,莫不悉备,充荣之者,其在人功而已。又如晬盘示儿,百物俱在,顾取者如何尔。"(《正蒙·苏昞序》)这说明,从历史的因缘看,张载著《正蒙》主要是为了与佛老"较是非,计得失",但从深层或更根本的原因来看,则主要是为刚刚崛起的理学"造道",其所谓"充荣之者,其在人功而已",以及"晬盘示儿""顾取者如何"的比喻,都清楚地表明了这一点。那么,张载的"造道"关怀主要表现在哪些方面呢?从根本上说,主要体现在"天道性命相贯通"这一命题上。因为这一点不仅从根本上区别于佛老,而且也从根本上有别于汉唐儒学;反过来看,佛老的荒谬与汉唐儒学的不足主要也就在于"体用殊绝",以及由此所表现的"略知体虚空为性,不知本天道为用"(《正蒙·太和》)这一根本性的"不知"上。可见,从佛老到汉唐儒学乃至世儒时论都构成了张载的批判对象,而张载也就借助儒家传统的体用不二,在对佛老与汉唐儒学包括所谓世儒时论的双向批判中,论证了儒家天道性命相贯通的天道观基础。

从范育序可以看出,他对张载理论建构的背景和问题针对、基本思路和观点是非常熟悉的。这和他与张载长期的学术交往有着密切的关系。故而,苏昞将编排好的《正蒙》十七篇寄送范育邀其作序,自是的当之选。而范育之序同苏昞的短序一起,成为今日我们研究张子《正蒙》非常重要的一手材料,在整个张载思想研究史上具有极其重要的地位和价值。

(撰稿:魏涛)

杨奂

杨奂(1186—1255),又名知章,字焕然,号紫阳,乾州奉天人(今陕西乾县),是金末元初关学中"奉元之学"的代表人物,当时又与元好问并称"一代宗盟",后世称"关西先生"。

杨奂为人性孝,早年丧母,哀毁如成人。幼年师从乡人吴荣叔为学,出类拔萃,然多次科举不中。友人劝补台掾,他不就,答书云:"先大人每以作掾为讳,仆无所似肖,不能显亲扬名,敢贻泉下忧乎?"由此厌弃科举而转向作圣之学,以濂、洛诸儒自期待。正大元年(1224),朝廷欲革新除弊,诏各地贤能之士进言。杨奂草成《万言策》,直陈时弊,言人所不敢言,但终未能进上。他感到国事已非,遂有归隐山林之志。元初,他抵达关中鄠县柳塘,创建紫阳阁(亦即清风阁),以讲道授徒为业,门生达百余人之多。故人称"紫阳先生"。

金正大八年(1231),杨奂到了汴梁,当时上层名流如赵秉文、李屏山、冯璧等都与之交往密切。而后汴京失陷,杨奂微服北渡,流落到了元好问所在的赵寿之门下。元好问很推崇杨奂的道德文章,与之交谊颇深。在赵寿之门下,杨奂读书致学,吟诗作赋。东平严实喜欢结交寒素之士,久闻杨奂才名,多次相邀,杨奂都因珍视与赵寿之的友谊而婉拒。

蒙古灭金后,杨奂参加了东平科举考试,两中赋论第一。后经耶律楚材推荐,授河南路征收课税所长官兼廉访使。在职时,杨奂安抚百姓,尽自身之责保养民力,凡"政事约束一以简易为事"。对于某些官员盘剥百姓的做法,他严厉批评:"剥下欺上,汝欲我为之耶!"一时议论哗然,赞扬之声不绝,"谓前此漕司未有也"。十年后,杨奂因年老回到关西老家。宪宗元年(1251),

忽必烈尚在潜邸,驿召杨奂参议京兆宣抚司事。而后他多次上书辞归,回乡之后教授著述不倦。当时许多学人都受益于杨奂,如元代名儒姚燧,"其学得于先生为多",后来杨奂还将女儿嫁给了他。卒,谥文宪。

杨奂为人廉直善良,一生"不治家人生产业,而喜周人之急,虽力不赡,犹勉强为之。人有片善,则委曲称奖,唯恐其名不闻;或小过失,必尽言劝止,不计其怨怒也"。在学术研究上则表现得一丝不苟:其"作文务去陈言,以蹈袭为耻,一时诸老皆折行辈与之交"(《关学编》)。元初理学北传的第一人赵复对杨奂十分欣赏,为其著作《还山集》作序并赞扬:"君子之学,至于王道而已;学不至于王道,未有不受变于流俗也。……其逮于今,惟秦君子杨氏。其志其学,粹然一出于正。即其文,可以得其为人。"元好问则称:"秦中百年以来号称多士,较其声闻赫奕,耸动一世,盖未有出其右者。前世'关西夫子'之目,今以归君矣。"(元好问:《故河南路征收课税所长官兼廉访使杨公神道之碑》)元人更推重他"文章道德,为第一流人物"(《跋关西杨焕然先生画像赞》,《经济文集》卷四)。史称"关中号称多士,一时名未有出先生右者"(《关学编》)。

杨奂著作很多,有《还山前集》81卷、《后集》20卷、《近鉴》30卷、《韩子》10卷、《概言》25篇、《砚纂》8卷、《北见记》3卷、《正统书》60卷。今皆遗,仅存《还山遗稿》上下两卷,收入《关学文库·文献整理系列》孙学功点校《元代关学三家集》中。此处选入杨奂《正统八例总序》,是其"王道"观的代表作品。

正统八例总序

呜呼！正统之说，祸天下后世甚矣！恨其说不出乎孔孟之前，得以滋蔓弥漫而不知剪遏也。通古今考之，既不以逆取[1]为嫌，而又以世系[2]、土地为之重，其正乎？

【注释】

【1】逆取：凭借武力夺取权力，尤其是夺取国家政权。从正统的立场来看，是不合法的，所以称之为"逆"。

【2】世系：亦称"世次""世统"。指一姓世代相承的系统，也是家族世代相传的系统，由男性子孙排队列而成。也叫世系表。

后之逆取而不惮者，陆贾[1]之说唱之，莽、操[2]祖而诲之也，不曰"予有惭德"[3]，不曰"《武》未尽善也"[4]，以汤、武之顺天应人而犹以为未足，况尔耶！以世系言，则禹、汤、文、武与桀、纣、幽、厉并矣，不曰"贼仁者谓之贼，贼义者谓之残，残贼之人，谓之一夫"[5]而容并之！以土地言，则秦之灭六国、晋之平吴[6]、隋之平陈[7]、苻秦之窥伺[8]、梁魏周齐之交争不息者所激也。

不曰"以力假仁者霸,霸必有大国;以德行仁者王,王不待大,汤之七十里,文王之百里"[9]以王道为正也!

【注释】

【1】陆贾(约公元前240—公元前170),西汉思想家、政治家、外交家。
【2】莽、操:指王莽、曹操。
【3】予有惭德:语出《尚书》。
【4】《武》未尽善也:《武》,相传是周初歌颂武王灭商武功的乐曲名。《论语·八佾》曰:"子谓《韶》,'尽美矣,又尽善也';谓《武》,'尽美矣,未尽善也。'"《韶》相传是舜时歌颂世道升平的乐曲名。孔子对两种乐曲的不同评价,体现了他对于舜和武王取天下方式(禅让和征伐)的不同态度。
【5】贼仁者谓之贼,贼义者谓之残,残贼之人,谓之一夫:语出《孟子·梁惠王下》。
【6】晋之平吴:指西晋平定东吴之战。
【7】隋之平陈:指隋朝平定陈国之战。
【8】苻秦之窥伺:指前秦苻坚试图吞并东晋。
【9】以力假仁者霸,霸必有大国;以德行仁者王,王不待大,汤之七十里,文王之百里:语出《孟子·公孙丑上》。

王道之所在,正统之所在也。不然,使创者不顺其始,守者不慎其终,抑有以济夫人主好大喜功之欲,必至糜烂其民而后已,其为祸可胜讨耶?是以矫诸儒之曲说,惩[1]历代之行事,蔽以一言,总为八例,曰"得"、曰"传"、曰"衰"、曰"复"、曰"与"、曰"陷"、曰"绝"、曰"归"。

【注释】

【1】惩:警戒、鉴戒。

孰为"得"?若帝挚[1]而后陶唐氏[2]得之,夏、殷绝而汤、武得之,是也。以秦、隋而始年必书曰"得",何也?庶几乎令其后也。未见其甚而绝之,私也;见其甚而不绝,亦私也。一世而得,再世而传,固也。武德、贞观之事[3],既书高祖曰"得",继之曰太宗"得"之,何也?原其心也。其心如之何?谓我之功也。功著矣,夺嫡之罪,其能掩乎?而曰"传"者,诞也。悲夫!虔化之兵未洗,灵武之号又建[4],启之不正,习乱宜然。是故君子惜之,此变例之一也。

【注释】

【1】帝挚:帝尧之长子。
【2】陶唐氏:指尧。
【3】武德、贞观之事:武德之事,指唐太祖李渊逼迫隋恭帝杨侑禅位,建立唐朝。贞观之事,指唐代宗李世民通过发动宣武门之变,杀死太子李建成。
【4】灵武之号又建:指天宝十四年(755)安史之乱爆发。次年,唐玄宗逃往四川,唐肃宗即位于灵武继位这一历史事件。

孰为"传"?曰尧而舜,舜而禹,禹而后启,周之成、康[1]之类是也。

曰"衰"者何?如周道衰于幽、厉[2],汉政衰于元、成[3]之类是也。

曰"复"者何?如少康之布德[4]、太甲之思庸[5]、宣王之修明文武之功[6]之类是也。晋惠[7]、中宗[8]则异于是,所谓"反正"者也,故附见之,此蒋乂[9]之论也。惠帝既复而夺之,何也?咎其为贾后所制,至废其子,以成中外之乱,德之不刚也。德之不刚,君道失矣。犹中宗改号[10]而韦后与政[11],使武氏之烬[12]复然也。

【注释】

【1】周之成、康:指西周的周成王、周康王。
【2】幽、厉:指东周末年的周幽王、周厉王。
【3】元、成:指汉末的汉元帝、汉成帝。
【4】少康之布德:指夏代的天子少康,通过实行仁政,关心百姓疾苦,实现了少康中兴。
【5】太甲之思庸:太甲为上汤的嫡孙,他因颠覆汤之典刑,被伊尹流放于于桐地三年。后来太甲听从伊尹的教导,悔过自新,三年后伊尹还政于太甲。
【6】宣王之修明文武之功:指周宣王通过任用贤臣,改革励志,消除厉王暴虐政治的影响,使得腐朽的周王室开始了短暂的复兴,即宣王中兴。
【7】晋惠:指晋惠帝
【8】中宗:指唐中宗。
【9】蒋乂:蒋乂(747—821)字德源,常州义兴人也。博通群籍,而史才尤长。著有《大唐宰

辅录》《史臣》等著作。

【10】指唐中宗继位后,将国号武则天所确立的"周"重新改为"唐"。

【11】韦后与政:指唐中宗李显第二任皇后干预朝政。

【12】武氏之烬:指武则天以女主称制,建立武周一事。

曰"与"者何?存之之谓也。有必当与者,有不得不与者。昭烈[1],帝室之胄,卒续汉祀,必当与者也。晋之武帝、元魏[2]之孝文,不得不与者也。昭烈进,魏其黜乎?曰莽、操之恶均,却莽而纳操,诚何心哉?党魏媚晋,陈寿[3]不足责也。而曰不取于汉,取于群盗之手,其奖篡乎?魏晋而下,讫于梁陈,狃于篡弑,若有成约:今日为公为相,明日进爵而王矣;今日求九锡,明日加天子冕旒,称警跸矣;今日借皇帝位,降其君为王为公,明日害之而临于朝堂矣!吁!出乎尔者反乎尔,其亦弗思矣乎!史则书之"受禅",先儒则目曰"正统",训也哉?曰晋不以为"得"者何?斥其攘魏也。斥而与之,何也?顺生顺、逆生逆,天也。天之所假,能废之哉?曰"后乎此者,不得与斯",何也?恶之也。何恶之?恶其长乱也。不然,乱臣贼子何时而已乎?《公羊》[4]曰:"录内而略外。"舍刘宋[5],取元魏,何也?痛诸夏之无主也。大明之日,荒淫残忍,抑甚矣。中国而用夷礼则夷之,夷而进于中国则中国之也。且肃宗扫清巨盗[6],廻轸京阙[7],不曰"复"而曰"与",何也?暴其自立也。五代而与明宗[8]、柴郭[9],何也?贤明宗之有王者之言也,愿天早生圣人是也。周祖以其厚民而约已也。世宗不死,礼乐庶几可兴,奈何不假之年,而使格天[10]之业殒于垂成也。

杨奂

【注释】

【1】昭烈:指汉昭烈帝刘备,建立蜀汉政权。

【2】元魏:即北魏(386—534),是鲜卑族拓跋珪建立的政权,也是南北朝时期北朝第一个王朝。

【3】陈寿:陈寿(233—297),字承祚,巴西安汉(今四川南充)人,西晋史学家,代表作为《三国志》的作者。

【4】《公羊》:指《春秋公羊传》,儒家经典之一,其作者为卜商的弟子,战国时齐国人公

羊高。

【5】刘宋:刘宋(420—479),是中国南北朝时期南朝的第一个朝代。共传四世,历经九帝,享国59年。因国君姓刘,为与后来赵匡胤建立的宋朝相区别,故又称为刘宋。

【6】肃宗:指唐肃宗,因其平定安史之乱,因此说他"扫清巨盗"。

【7】廻:同"回";轸:指皇帝的车架。因肃宗平定安史之乱后迎唐玄宗回京城,因此说他"廻轸京阙"。

【8】明宗:五代十国后唐明宗李嗣源,926年—933年在位。

【9】柴:指后周世祖柴荣,后周第二位皇帝,954年—959年。因后周开国皇帝姓郭,无子,立义子柴荣为嗣,第二代开始姓柴。故有柴郭之说。

【10】格天:格,感通。格天,即感动上天,获得天命。

曰"陷"者何?夏之有穷[1]、浞[2],汉之有诸吕[3]、新室[4],晋之永嘉之祸[5],唐武、韦、安、史、巢、温之僭叛[6]是也。始皇十年而从"陷"例,何也?曰:置秦于大乱不道者,始皇也。诱始皇于大乱不道者,李斯也。人主之职,在论一相。是年也,斯之复相之年也。恶恶者疾,故揭为不哲[7]之鉴,以著辅相之重也。

曰景帝[8]即位之初,明帝[9]之永平八年而书"陷"者何?以短通丧而启异端也。短通丧者,灭天性也。启异端者,乱天常也。虽出承平之令主,而不正其失,何以严后世之戒?

【注释】

【1】有穷:即有穷氏,是夏朝时期位于山东半岛的一个善射的部落。后羿曾为其首长。

【2】浞:即寒浞。他本是有穷氏部落首领后羿的相,后来杀死后羿,夺取有穷氏大权。

【3】诸吕:西汉初期,在朝的吕氏一党,扰乱朝政,引发众大臣带兵反攻。造成巨大的政治动荡。

【4】新室:公元8年,王莽代汉称帝,国号曰"新"。后因称其王朝为"新室"。

【5】永嘉之祸:又称永嘉之乱,是西晋后期匈奴军攻破晋都,俘虏晋帝,最终使西晋灭亡的历史事件。因该事件主要发生于晋怀帝永嘉年间(307—313)而称为"永嘉之乱"。

【6】武、韦、安、史、巢、温之僭叛:指唐代先后发生的武则天建制称周,韦后干政,安史之乱、黄巢起义,以及唐末的朱温灭唐等一系列政治事件。

【7】哲:智慧。

【8】景帝,指汉景帝。《论语》有言"三年之丧,天下之通丧也"。汉文帝遗诏要求吏民减节丧纪,然而汉景帝冒用此文,乃自短三年之制,因此后文说他"短通丧"。

【9】明帝,指汉明帝。因永平十年(67),汉明帝梦见金人,其名曰佛,于是派使者赴天竺求得其书及沙门,并于洛阳建立中国第一座佛教庙宇白马寺,因此后文说他"启异端"。

曰"绝"者,自绝之也。桀纣、胡亥之类是也。

曰"归"者何?以唐、虞虽有丹朱、商均[1],而讴歌讼狱归于舜、禹;桀、纣在上,而天下臣民之心归于汤、文矣。曰汉之建安十三年系之刘备,何也?以当阳之役[2]也。夫我不绝于民,民其绝我乎!《诗》之《皇矣》"乃眷西顾"[3]"求民之莫"[4],斯其旨也。商周之交,纣德尔耳,悠悠上天,不忍孤民之望,亟求所以安之,而其意常在乎文王之所,以潜德言也。曰"归"或附之以"陷"何也?示无二君也。敢问唐虞之禅,夏后、殷、周之继,存而不论,何也?曰:圣人笔削之矣。起于周敬王之癸亥,何也?曰:痛圣人既殁,微言之不闻也。而周之世书秦之事,何也?著其渐也。秦之叛僭不能制,则周之弱见矣。秦人承三代之余,混疆宇而一之[5],师心自恣[6],绝灭先王典礼,而专任执法之吏,厉阶[7]既作,流毒不已。

【注释】

【1】唐、虞虽有丹朱、商均:丹朱为唐尧之子,商均为虞顺之子,皆不贤。

【2】当阳之役:东汉建安十三年(208),刘备与曹操战于今湖北宜昌当阳附近的长坂坡,故称当阳之役,或长坂坡之战。

【3】乃眷西顾:眷,思慕、宠爱。西顾,回头向西看。西,指岐周之地。此句描写了民众对周代先王的眷恋之情。

【4】求民之莫:莫,通"瘼",疾苦。词句强调周代先王能够关心民间疾苦,故而得到百姓的爱戴。

【5】混疆宇而一之:指秦始皇统一六国。

【6】师心自恣:师心,指以心为师,不遵循成法;自恣:放纵自己,不受约束。

【7】厉阶:致祸的阶梯。语出《诗经·大雅·桑柔》:"谁生厉阶,至今为梗。"后比喻祸端,肇祸之源。

呜呼!王道之不明,赏罚之不修,久矣。然则发天理之诚,律人情之伪,舍是孰先焉。曰《通载》者,二帝、三王致治之成法,桀纣、幽厉致乱之已事也。曰《通议》者,秦汉、六朝、隋唐、五季所以兴亡之实迹也。因以仰述编年之例,具录而无遗,索其梗概,不过善可以为训,恶可以为戒而已。前哲之旨,果中于理,所取也,敢强为之可否;苟有外于理,所去也,必补之以鄙见者,将足成其良法美意也。而忍肆为斩绝不根之论,徒涉于乖戾耶?盖得失不尔则不著,善恶不尔则不分,劝戒不尔则不明。虽绵历百千世,而正统之为正统,昭昭矣!卓然颐治之君,苟察斯言而不以人废,日思所以敦道义之本,塞功利之源,则国家安宁长久之福可坐而致。其为元元[1]之幸不厚矣乎!

【注释】

【1】元元:指百姓。

品　读

正统论是儒家关于政治思想的基本理论之一,对一个政权是否具有合法的正统地位以及在历史编撰中如何定位有重要的影响。秦汉以来,在历史的发展过程中逐渐形成了以金、木、水、火、土五行替代的"五德终始"说,以暴力取得政权的"逆取说"、以血缘世系传承为依据的"世系说"、以土地占有为依据的"土地说"、以汉族血统为依据的"夏夷说"等多种正统论观点,以为不同时期封建政权的合法性做论证。但到元朝建立前期,由于中国并未得到彻底的统一,除了汉族在中原建立、而后被迫迁居到南方的宋政权之外,在北方先后还有契丹族建立的辽、女真族建立的金、党项族建立的夏等少数民族政权,加上蒙古建立的元也是少数民族政权,于是传统的正统论在这种历史背景下就遇到了新的挑战:到底该把汉族为主体建立的宋政权当作正统呢,还是北方各个少数民族建立的政权是正统?这不仅是关乎为辽、金、宋、夏修史的史学问题,也是关系到蒙古所建立的元朝政权是否有正统性、合法性的政治问题。针对这一问题,不少知识分子分别从不同的角度做出了回答。而杨奂的《正统八例总序》，即是试图从"王道"的角度，对历史上各个王朝的正统性做出论证的重要文献。这也是本书之所以收录该文的主要原因。

《正统八例总序》是杨奂为其史学著作《正统书》所作的序文，但《正统书》已经散佚。根据有关史料可知，《正统书》全书共六十卷，以编年体的方式记载了自唐虞至于五代的史事。三代以上，存而不议，称《通载》；秦汉而后，附之以论，称《通议》。"曰通载者，二帝三王，致治之成法；桀纣幽厉，致乱之已事也。曰通议者，秦汉六朝隋唐五季所以兴亡之实迹也。"其撰述目的是："索其梗概，不过善可以为训，恶可以为戒而已。"而《正统八例总序》作为《正统书》编撰立意和具体义例的概括，不仅通过对以往以"逆取"方式夺取政权以及以世系、土地说明政权正统观点的批判，明确提出了"王道之所在，正统之所在"的"王道正统论"，而且还据此将历史的发展概括为"得""传""衰""复""与""陷""绝""归"八例，因此在史学史上具有突出的特点。

在该序文的开篇，杨奂即对以往"不以逆取为嫌，而又以世系、土地为之重"的正统论提出批判。所谓的"逆取"，是以背叛国君的方式夺取天下。其最早倡导者是汉代的陆贾。陆贾曾经跟刘邦讲述儒家经典，遭到斥骂后，辩驳道："君马上得之，宁可以马上治之乎？且汤、武逆取而顺守之，文武并用，长久之术也。"杨奂批评陆贾倡导逆取，为后来王莽、曹操的篡夺政权张本。在他看来，汤武革命虽然顺天应人，但也因为有以臣夺取君权而犹以为未足，何况是王莽、曹操这种用不道德的手段夺取天下呢？所以其不能成为正统。从这里看，杨奂是很重视政治伦理的，强调获取政权的正当性，这是他正统观的第一个特点。

杨奂也不赞同用世系或者土地作为正统的标准。他认为，如果以世系为正统，那就是将禹、汤、文、武这些圣王与桀、纣、幽、厉这些昏君等同并列，违背了孟子所说的"贼仁者谓之贼，贼义者谓之残，残贼之人，谓之一夫"而容并之；如果以土地为正统，那秦灭六国、晋平吴、隋平陈、苻秦之窥伺中原、梁魏周齐之交争不息，都可以是正统，这又和孟子所说的"以力假仁者霸，霸必有大国；以德行仁者王，王不待大"相悖。他认为"汤之七十里,文王之百里"，政权的合法性并不能以占有土地的多少为依据，而必须"以王道为正"。他明确提出："王道之所在,正统之所在也。"若非如此，就会使政权的创立者从开始就不顺从取得天下的正当方式，而守成者也不会慎重对待王朝的历史命运，如此只能刺激君主好大喜功的欲望，导致其通过糜烂其民的方式来夺取政权、地位和土地，造成的祸害不可胜数。因此，他决定矫正以前诸儒不正确的正统论，总结历代政治的教训，提出了"得""传""衰""复""与""陷""绝""归"这八例来说明朝代的更迭。这就是杨奂的"正统八例"。

何谓"正统八例"？杨奂在序文中并没有明确下定义，但他采用举例的方式对此做出了回答。大体说来，"得"就是指得王道；"传"，是指王朝内部的合法传承；"衰"，是指王朝的衰落；"复"，是指王朝的中兴；"与"，是指为了维系正统血脉而给予某一朝为正统朝，因为情况不同而有"有必当与者,有不得不予者"两种；"陷"，是指王朝内部发生动乱；"绝"，是指自己断送自己的国运；"归"，是指虽有正统之主但民心已归于仁义之人。在《正统八例总序》中，杨奂还列举了一些实例，分别对八例加以说明。如果按照杨奂的解释，将其所举的例子重新依时间先后进行排列的话，历代王朝就会呈现如下的正统谱系：

尧(得)——舜未王时(归,相对于丹朱而言)——舜(传)——禹未王时(归,相对于商均而言)——禹(传)——启(传)——太康(陷)——仲康(陷)——相(陷)——少康(复)——商汤未王时(归)——夏桀(绝)——商汤(得)——太甲(复)——周文王未王时(归)——商纣(绝)——周武王(得)——周成王(传)——周康王(传)——周厉王(衰)——周宣王(复)——周幽王(衰)——秦始皇(得,变例)——秦始皇十年李斯复相(陷)——秦二世胡亥(绝)——汉高后吕雉(陷)——汉景帝初年短通丧(陷)——汉元帝(衰)——汉成帝(衰)——刘孺子居摄时王莽篡位(陷)——汉明帝永平八年启异端(陷)——汉献帝建安十三年刘备当阳之役

(归)——蜀汉昭烈帝(与)——晋武帝(与)——晋惠帝(复,变例)——晋怀帝(陷)——晋愍帝(陷)——北魏孝文帝(与)——隋文帝(得,变例)——唐高祖(得)——唐太宗(得,变例)——武周(陷)——唐中宗(复,变例)——唐中宗时韦后专政(陷)——唐玄宗天宝末年(陷)——唐肃宗(与)——唐僖宗(陷)——唐昭宗(陷)——唐哀帝(陷)——五代后唐明宗(与)——后周太祖(与)——后周世宗(与)

在中国历史上,所谓的正统、政统、道统、学统、文统、法统等等,都是血统的延伸和泛化。但是,由于同一血缘的世系,在通常看来有其无可置疑的正当性,所以古代学者在讨论正统问题时,基本上都是关注历史上各朝代的地位,并为本朝寻求合法性,至于皇家内部的世系问题,则不大关注。但通过以上八例可以看出,杨奂并不赞成因为是同一世系,就将明君、昏君简单同列于正统而不加甄别的做法。因此,他并没有停留在一般正统论仅仅关注朝代之间正统传续的讨论层面上,而是更深入一层,不仅从整体上对某个朝代是否具有正统地位进行总体判定,而且根据历史发展的实际情况,探讨王朝与王朝之间以及王朝内部的正统流变。这说明杨奂注意到统治者们给王朝的正统性质所带来的不同影响,并以此判明他们的历史功罪,明确他们在正统序列中的真实地位。这可谓发前人所未发,是其正统论中的特色。

在正统八例中,"衰""陷""绝"明显属于贬义,"归""传"显然属于褒义,而"得""复"基本属于褒义,但又有一些不尽是褒义的变例。比如,同样是"得",尧、汤、武的之"得"与秦始皇、隋文帝之"得"的内涵就很不一样。至于唐高祖"得"之后,对唐太宗不书"传"而书"得",是为了讥刺其居功自傲、夺嫡争位的过失。秦始皇、隋文帝、唐太宗等人的"得"就属于变例。至于"复"也有变例。比如,少康、太甲、周宣王的"复"没有疑问,而晋惠帝、唐中宗的"复"后随即又陷入混乱之中,所以也属于变例。"与"是较为中性的一个概念,杨奂将它进一步剖分为"必当与"(褒义)和"不得不与"(略带贬义))两种不同的情形。如蜀汉刘备就是"必当与"的,而晋武帝、北魏孝文帝则是

"不得不与"的。这里牵涉到正统论中的两个重要问题——蜀、魏孰为正统？杨奂是强调还是淡化夷夏之防？

蜀、魏孰为正统的问题，在两宋就是争论的焦点。何谓正统？欧阳修说："正者，所以正天下之不正也；统者，所以合天下之不一也"，"夫居天下之正，合天下于一，斯谓正统矣。"欧阳修的正统论虽然堂皇，但落实到实际，也同样以现实政治为标准而主张"魏正蜀伪"。对此，苏轼曾作《正统论》三篇，完全认同欧阳修的理论。司马光作《通鉴》，也持类似的观点。而北宋的程氏兄弟、范祖禹、刘恕，以及南宋的朱熹则与此不同，他们主张"蜀正魏伪"论。但大体说来，北宋多主"魏正蜀伪"论，南宋则主"魏伪蜀正"论。这场争论分歧的根基在于当朝政治利益。北宋承后周立国，且位于中原，和曹魏相似，所以主"魏正蜀伪"论；南宋偏居南方，和当年的蜀汉、东晋有相似之处，所以主"蜀正魏伪"论。

杨奂虽然处于北方蒙元统治之下，但他接受了朱熹的理学观念，而主张以蜀汉为正统，这与朱熹是相一致的。然而值得注意的是，杨奂虽然主张以蜀汉为正统，但他将建安十三年定为民心向刘备的"归"，则为后来的"与"做了一个铺垫。以往有些人的正统论，或以刘备为汉室后裔，或以曹魏占据中原、实力强大，来决定正统谁属，过分重视血缘或地域、国势因素，而这些正是杨奂所反对的。杨奂运用"归""与"等义例解决蜀魏孰正孰伪的问题，使得正统的评价标准转变成是否实行王道，应该说是一种进步。进而，在对待晋朝是否正统的问题上，杨奂也有自己的特色。朱熹虽然在蜀魏孰为正统的问题上与欧阳修、司马光等相对立，然而双方却一致同意实现大一统的晋朝属于正统王朝。如果按照这个评价，杨奂应该使用"得"来赋予晋朝正统地位，或者说至少应该与秦、隋等量齐观。但是他只是使用了"与"，理由是晋武帝以不正当手段夺取曹魏的政权，但"顺生顺，逆生逆"，以晋代魏，是"天之所假"，所以也不得不给它一个"与"的地位。这样，既否定了曹魏，也贬低了晋朝，显示出杨奂对于道义的重视。在对五代的评价上，杨奂也同样体现出对王道的强调。

将北魏孝文帝定为"与",却有相当积极的意义,然而杨奂做出这个评价却似乎有点无奈。他解释说:"舍刘宋,取元魏,何也?痛诸夏之无主也。大明之日,荒淫残忍,亦甚矣。中国而用夷礼,则夷之;夷而进于中国,则中国之也。"南北朝孰为正统的问题也一直历史上争论的焦点之一。杨奂虽然可能在感情上还是偏向汉族政权,然而出于对刘宋暴政的斥责和"痛诸夏之无主"的无奈,他并没有将正统地位给予荒淫残忍的刘宋,而是将之赋予用汉法、行王道的北朝少数民族政权。可见,在夷夏问题上,他是以文化而非民族来区分的,这无疑是一个巨大的进步。虽说"中国而用夷礼,则夷之;夷而进于中国,则中国之"的提法是韩愈最早提出来的,并非杨奂首创,但他将它运用到正统论中,在长期处于少数民族统治下的北中国,具有积极的现实意义。

还需要注意的是,与前人的正统论相比,杨奂对于君主的评价具有明显的理学色彩。除了用"得"来体现对唐太宗书的讥刺外,杨奂还把汉景帝缩短通丧之期斥为"灭天性",将汉明帝永平八年佛教传入中国视为"启异端""乱天常",因此,将之都书为"陷"。对于历史上的明君尚且如此评价,至于一些暴君、昏君,则更书之以"衰""陷""绝"等,以表明他们在正统序列中的可耻地位。

从上面的正统谱系可以看出:杨奂所提出的"正统八例",实际上是一种将道统与政统结合一起的要求在其史学思想上的体现。这是杨奂在借鉴前人学说的基础上,形成的一套自成系统、颇具理性色彩和时代特色的正统论。王朝之间的正统传续会有不同的情形,每一个王朝之内亦有可能在正统性质上发生种种变化,甚至某位君主在位期间也可能发生正统性质的变化。杨奂的正统八例,则兼顾了理学的道德主义和北方长期处于少数民族统治的政治现实,打破先前以血缘、地域或民族等因素为依据的正统论,而力倡以"王道"为准则对历史王朝和统治者进行评价,不仅更加理性化、客观化,而且具有相当鲜明的时代特色和创新意义。特别是杨奂"王道之所在,正统之所在也","中国而用夷礼,则夷之;夷而进于中国,则中国之"的论断,可谓振聋发聩。

杨奂的正统论对当时北方学人有很大的影响。杨奂和元好问、赵秉文等学者有所联系,元好问即称赞《正统书》"斥偏执与诡随","不主故常,不贷毫厘"。元代北方理学的重要代表姚燧是杨奂的女婿,其所作《国统离合表》,即受杨奂的影响而主"蜀正魏伪"说。而元代理学的另一位代表人物郝经在28岁时曾在河南洛阳拜访过杨奂,65岁的杨奂热情地接待了他,"示之以明白纯粹之书,揭囊倒箧,启之以开廓正大之论"。后来,郝经更在杨奂正统论的基础上提出"行中国之道,则中国之主"的观点,进一步突破了夷夏之防的藩篱,为各民族文化的融合和多民族国家的统一,在理论上发挥了积极的作用。总之,到蒙元时代,正统论有了新的发展,而杨奂正是当时北方学界正统论的代表。

(文献点校:江求流;品读撰稿:魏冬)

萧㪺

萧㪺(1241—1318),字维斗,号勤斋,陕西奉元(今西安市长安区)人。元代大德、延祐年间继奉天杨奂、高陵杨天德、杨恭懿父子之后的关学代表人物。自幼极孝,翘楚不凡,曾出为府吏,因与当道不合,隐居终南山,凿土室以居,取圣贤遗经以及伊、洛诸儒之训传,陈列左右,昼夜不寐。始则诵读其文,久则深思其义,如是者三十年而遍览百家之书,"天文、地理、律历、算学,靡不研究","于六经百氏无不通,尤精三《礼》及《易》,且邃于六书"。侯均尝谓:"元有天下百年,惟萧㪺为识字人。"其学一以洙泗为本,濂、洛、考亭为据,而又归之以小学,以横渠礼教为归。当时学者及门受业者甚众,乡里孚化,声名闻于秦中,人皆敬称之"萧先生"。曾有人夜归途中遇到了强盗,诡称:"我是萧先生。"群盗即惊散而去,时人对他的尊重由此可见。萧㪺为人注重气节,绝意不仕。忽必烈为秦王时,召为陕西儒学提举,辞不赴。时省宪大臣即其家具宴为贺,遣一从史先往。先生方灌园,从史不知其为先生也,使饮其马,即应之不拒。及冠带迎客,从史见,有惧色,先生殊不为意。后来朝廷又以集贤直学士、国子司业、集贤殿侍读学士征辟,皆不应。元武宗时,不得已应征,拜为太子右谕德。入京后书《酒诰》上呈,表示对朝廷尚酒风气的劝诫,不久即辞官归里。有人问其缘故,他说:"在礼,东宫太子朝南,师傅朝西,这种礼现在能施行吗?"后获赠资善大夫、四川等处行中书省左丞,追封扶风郡公,谥贞敏。萧㪺的节操深得世人称颂,刘致在为其所作谥议中称:"不事王侯,高尚其事者以之,元代只有刘因和萧㪺。"《元史》称萧㪺:"制行甚高,真履实践。其教人必自小学始。为文辞立意精深,言近指(旨)远。"《四库总目提要》中对萧㪺的道德学问也很推崇,谓:"关辅自许衡倡明理学之后,㪺实继之。"门人泾阳第五居仁、平定吕思诚、南阳字术鲁翀为最著。所著有《三礼说》《小学标题驳谕》《九州志》及《勤斋文集》。在此选入《地震问答》,集中反映了萧斢继承张载气说、气质说等思想的理学特点。

地震问答(节选)

萧魁

　　岁在癸卯,八月辛卯初夜地震,汾晋尤甚[1]。涌堆阜裂,沟渠坏,墙屋压,人畜死者无数。延庆[2]次之,安西[3]又次之,余尚未闻也。至今月余,犹若乘舟车然,间复一动,民皆庐于空庭市道,以火继昼不可禁,惴惴焉莫能宁处。闾巷焚楮币[4]告谢者,无日无处无之。奸人间为利,诡言相惊,民深以为患。

【注释】

　　【1】岁在癸卯,八月辛卯初夜地震,汾晋尤甚:指元成宗大德七年八月初六日晚8时(1303年9月17日)在山西洪洞、赵城一带发生的特大地震,是中国根据现存文献所确定的最早的一次8级地震。
　　【2】延庆:元代地名,即北京延庆区一带。
　　【3】安西:元代地名,即今陕西西安一带。
　　【4】楮币:原指宋、金、元时发行的"会子""宝券"等纸币,因其多用楮皮纸制成,故名。后亦泛指一般的纸币。这里指焚烧的纸钱。

一

　　有问于余者,曰:"某将有祷于天地,而或谓此地动也,何关天事?又纷纷之言不可胜记,某亦不之听信,但未知此何祇[1]之所主?何以为辞而祷之?如之何其可?"余闻曰:"吁!人之不学,乃至此乎!此其所以有此大变异也欤!天、地、人,一也,岂有二乎?天包地外,地居天中,人生天地之间,受气于天,受形于地,乾为父,坤为母,故人之一身,气则天也,形则地也,心则人也。故《礼记》曰'人者,天地之心也',邵子曰'一身还有一乾坤',岂有二乎?人而不知天地,犹自心不知其血气形体,犹子不知其父母之心也,何以为生耶?"

【注释】

【1】祇:古时候对地神的称呼,如地祇、神祇。《说文》:"天神曰灵,地神曰祇。"

　　曰:"天如何而包地也?"曰:"仆闻之:天积至阳轻清之气耳,其为气也,至刚至健,旋转至急,故包得地居其中;地则气之至阴而重浊者积之而后成形质,然其初本一气也。动则为阳,静则为阴,阴阳分则两仪立,虽曰两而实未尝相离也,故曰:'天地自相依附,天依形,地附气也。'[1]子不见夫日月星河之出没乎,随天运转,从地下过耳。此最明白,又何疑焉?"

【注释】

【1】天地自相依附,天依形,地附气也:语出邵雍《渔樵问对》:"曰:'然则天地何依何附?'曰:'自相依附。天依形,地附气。'"

　　曰:"天地其变如此,何也?"曰:"失其理也。""如何而失其理也?"曰:"由人而失其理也。人者,天地之心,安有心病而身不病者乎?"曰:"理如此其大乎?"曰:"昔宋太祖问世之何者为大,宰相赵普对曰:'道理最大。'虽天地各有其理,而况于人乎?""请备言之。"曰:"闻之:天之理曰乾,地之理曰坤,故乾健而坤顺,乾动而坤静,乾刚而坤柔,乾发舒而坤生成之,乾覆焘[1]而坤负载之。人之理曰仁、义、礼、智、信,所谓"天地之中,民受之而生"[2]。若仁者,爱之理也;义者,宜之理也;礼者,敬之理也;智者,别之理也;信者,实之理也。此人之性也,亦曰人之德也。盖此理得之于天,亦曰德性也。故仁之发为怵惕恻隐之心,义之发为羞恶之心,礼之发为恭敬辞让之心,智之发为是非之心,信之发为诚实之心,此人之情也。仁则为父子之亲,义则为君臣之义,礼则为长幼之序,智则为夫妇之别,信则为朋友之交,此人之道也。盖是为人,当行之正道,万世不可改易者,亦曰人伦者也。……盖人之理,其大者为五常,其细者有万善,反之则皆为恶,名数不可尽举,此大略也。又虽曰是理,而施之不当其可则为恶矣。如爱与敬,理也。若不爱敬其父母,而爱敬他人,则谓之悖德悖礼,以此为例而推之,可遍通矣。故凡为学之要,于一言一行间不可苟,必务去恶而存其善。夫子谓:'言行,君子所以动天地也。'可不慎乎?"

【注释】

【1】覆焘:即覆帱,犹覆被。谓施恩,加惠。

【2】天地之中,民受之而生:出自《左传·成公十三年》。其中记载刘康公说:"吾闻之:民受天地之中以生,所谓命也。是以有动作礼义威仪之则,以定命也。"

曰:"闻之致中致和,天地位,万物育者,何也?"曰:"此圣人之能事学问之极功,未易言也。若粗言之,不过使天下人之心一静一动,各尽其理尔。人尽其理,则人道立,故天地自位,天地位则万物育,亦犹人心安泰,神志清明,俯仰无愧,则血气和平,肤革[1]丰盈,化化生生,寿考康宁矣。"

【注释】

【1】肤革：皮肤的表里，肌肤。

曰："此在位者政治教化之事，匹夫空言，何益哉？"曰："此童蒙之见也。夫治民而教之，自秦汉以来，此道废矣。然自此民物之休戚，亦可考矣。尚何言！夫人之有生，得天所赋之理，方有此形。既生为人，而丧失所赋，谁之过欤？天使为人而自弃之。孟子曰：'人之所以异于禽兽者几希，庶民去之，君子存之。'此理自是，己所当为，何待人教乎？"

曰："亦有无理之人乎？"曰："无是理，则自不为人矣。所谓得其偏者为物，本乎天者亲上，本乎地者亲下，为飞为走者是矣。然而虎狼有父子，蜂蚁有君臣，鸿雁有长幼，睢鸠有别，乌鸟知养，豺獭知报，本此得一偏者，犹不失也。人得其全而乃失之，又如何哉？"

曰："同是人也，同有是理，君子小人何自而分？"曰："孟子言之矣。'从其大体为大人，从其小体为小人。'大体，心；小体，耳目口鼻形体，血气之属也。心有五常四端，是天所赋，谓之天理。口体之属，止有声色饮食男女，是人所欲，谓之人欲。人若以天理心思为主，则为大人君子。若但以人欲口体为主，则为小人也。"

曰："然则君子无欲耶？"曰："君子以理制欲，使皆合义；小人则专从人欲，灭天理耳。虽然先儒有言'小人不合小了他，本不是恶'[1]，若学以明理，能制其欲，即为君子。盖天地之间，只有阴与阳。天理，阳也。人欲，阴也。使天下之人，皆能以天理胜人欲，则自然事事合于天心，自然阴阳和，风雨时，百谷丰登，万生畅，遂灾害不生，祸乱不作也。"

【注释】

【1】小人不合小了他，本不是恶：程颐语。出自朱熹《近思录》卷十二《警戒》。原文为："小人，丈夫不合小了他，本不是恶。"

曰:"为学之事非易,岂天下之人皆能为之哉?"曰:"古昔盛时,治而教之,故当世之人皆自八岁入小学,十五入大学,无有不学者。人人皆知有五常万善,凡人伦日用、己所当为者,尽力行之,所以上之治教明,下之风俗美,而后世不可及也。《书》曰:'平章百姓,百姓昭明,协和万邦,黎民于变时雍。'正谓此也。"

曰:"古之教民之法,可得闻欤?"曰:"古之居,民二十五家同一闾巷,巷首有门,门边有堂,曰塾。民出入,常受教于塾,而后行之。自八岁已入小学,收放心,养德性。既长,又有两塾之师,教之行其理、去其非,故贤者得以明理善俗,愚者亦能寡过远罪而不自知也。今纵不能,然但乡党里巷中,必有年老有道理者(原注:谓身行之而有得于心)或识道理者(原注:谓生质之美),皆可师而问之,知爱其身,不堕于恶穽,则渐自长进,过失渐少,道理渐明,是亦古之遗意也。盖古之所行者,治世教民之政。今之所言者,使人人自明其理之法。夫万物之中,人所以最贵者,只是为有此理。若我心不求明之,以充此人形,安得为灵?夫子谓:'仁岂远乎?我欲仁,而仁便至。'只回过心便是,又何难哉?子不闻郭西刘氏之苍头[1]乎?逃于平阳数年矣,值此变不死,次日径归其主,此即能回心而得理者。凡今之人,孰欲出于苍头之下乎?"

【注释】

【1】苍头:言头发斑白,指年老的人。

二

曰:"然则祈祷谢过,无益乎?"曰:"知其过而改以迁于善,则可。若不知其过,或畏难而不改,则是欺天侮神,反招祸矣。何益之有?昔者夫子疾病,子路请祷,子曰:'某之祷久矣。'盖圣人未尝有过,无善可迁,其行素合于神明,虽不祷犹祷也。常人所行,违背天理,虽日祷之,犹不祷也。如己有子或婢仆,事事违背于己,而每每只来祷告,是欺侮于己,则愈增怒矣,能无笞责乎？昔樊迟问智,子曰:'务民之义,敬鬼神而远之,可谓智矣'。义是人所当为之理,人只合专力为之。若不明义理,只知亵渎鬼神,可谓不智也已。然此犹论当祀之鬼神尔,若淫祀,又所不论也。《记》曰:'淫祀无福。'[1]若遇正人,则自当废去矣。夫岂能贪天之功而祸斯民耶？故汉谷永[2]曰:'明于天地之性,不可惑以神怪。知万物之情,不可罔以非类。'人而可不知学哉？"

【注释】

[1]《记》曰:'淫祀无福':出自《礼记·曲礼》。原文谓:"非其所祭而祭之,名曰淫祀。淫祀无福。"

[2]谷永:字子云,长安人。西汉时期官员。博通经典,善作公文书信(笔札),官至大司农。《资治通鉴》卷三十一载:永始三年丁未(前14),汉成帝以无继嗣而颇好鬼神、方术之属,上书言祭祀方术得待诏者甚众,祠祭费用颇多。谷永因而上书曰:"臣闻明于天地之性,不可惑以神怪;知万物之情,不可罔以非类。上善其言。

曰:"庐而处礼乎？"曰:"'礼,若有疾风迅雷甚雨,则必变。虽夜,必兴衣服冠而坐',[1]所以敬天之怒也。孟子谓:'知命者不立乎岩墙之下。'尽其道而死者,正命也。桎梏死者,非正命也。人事尽处,方可言命。今天地大变,而人岂可偃然无所变其处哉？须一切废罢宴乐声伎、纷华利欲之事,常以忧畏改悔处之则可。《诗》云:'敬天之怒,无敢戏豫。敬天之渝,无敢驰驱。'当如是也。"

【注释】

[1]礼,若有疾风迅雷甚雨,则必变。虽夜,必兴衣服冠而坐:出自《礼记·玉藻》。

曰:"闻之自古灾异多云政令之阙失,何也？"曰:"各尽其职分,可也。职分者,各人分限中理之当为者也。在位者固当自改其一官之政治阙失,然而无位者不当自责其一身之失理乎？昔者大舜为其父母所怒，每往于田则呼天号泣，曰：'我竭力耕田，恭为子职，父母不我爱，不知我有何罪？'怨己失爱，自求己过不得，于是恋慕而号泣，故终能致父母和悦。汉万石君[1]子孙有过失为，便坐对案不食，然后诸子相责，因长老肉袒，固谢罪改之，乃许。凡父母若有怒，为子孙者当相责而悔改，况天地大变如此，而人可不自求己过以改之乎？夫人之一身，尽多有事，《大学》论絜矩[2]则欲其上下四旁均齐方正，若自五事、四勿、九思、九容、三戒三愆之属[3]，以致父之慈、子之孝、兄爱弟敬、夫和妻柔、朋友相责以善、泛爱亲仁之类，是皆天命之流行，人事之当为者。日夜切己点校，若有不尽，则竭力加勉，此之谓自修。故曰：'君子求诸己，小人求诸人。'天下之人皆知自责以自修，则皆得其理。若但责人，则皆失其理矣，不可不慎也，所以先儒有'责上责下而中自恕，岂可尽职分'[4]之戒。昔年仆买《温公家范》[5]于市，有张姓者曰：'此部书不售二十年矣。'呜呼，此亦观风俗之一端也。昔《家范》所言，自祖及孙以至乳保，各有言行为法，此职分也。"

萧魁

【注释】

【1】万石君：即石奋（前220—前124），字天威，号万石君，河内郡温县（今河南温县西南）人，西汉大臣。史载他的子孙中有人犯了过错，他不责斥他们，而是坐到侧旁的座位上，对着餐桌不肯吃饭。文中所言"子孙有过失为，便坐对案不食"等事，即指此事。

【2】絜矩：絜，度量；矩，画方形的用具，引申为法度。儒家以絜矩来象征道德上的规范。

【3】五事、四勿、九思、九容、三戒、三愆之属：五事，出《尚书·洪范》："五事：一曰貌，二曰言，三曰视，四曰听，五曰思。貌曰恭，言曰从，视曰明，听曰聪，思曰睿。恭作肃，从作义，明作哲，聪作谋，睿作圣。"四勿，出《论语·颜渊》："颜渊问仁。子曰：'克己复礼为仁。一日克己复礼，天下归仁焉。为仁由己，而由人乎哉？'颜渊曰：'请问其目。'子曰：'非礼勿视，非礼勿听，非礼勿言，非礼勿动。'颜渊曰：'回虽不敏，请事斯语矣。'"九思，出《论语·季氏》："孔子曰：'君子有九思：视思明，听思聪，色思温，貌思恭，言思忠，事思敬，疑思问，忿思难，见得思义。'"九容，出自《礼记·玉藻》："足容重、手容恭、目容端、口容止、声容静、头容直、气容肃、立容德、色容庄。"三戒，出自《论语·季氏》："君子有三戒：少之时，血气未定，戒之在色；及其壮也，血气方刚，戒之在斗；及其老也，血气既衰，戒之在得。"三愆，出自《论语·季氏》："孔子曰：'侍于君子有三愆：言未及之而言，谓之躁；言及之而不言，谓之隐；未见颜色而言，谓

之罄。"

【4】责上责下而中自恕,岂可尽职分之戒:程颢语。出自《二程遗书》卷第五《二先生语五》。

【5】《温公家范》:为北宋名臣、史学家司马光(1019—1086)所撰家庭道德教育的课本。

曰:"然则当如之何?"曰:"夫子传《震》之《象》曰:'洊雷震[1],君子以恐惧修省。'当此震惊之际,唯当畏天之威而自省,察其身心过失,急自修治而痛改之,又推求向之过失之所由来,而尽绝之。或昧而不知者,学问以明之;或既知而行有未至者,力行以实之。盖人言行之失,人犹得而尤之。若夫心思幽隐之过恶,人不得而知者。惟自心与鬼神知之,故曰:'为恶于明明者,人得而诛之;为恶于冥冥者,鬼得而诛之。'可不惧乎?"

【注释】

【1】洊雷震:相继而作的雷。《易·震》:"洊雷震。君子以恐惧修省。"孔颖达疏:"洊者,重也,因仍也。雷相因仍,乃为威震也。"

曰:"如长平四十万、新安二十万[1],其中岂无为善之人耶?但玉石俱焚,亦古人之言也,岂无其理哉?"曰:"奚止于是!古固有'比屋可封,比屋可诛'[2]之言矣。孟子谓:'富岁子弟多赖,凶岁子弟多暴。'非天之降材尔殊也,其所以陷溺其心者然也。夫人心陷溺,习以成风,虽举一国之人,皆熏染如一,生长见闻,而不知其非。不然,何以《诗》有十五《国风》耶?夫子首以《二南》,而终以《豳》者,又岂无意哉?其旨深矣。故善为国者,必以正风俗为本也。夫长平、新安之人以为无罪,不可杀降者,为白起、项羽言之也。若于赵于秦论之,则皆叛卒,岂得为无罪哉?若夫'玉石俱焚'之言,以火之无别发其下文,曰"天吏逸德则烈于猛火"[3]矣。故分别而言,但殪其渠魁。若胁从者,则罔治之,非若火也。鬼神聪明正直,岂无知耶?"

【注释】

【1】长平四十万、新安二十万:指白起坑赵卒四十万于长平,项羽坑秦卒二十万于新安之事。

【2】比屋可封,比屋可诛:出自汉·陆贾《新语·无为》:"尧舜之民,可比屋而封;桀纣之民,可比屋而诛者,教化使然也。"指尧舜之时,世风淳朴,人民善良,人人都可封爵;桀纣之时,世风败坏,恶人众多,家家都可杀戮。

【3】吏逸德则烈于猛火:出《尚书·胤征》:"火炎崑冈,玉石俱焚,天吏逸德,烈于猛火。"孔颖达曰:"天王之吏为过恶之德,其伤害天下甚于火之害玉。"

曰:"终疑有滥者。"曰:"思之痛心,难尽言也。于此只当断定以天道与圣贤之言为决可信,决不误人。且为善犹未获福,为恶更欲何望?今遇此大变异,只合深自恐惧修省,唯恐悔改不及,而祸变大至,岂尚有疑惑工夫?故曰:'吉人为善,唯日不及也。'[1]且为善而安富尊荣,为恶而诛死祸贼,此天理之正也。若或反之,则在君子为不幸,小人为侥幸。又先儒之言曰:'为善而得祸,是善未积。为恶而有福,是恶未稔。'子将奚择焉?人果能自省察,知其过恶,将畏惧悔改之不暇,何暇有疑?人生短景,日日改过迁善,未知毕竟能得全其天之所赋,与老而归全否?且孟子曰:'仁,人心也。义,人路也。舍其路而弗由,放其心而不知求,哀哉!'又曰:'仁,安宅也。义,正路也。旷安宅而弗居,舍正路而弗由,哀哉!'圣贤所哀,为其良心已死也。盖人与飞走不同处,只为有此仁义礼智之心,谓之良心。若无此心,则韩子[2]所谓:'其貌则人,其心则非者。'孙明复[3]亦云:'人亦天地一物耳,饥食渴饮无休时,若非道理充其腹,何异鸟兽安须眉?'人至于此,则与物类何异?可不哀哉?尝见故老教人曰:'换了你心肝者此。'虽俚语,实于人有益,真救死神丹也。"

【注释】

【1】吉人为善,唯日不及也:出自《尚书·泰誓中》:"我闻吉人为善,惟日不足,凶人为不善,亦惟日不足。"

【2】韩子:即韩愈。文中"其貌则人,其心则非者"出自韩愈《杂说四首》之杂说三《崔山君传》。原文作"其貌则人,其心则禽兽也"。

【3】孙明复：即孙复(992—1057)，字明复，号富春，晋州平阳(今山西临汾市)人，北宋理学家、教育家。人称"泰山先生"，又与胡瑗、石介并称"宋初三先生"。著有《春秋尊王发微》12卷，《春秋总论》3卷，《睢阳子集》10卷，《易说》64篇。

三

曰："闻之天地以生生为心，而杀人如此，何也？"曰："自取之也。天以阴阳五行化生万物，流行不息，故生意无穷，惟人得其精，故最灵于物。若善用其灵，存心于义理，则天之生意常在己身。若不善用其灵，专役于利欲，遂生出私意欺伪百端，皆与天道正相违背，生生之理隔绝尽矣。《书》云：'自绝于天。'又曰：'非天夭民，民中绝命。'又曰：'天非虐，惟民自速辜大。'（大，原注：疑作左。）《传》曰：'妖由人兴。人无衅焉，妖不自作。'人弃常则妖兴，正谓此尔。盖天本只有生生正气，因人所为邪恶悖戾，积此恶气熏蒸杂乱，则亦有乖戾恶气也，亦犹天地之气不时，则人病人之气恶，则病天地矣。故人为善则与生气流通，为恶则与恶气相感，犹水流湿，火就燥，各从其类也，如五福六极之类皆是也。《书》曰：'天道福善祸淫。'曰：'作善降之百祥，作不善降之百殃。'曰：'惠迪吉，从逆凶，惟影响。'岂欺我哉？"

曰："吾知所处矣，生死修短一听于天，则此心虚静，有何忧惧？"曰："此其粗者耳。昔司马牛问君子，夫子曰：'君子不忧不惧。'曰：'不忧不惧，斯谓之君子已乎？'曰：'内省不疚，夫何忧何惧？'必日夜自察其思虑云为，一一合理，无旷人之职分，则自然心广体胖，不知忧惧。若有未尽善不合理者，即是过恶，安得不忧惧乎？"

曰："吾亦尝自思所行，亦无甚过恶，只此平常用心，亦可矣，何必问学而为是纷纷也？"曰："此犹所谓美芹子而乐炙背者，不知天下有美于食芹乐于炙背者多矣。[1]人见西子而后归憎其貌，不睹大公不见自私之为小智，不知礼义不觉物欲之害良心，故先儒有言：'学者舍礼义则饱食终日，无所猷为，所事不过衣食之间，燕游之乐与下民一致'，[2]夫人岂乐为下民哉？溺于所习而不自知耳。夫子谓：'性相近，习相远。'又曰：'君子上达，小人下达。'盖言习也。古人有行年五十而知四十九年之非者，人若不知学，不以礼义切己省察，岂能自知非，但见人之不同己者为非尔，此之谓失其本心，但不知不觉，作一世恶人而死耳。"

【注释】

【1】此犹所谓美芹子而乐炙背者：美芹子，以水芹为美味。快炙背，意为以晒太阳取暖为快事。典出《列子·杨朱》。后来用这个典故称赠人的礼品菲薄或所提的建议浅陋。

【2】先儒有言：'学者舍礼义则饱食终日，无所猷为，所事不过衣食之间，燕游之乐与下民一致"：原话出自张载《正蒙·中正篇》："学者舍礼义，则饱食终日，无所猷为，与下民一致，所事不踰衣食之间、燕游之乐尔。"

曰："观乡里中亦有温恭不争竞是非者，人皆称善，亦可矣？"曰："此所谓资质美者，更在学问以进之，为圣为贤不可量也。若只如此而已，是夫子所谓乡愿之人，似有德而非者，故曰：'恶莠，恐其乱苗也。恶紫，恐其乱朱也。恶郑声，恐其乱乐也。恶乡愿，恐其乱德也。'[1]为其不知学问，更不能进向上去，只如此同流合污，阉然媚于世众皆悦之，自以为是，以终其身而止于此，有害圣贤大学之道也。然则圣人所恶，亦非天之所佑者也。"

【注释】

【1】恶莠，恐其乱苗也。恶紫，恐其乱朱也。恶郑声，恐其乱乐也。恶乡愿，恐其乱德也：出自《孟子·尽心下》，"孔子曰：'恶似而非者：恶莠，恐其乱苗也；恶佞，恐其乱义也；恶利口，恐其乱信也；恶郑声，恐其乱乐也；恶紫，恐其乱朱也；恶乡原，恐其乱德也。'君子反经而已矣。经正，则庶民兴；庶民兴，斯无邪慝矣。"

曰："闻有言老而学者，此亦无用之言也欤？"曰："昔人言之矣。日暮岂不秉烛乎？犹胜坐于暗室之中也。"曰："将死矣，能一明何补？"曰："夫子谓：'朝闻道，夕死可矣。'虽有半日之生，犹当闻道，期不负此生为人，犹胜虚生虚死,与草木无异也。曾子临终以一箦不合礼必易之,曰:'吾得正而毙焉。'[1]斯已矣。岂以将死,任其非理耶?"曰:"观世之学者必数十年而后有成,吾旦暮人耳,安得此光阴,是可伤也!"曰:"不必如此。昔有李初平欲从濂溪先生学,[2]先生曰:'公老矣无日,子但每日来听说话。'于是二年后有所得,此或一法也。若未至于老,则茅容四十余方学[3],终亦成德焉。人莫不有神明用之,当于其要,往往于不紧要事搜访,须要得知及至己身,一生为人,一大事却以为等闲,《传》所谓:'兹心不爽,昏乱有度'者,可哀也哉!"

【注释】

【1】曾子临终以一箦不合礼必易之:出自《礼记·檀弓上》。曾子,姓曾,名参,字子舆,春秋末年鲁国南武城(现山东省今济宁市嘉祥县)人,孔子弟子之一。曾子是一个视守礼法甚于生命的人,他没有做过大夫,无意中用了大夫专用的席子。假如他死在大夫专用的席子上,那就是"非礼"了,哪怕是处于弥留之际,也依然命令儿子给他更换席子,刚换完,他就无憾而终了。文中曾子的形象惟妙惟肖,他以身护礼、言行一致的学者的风度得到充分表现。

【2】李初平欲从濂溪先生学:出自《宋史·周敦颐传》。(周敦颐)改任郴州桂阳县县令,政绩尤其显著。知州李初平很尊重他,对他说:"我想多读些书,怎么样?"敦颐说:"您年龄太大来不及了,请让我给您讲讲吧。"两年后,李初平果然有收获。

【3】茅容四十余方学:茅容,字季伟,陈留郡(今河南开封)人。东汉时期名士。"茅容四十余方学",出自《后汉书·郭太传》。茅容年四十余岁,在田野中耕作时和一群同伴在树底下避雨,大家都随便地坐在地上,只有茅容正襟危坐,非常恭敬。郭林宗看到这个情况感到很奇怪,就与他对话,茅容留郭林宗住宿。第二天,茅容杀了只鸡做成饭食,郭林宗以为是为自己准备的,做完饭后,茅容把它用来供养母亲,自己用蔬菜和客人一同吃饭。郭林宗站起来拜谢他说:"我自己尚且减少对父母亲的供养用来款待客人,而你却是这样做,你是我的朋友。"于是郭林宗劝他读书学习。茅容最终成为很有德行的人。

曰:"自古地震多矣,未有如子之说,何也?"曰:"若有,则不必说矣。"曰:"亦有与子说异者?"曰:"此所以言人必须学问也。人不知学,则闻人之言是与非莫能辨,往往只被邪说惑乱引去,闻正言则反疑矣。夫子传《夬》之九四曰:'闻言不信,聪不听也。'程子曰:'夫过而能改,闻善而能用,克己以从义,唯刚明者能之。'又曰:'刚然后能明,柔则易迁,失其正性,岂复有明也?'故闻言而不能信者,盖其聪听之不明也。《书》曰:'视远惟明,听德惟聪。'夫闻善言能信而无疑者,聪明过人者也,在子思之如何?"

曰:"事天有道乎?"曰:"有。孟子曰:'存其心,养其性,所以事天也。'《诗》云:'畏天之威,于时保之。'人能常常兢畏斋栗,如对君父,如事鬼神,则心不流荡。放去心,既常存,则能保守得天所赋之理,完具不失,顺而行之,不敢夹杂一毫己意,即事天之道也。《诗》曰:'不识不知,顺帝之则。'虽文王亦只如此,余则张子《西铭》详之。"曰:"虽然吾将有祷也,子姑为之辞。"余口授之曰:"坤灵震荡,民物夭伤,皆昏冥多失于降衷,致清宁有乖于常理,遘此大警,敢不痛惩,誓除既往之愆,敬迓好生之德,斯可也。"

曰:"今日之言多矣,不能尽记,子盍为我书之。"遂草书庐中,记答人所问。然难于命词,太俗则鄙俚为知德者厌;稍文则不学者惑,毕竟无益,虽病中时时改定,终未能自慊也。

四

或谓余曰:"子之意诚厚,然吾思之,亦甚愚也。夫人之生,虽同得天之理以为性,而亦有阴阳五行之气以为形质,理性虽同而气质有万不同者,故曰清者智而浊者愚,美者贤而恶者不肖,今此愚且不肖者,乃有生之初既禀得浊恶之气,既生之后,又无贤父兄良师友教养之功,又为风声气习所濡染,自襁褓无知之时已为纷华物欲、放僻邪侈蛊惑,至于少壮者艾矣,而乃欲一时言语文字间,使其自知照了,悔而改之,不亦难乎?又恐吾子重为人所怒也。"余曰:"子之言良是,虽然古犹今也。当圣贤之时,岂无气质不美之人?岂不知气习物欲之为害哉?夫子曰:'有能一日用其力于仁矣乎,我未见力不足者。'又曰:'仁远乎哉?我欲仁,斯仁至矣。'孟子曰:'人皆可以为尧舜。'又曰:'中也养不中,才也养不才,故人乐有贤父兄也。如中也弃不中,才也弃不才,则贤不肖之相去其间,不能以寸。'周子曰:'人有不善则告之。不善且劝,曰庶几有改乎?斯为君子。'又曰:'闻人有不善,则曰人孰无过,岂知其不能改?

改则为君子,不改为恶。恶者,天恶之,彼岂无畏耶?焉知其不能改,故君子无不爱且敬焉。'朱子释之曰:'告之以不善者,恐其不知此事之为不善也。劝之改者,恐其不知不善之可改而为善也。'夫圣贤岂不知气质物欲之为害,己欲达而达人,推己及人,仁之方也。明德新民,大学之道,岂有弃人于恶耶?其变化之盖有道矣。如百姓不亲,五品不逊,帝舜则使契为司徒,敬敷五教,又使夔典乐教胄子,以防其失。夫子言:'生而知之者,上也。学而知之者,次也。困而学之,又其次也。困而不学,民斯为下矣。'子思言:'人一能之,己百之,人十能之,己千之。果能此道矣,虽愚必明,虽柔必强。'蓝田吕氏解[1]曰:'君子所以学者,为能变化气质而已。德胜气质则愚者可进于明,柔者可进于强。不能胜之,则虽有志于学,亦愚不能明,柔不能立而已矣。'夫以不美之质所求变,而美非百倍其功,不足以致之。今以卤莽灭裂之学,或作或辍,以变其不美之质,及不能变,则曰天资不美,非学所能变,是果于自弃其为不仁甚矣。凡此圣贤大儒所以教人言,虽异而旨则同,而吕氏尤切,故详著之。"

【注释】

【1】蓝田吕氏解:指吕大临的《中庸解》一书。

盖气质、习染、时尚、物欲数者,惟变化气质为难,然既能真识德性之正,自能觉其气质之偏,于日用动静语默间,事事力变之,则是天理之正,所谓非礼勿视听言动,一日克己复礼,吾身过失皆可一举尽扫除矣。譬如云雾阴曀虽甚厚,疾风烈日鼓荡消铄之,岂有天宇不能晴霁者耶?要在致知力行,笃志无怠而已。至于为人所怒,则非愚之所能苟免也。虽然十室之邑,必有忠信如圣人者,傥使见此说或能感动奋发,而有以变于前而善其后者焉,则于国家化民成俗之美,岂无万一之助耶?

品 读

元成宗大德七年八月初六日晚8时(1303年9月17日)山西洪洞、赵城一带发生了8级特大地震,波及北京、陕西等地。当时,灾情严重,百姓多烧纸钱来祈祷,而不法分子和奸佞之徒也趁机制造谣言以惑众谋利。有一位怜悯生民的君子准备向天祷告以求减免灾难,但对于该不该向天祷告、该用怎样的文字祷告,以及祷告是否有效等还心存疑问,于是向遍览百家之书,对"天文、地理、律历、算学,靡不研究"的萧䕫先生请教。这篇《地震问答》,就是萧䕫根据问者所提出的问题,引经据典做出回答的一篇文字。本篇文字大略分为四节。

第一节,提出地震之类灾祸产生的原因是人失去天理。

问者说,他准备向天地祈祷,但有人说,地震是地的震动,向天祷告,关天什么事?其他各种说法也很多,他虽然不相信,但不知道地震是什么神灵主宰,也不知道该用怎样的文辞来祷告,所以向萧先生请教。

首先,萧䕫针对地震是地的震动而与天无关的错误观点,提出:"人之所以不学习,竟然达到这种地步,这就是天地发生大变异的原因吧!"他指出,天地人是一个统一的整体,"天包地外,地居天中,人生天地之间,受气于天,受形于地,乾为父,坤为母,故人之一身,气则天也,形则地也,心则人也。"人不了解天地,就像自己的心不能了解自己的血气形体,就像子女不知道父母的心思,如此又怎么能活好呢?天地本身是阴阳之气的形成,不过天为阳旋转运动不息而包藏着地,地为阴气凝结成形质而处天之中,这是天地的常体。然而由于人失去了天地之间的正理,所以导致地震。

在萧䕫看来,天地之间,"道理最大"。天之理曰乾,地之理曰坤,而人之理曰仁、义、礼、智、信,这是人禀受天地而产生的根源,所以也叫作人之性、人之德。这个"德性"表现出来就是人的情感,体现在社会关系就是人道、人伦。但如果施之不当则为恶矣，而地震就是人施之不当造成的。天地要处于正位而万物得以养育，就在于"天下之人一静一动，各尽其理尔"。人尽其理，则人道立，人道立则天地位，天地位则万物育，而人亦能心安泰神志清明、气血平和，生生不息。萧斅认为，天理并不仅仅是政治教化之事，每个人都得天所赋之理而方有此形，"既生为人而丧失所赋，谁之过欤？天使为人而自弃之"。发生地震是谁的过错？难道仅仅是当政者造成的吗？不是。整个社会中的人都有责任。在天地中，人与万物都禀受天地之理，且人能得天地之正，故而为万物之灵。但人有遵循天理和人欲的差别，所以有君子和小人的差别。做君子，并不是说没有人欲，而是"能以天理胜人欲"，如此则"自然事事合于天心，自然阴阳和，风雨时，百谷丰登，万生畅，遂灾害不生，祸乱不作也"。如此，萧斅将地震发生的原因，归之于整个人类社会自身的过失，强调了人只有遵循天理而行，才能有助于自然和谐，没有灾祸。而要做到这一点，则在于人能否为学了。针对问者所提出的"为学并不是容易的事，难道是天下所有的人都能做的吗"？萧斅回答：人人为学是自古以来的传统，在古代，正因为人人为学，所以天下清平。而这种人人为学的方法，就是在民众生活间设置了书塾使人从小就能得到长者的教化引导。但现在的为学，只是让人人自己去了解天理。现在的人只有自己努力为学去了解天理，才能得到自我和自然的清宁。

第二节，提出避免类似地震灾祸的方法是改过迁善。

问者又问，祈祷谢过，难道没有什么帮助吗？萧斅回答，如果知道自己的过错而改正，端正为善则可，如果不知其过，或者知道其过而不改，就是祈祷再诚，也是欺骗上天，侮辱神灵，反而会招致祸端。"义是人所当为之理，人只合专力为之。若不明义理，只知亵渎鬼神，可谓不智矣。"进而，萧斅补充说，所谓的向神灵祈祷，其实也只限于应当祭祀的鬼神，而不是神奸物怪的鬼神。至于正人君子，则当"明于天地之性，不可惑以神怪"，祈祷神灵之说，于君子则当废去矣。

那么,该如何对待地震现象?萧斠说:"今天地大变,而人岂可偃然无所变其处哉?须一切废罢宴乐声伎、纷华利欲之事,常以忧畏改悔处之则可。"进而又提出:在位者固当自改其一官之政治缺失,然而无位者不当自责其一身之失理乎?他提出,人一生固然很多事情要处理,但像儒家经典所提出的"五事、四勿、九思九容、三戒三愆之属",以致父之慈、子之孝、兄爱弟敬、夫和妻柔、朋友相责以善、泛爱亲仁之类,都是天命之流行,人事之当为者。而人人都应带日夜切己点校,竭力加勉。如果只责备他人而不反省自己,那也同样是失理而不足为效也。

萧斠指出:当此震惊之际,社会中的每一个人都当畏天之威而自我反省,谨察其身心过失,急自修治而痛改,并推求以往过失的原因而尽绝之才行。如果昧而不知,就要学问以明之;如果或既知而行有未至,则需要力行以实之。由此可见他尚学重行的特点。萧斠还指出,在地震降临之时,任何人都有责任,而其根本原因,则是社会风气变坏。所以他从国家教育的高度指出,善于治理国家的人,在此应该把正风俗作为根本,如此才能推进整个社会风气的转化,保证此类天灾不再发生。继而,萧斠继承张载"行同报异,犹难语命,可以言遇"(《正蒙·乾称篇第十七》),"命于人无不正,系其顺与不顺而已,行险以侥幸,不顺命者也"(《正蒙·诚明篇第六》)的观点,提出:人和禽兽的不同,在于人有此仁义礼智之心。为善而安富尊荣,为恶而诛死祸贼,此天理之正也。若或反之,则在君子为不幸,小人为侥幸。人为善而得祸,是善未积;为恶而有福,是恶未稔。在此,人只当断定以天道与圣贤之言为决可信,决不误人,而果能自省察,知其过恶,将畏惧悔改之,日日改过迁善,则最后才能得全其天之所赋,与老而归全也。

第三节,提出要彻底避免地震灾祸,应落实于为学。

问者提出:天地既然以生生为心,为何用地震来杀人呢?萧斠回答说,这都是人自取的恶果。天地以气运行,而人得天地之灵。如果能运用这个灵,就能生生不已。但如果不善于利用上天所赋予的灵性,而追逐利欲,如此就和天地相违背。人之所以抛弃常道而各种妖患出现,正是因为这个原因。

问者又提出:人如果将自我的生死置之度外,那此心虚静,有何忧惧?萧斅回答,这是粗浅的理论。如同孔子回答司马牛的回答,人只有对自我的思虑行为自察反省,使之无不合理,如此方可。又问:有人以为自思没有过错,保持平常心就行,何必学习?萧斅回答说,这正是浅薄的见解。就像农夫自以为芹菜好吃而献之于富人,以为晒太阳为最幸福的事而欲献之国君,人如果在认识上不能提高,就不能知道礼义并用之来省察自身,就不知道自己的过错,这就是失去了本心,而只能不知不觉的作个恶人而死去。进而问:有人以为乡里亦有温和恭敬不和人竞争是非的人,人人也都称赞他为善人,这样做是不是就可以了?萧斅回答,人如果能这样,也算是天资好的人,如果进一步学习,则成为圣贤也不和限量。但如果只是如此,就也只是孔子所说的乡愿。他们不愿学习,不愿进步,只是迎合世人,同流合污,只为了取悦世人而自以为是,误导世人满足于此,故而对圣贤大道有所损害。既然为圣人厌恶,上天也不会保佑他。又问:如果已经年老,那学习还有什么意义?萧斅回答说,如同孔子所说"朝闻道,夕死可矣",即使只有半天的生命,也应该听闻道,如此才不负此生为人,胜过与草木没有区别的虚度一生。他举了曾子临终以一箦不合礼必易之、李初平从濂溪先生学、茅容四十余方学终亦成德的例子,警戒人们不要把心思放在不紧要的事上,而应该做人是一生的大事,勉勉不息才行。进而引申人只有知学,才能明辨是非,不然就会为邪说所引去,而听闻正言能信而无疑,才是真正的聪明过人者。

最后,针对如何事天的提问,萧斅特别提出《孟子》的"存心""养性""事天"之说,说人只要常常心怀敬畏,常存此心不失,就能保存天理,这就是事天之道。所以他对祷天之人说,大地震荡,民物损伤,这是因为人昏冥于上天赋予的灵性,以至于让天地清宁之气乖离了常理。受到天地的警示,应该痛下决心,惩处以前的错误,敬奉上天好生的德性,这样即可以了。

第四,教化的核心在于引导人"变化气质"。

问者提出"有人生而久溺于恶,是否能用一席话就可使人改变"的疑问,萧敩引经据典,说明教化是历来圣贤教育人的主旨和使命,并不能因为其气质之性或者外来环境对他的影响而放弃之。由此可见萧敩的谆谆教化之心。

最后,萧敩将地震等天灾的解决办法归之于张载所说的"变化气质""以礼为教"。他说在人的各种陋习中,"惟变化气质为难",但人如果能自觉认知自我德性的所在,自觉觉察自我气质的偏差,从而在日用动静之间,就每件事上用心力求变化,则一身的过失可以除去。这就像雾霾虽然厚重,但遇到疾风烈日则必然消散。而如果人能致知力行,笃志无怠,就必然达到天地清宁的境界。至于自己所说是否会招致他人的非议,则不是他所顾虑的。萧敩相信:"十室之邑,必有忠信如圣人者"。他的这一番话,如果能对人有启发从而感动奋发,"则于国家化民成俗之美,岂无万一之助耶?"由此可见萧敩美风化俗的用心所在。

(撰稿:魏冬)

马 理

马理(1474—1556),字伯循,号谿田,陕西三原县人。自幼敏慧,有成人之醇雅稳重,十四岁即被冠以"先生"之称。二十岁拜师王恕,学术造诣愈发精深,被时人称为"今之横渠"。马理在1497年中举人,1514年考中进士,历任吏部稽勋主事、稽勋员外郎、南京通政司右通政、稽考功郎中光禄卿等职。后于70岁致仕,归隐商山书院,以收徒讲学为业,四方学子问学不绝,其声益大,其名益重。不幸的是,1555年关中地区发生有记载以来的最为严重的大地震,马理在地震中遇难,结束了其多难但又辉煌的一生。明穆宗即位后追赠其为右副都御史,御赐祭葬。天启元年(1621)追谥"忠宪"。马理一生著述甚多,所著有《四书注疏》《周易赞议》《尚书疏义》《诗经删议》《周礼注解》《春秋修义》《陕西通志》与诗文集各若干卷,惜多散佚。今《关学文库》新编《马理集》,系统地搜集和整理其现存著述。

作为三原学派的中坚人物和明代关学复振的领军人物,马理德性纯粹,造诣深厚,其学行多为同辈及后世称赞,如陕西提学副使杨一清称:"马(理)、吕(柟)之经学,皆天下士也!"太子太保、吏部尚书唐龙亦称其:"得关洛真传,为当今硕儒!"以诗文名列"前七子"的大文学家康海则称赞其为:"关西凤羽,世上真儒。"不唯如此,马理更以其学享誉海外,我们可从两件事中一见其情:一是朝鲜国使臣仰慕其人,抄写其《送康太史奉母还关中序》一文,传诵朝鲜国内;二是安南国使臣赴京朝觐,向主事者询问道:"关中马理先生安在?何不仕也?"由此可见马理影响之大。

马理不唯学术造诣深厚,在气节方面更是出类拔萃。黄宗羲的三原学派"多以气节著,风土之厚,而又加之学问者也"之赞语,在他身上得到淋漓尽致的体现。他平生以"荣不足以骄,辱不足以刲,利不足以歆,害不足以怵,常不足以肆,变不足以惊"为立身处世之准则,念兹在兹,身体力行。他立朝四十余年,多次因不满朝政,愤而辞归,留下"五仕无已"的美名。他誓不与奸邪沉瀣一气,初入吏部,严嵩一党万镗为吏部尚书,马理与其不合,说道:"居官不能尽道,不如回家。"遂怒而辞归。再如,当明武宗执意南下巡游,马理连上数疏劝谏,被处以罚跪午门外五日、廷杖、削俸等刑罚,虽如此,依然不改其志,随后再度辞归。当名震史野的"大礼议"事件发生时,马理坚守"身可绌,道不可绌"的信念,伏阙痛哭力争,以维护儒家纲常,又被明世宗逮捕入狱,施加廷杖之罚。几次荣辱得失之际,马理皆不惧权贵,舍生取义,冒死谏言,始终坚持"行道不以用舍为加损"的儒者之志,充分展现出关学不贪官位、气节彪炳的独特一面,被河南安阳后渠先生崔铣赞为"爱道不爱官"。马理的一生,为仕则仗义执言、敢为公义;为师则接引后学,传道不辍;为父则育子有方,子孙多贵;为学则传承儒道,振兴关学。虽最后死于天灾,但其人其事皆足以名垂史册,后世流芳。我们可从李开先的赞词"学行重四海,游从半三秦,述作传百代,声名播四夷"一窥其波澜壮阔的一生。

马理语录(节选)

一

先生言:"方寸[1]中常要整齐,整齐便干得事。人有周章者,只为方寸不整齐故也。"

先生坐,诸子侍。乃教其敛容居敬,顷曰:"如此心中乐否?"曰:"然。"曰:"此邪念销矣。"先生又曰:"必如此,方有进步。"

敬非只是闭门,又守静坐工夫,要在随事谨恪做去。若只闭门静坐,即是禅学,有体无用。

盖君子主敬以直其内,制义以方其外,敬义交修而立焉,德斯博厚而不孤矣。如是则何假修习,又何疑所行哉?

先生偶被人侵侮,不觉发怒,已而悔之,令良心诵"王文正公[2]喜怒不见"故事一条数过,徐曰:"某学力端的全欠,而今而后,敢不努力!"

治天下国家,易;治一己之私,难。已治而不及于天下国家者,有矣;已不治而能治天下国家者,未之有也。

存心如持衡,权要常在,定盘星上稍错,便不低则昂,把捉不定。

佩问:"求放心为学问之要,如何?"曰:"心不可斯须放。且如读书一事,稍放心,便记不得,收入腔子来,却记得。夫读书且然,况天下之事乎?"

"不远之复"[3]者,非外诸形色玄空以为心也,盖以为人有形色即天性之所在。吾尽性则形践,形践则身修,身修则家国天下可齐治而平矣。为仁为圣者此也,配天配地者此也,形色岂累人者哉?此不远之复,存心于隐微之际,于以践形尽性以修其身耳。岂异端之流以形色为累,所谓玄空之学者耶?

【注释】

【1】方寸:原意是一寸见方的心部,此处主要指内心。

【2】王文正公:即王旦(957—1017),山东聊城人,北宋名相,昭勋阁二十四功臣之一。因其谥号"文正",后世称为"王文正公"。

【3】不远之复:《易经》:"初九,不远复,无祗悔,元吉。"《象》曰:"不远之复",以修身也。"不远之复的意思是说,人出行不远就返回。

二

荣不足以骄,辱不足以剉[1],利不足以歆[2],害不足以怵[3],常不足以肆,变不足以惊,方见学力。

毋轻人,祸之门;毋轻己,实自弃。

人不可恃其有。恃其道德者,与无者均也,况恃其富贵者哉?

处事贵从容,切不可急迫。急迫中从容,不害事;从容中急迫,欲事之济,难矣。

今人常将势利在口头,动说某人得某官却能使人畏,某人得某职有钱,说得口津津。

先生语门人曰:"凡富贵功名在外者,切不可入于方寸,在我者服膺而勿失,可也。"

世禄问:"何如斯可谓之好人?"先生曰:"学曾子之'三省'[4],体颜子之'四勿'[5],行有不得,当如孟子之'三反'[6]。虽不及人,不为忧矣。"

不义之富贵为身家之患,不惟己所不容,人亦不得而荣之矣。

【注释】

[1]刬:挫败。
[2]歆:贪图,羡慕。
[3]怵:恐惧。
[4]三省:曾子说:"吾日三省吾身"。(《论语·学而》)
[5]四勿:孔子说:"非礼勿视、非礼勿听、非礼勿言、非礼勿动。"(《论语·颜渊》)
[6]三反:孟子曰:"爱人不亲,反其仁;治人不治,反其智;礼人不答,反其敬。行有不得者,皆反求诸己。(《孟子·离娄上》)

三

或有言某人不可与处者,先生曰:"人皆有长,苟取其美,略其余,则但见其可爱,不见其可憎,人无有不可处者矣。"

家人风化,本于家人……家人利在女子之正而已。女正而后有夫妇,有夫妇而后有父子兄弟,有父子兄弟而后有君臣。天下之皆从此出,风化由此而成故女贞正家之本也。正家而天下定矣,女贞之道大矣哉。

家人者,天下风化之本也。君子观象[1],知齐家为风化之原。

【注释】

[1]观象:出自《易·系辞上》:"圣人设卦观象,系辞焉而明吉凶,刚柔相推而生变化。"意思是指观察卦爻之象。

品　读

马理虽然没有像张载《西铭》那样的短小精炼的名篇传世,却有大量的警世语录传世,入选明代大儒冯从吾所作的《关中四先生要语》之列。本文以此为基础,并结合《马理集》,分门别类对马理的主要思想作以简述。

第一部分,主要集录的是马理关于如何修身的语录。

马理之所以如此重视修身,是因为他对当时的社会风气有切肤之痛。他说:"今之学者有体无用,只缘止读得硬本子,不曾用身心工夫。故别无展拓,遇事便周章,莫措手处,反被刀笔吏笑。"马理认为,当时学界存在的弊病就是学者不知道在自家身上做工夫,根基不牢,缺乏定盘针,遇事张皇失措。因此,必须加强自己的修身工夫。马理的修身思想主要集中在如下几个方面:

1. 主敬

主敬是程朱一系的主导修身养性的工夫,主要包含有两层意思,一是外在的整齐严肃,二是内在的主一无适。马理学宗程朱理学,自然对此服膺不二,无论出处进退,还是教授学生,皆以此为业。他区分"敬"和"静"说:"敬非只是闭门,又守静坐工夫,要在随事谨恪做去。若只闭门静坐,即是禅学,有体无用。"在马理看来,敬绝对不是闭门静坐,而是要在事上磨练,要落实到具体的事上。若只是静坐,那和佛教就没有什么区别,以此足见马理学术旨趣。接着,他着重阐释如何做到"敬"。他说:"方寸中常要整齐,整齐便干得事。人有周章者,只为方寸不整齐故也。"这就是要讲究内心的整齐有序,内心保持恭谨,有定盘针,自然遇事不惊慌失措。马理也不忽视外在容貌的整齐严肃:"先生坐,诸子侍。乃教其敛容居敬,顷曰:'如此心中乐否?'曰:'然。'曰:'此邪念销矣。'先生又曰:'必如此,方有进步。'"马理教授弟子要从外在的容貌做主敬工夫,这显然是肯定了外在的敬有助于内心的谨严。最后,马理亦强调"敬义夹持"。"敬义夹持"出自《易传》,后经程颐拔擢,朱熹推阐,成为程门口诀。马理说:"盖君子主敬以直其内,制义以方其外,敬义交修而立焉,德斯博厚而不孤矣。如是则何假修习,又何疑所行哉?"说敬和义的功能不同。敬主要是内在的工夫,是用来养心的,通过主敬可以保持内心没有丝毫邪念,由此心而发,所施各得其当,这就是"义"。两者不可或缺,只有主敬工夫,没有集义,则主敬就会落空;反之,只有集义,没有主敬,那么集义就无法保证正当合理。因此,正确的方法必须是"敬"与"义"相互夹持用工,以此实现内外合一、天人合一。马理此意与朱子所说的"方未有事时,只得说敬以直内。若事物之来,当辨别一个是非,不成只管敬去"是一致的。

2. 克己

孔子最早讲"克己"工夫,就是要克除自己的私欲,方能成仁。马理在论述工夫的时候,特别强调这一工夫的重要性。他有一次被人侮辱,忍不住动怒,后又颇感懊悔,自感为学功力欠缺,需要继续努力。正是这场经历,让马理感觉己私不除,难以成事。所以他在不同场合反复强调己私的难治:"治天下国家,易;治一己之私,难。己治而不及于天下国家者,有矣;己不治而能治天下国家者,未之有也。"马理认为治国平天下并不难,难的是克除一己之私。因为自身修养好,不去治国平天下的有,而自身修养不固,能去治理天下国家的,则自古未有。这就凸显自我修养的重要性。在理学看来,最难克除的就是自己的私欲,若能克尽私欲,则天理流行无碍,其它则自然可不期而至。

3. 存心

马理非常重视这存心工夫,他用形象的比喻来说明存心工夫就像称量东西,秤锤一定要常在不失,因为它是定盘星,定盘星一错,称量东西便不准。因此心就像这个秤砣一样,必须常保不失,否则,就难以持守如固,难以做到稳重如山。他在答友人之问中继续申明这一主张:"佩问:'求放心为学问之要,如何?'曰:'心不可斯须放。且如读书一事,稍放心,便记不得,收入腔子来,却记得。夫读书且然,况天下之事乎?'"在马理看来,"心"是不能丝毫走失的,这就好比读书,少有放纵,便不记得,必须入心,方能熟诵。可见,马理用极其简单、形象的比喻将孟子的存心、求放心工夫展示出来。马理在解释《易传》"不远之复,以修身也"时继续深入说到:"'不远之复'者,非外诸形色玄空以为心也,盖以为人有形色即天性之所在。吾尽性则形践,形践则身修,身修则家国天下可齐治而平矣。为仁为圣者此也,配天配地者此也,形色岂累人者哉?此不远之复,存心于隐微之际,于以践形尽性以修其身耳。岂异端之流以形色为累,所谓玄空之学者耶?"朱子故居紫阳楼上悬挂着"不远复"的匾额。这是朱子之父朱松的好友刘子翚在临终之前赠送给朱子的,希望其能以此自律。马理用"存心"来解释"不远复",就是要时常反省自己,尤其要在不易察觉的隐微之际久久用功,方能践形、尽性以修身。

要之,马理基于中国哲学一贯的内圣外王的学术传统,强调修身养性的根源性、基础性的作用。其所主张的修养方式,虽然基本上都是理学固有的方式,但马理将其生动形象地予以解读和推阐,推动理学的大众化、平民化,使理学更好地下行到民间,为民众所接受和认可。

第二部分,主要记录的是马理关于立身处事的语录。

儒家倡导"穷则独善其身,达则兼济天下",力主积极入世,奉行"知其不可为而为之"的践道精神,而这就必然牵涉到如何立身处世。

1. 不可追名逐利

马理指出"凡富贵功名在外者,切不可入于方寸,在我者服膺而勿失,可也"。也就是说,人切不可追名逐利,因为富贵功名不过是身外之物,就是孟子讲的"人爵",是求之在外者,这是可遇不可求的,因为它的获得、实现需要各种因缘条件才能达到。而天爵则相反,它是求之在我者,是自己完全不凭借外力就可以实现的,也就是孔子所讲的为仁由己。他特别批评社会上存在的如下现象:"今人常将势利在口头,动说某人得某官却能使人畏,某人得某职有钱,说得口津津。"马理所指出的是这样的一种社会现象,那就是人们经常将势利二字挂在嘴上,经常说别人获得高官厚禄等等,艳羡、妒忌之心跃然于口,这就击中社会之弊病,反映的恰恰是时人沉迷于功名利禄的社会陋习。马理绝非只是口耳之士,他身体力行,一生为官,不眷恋官位,亦不贪图钱财,数次辞官,数次拒贿,铁骨铮铮,气节卓著,言语之间,绝不及利禄二字。当然,马理也不是对荣华富贵一概否定,而是秉承孔子"不义而富且贵,于我如浮云"的精神,主张对待富贵,一定要取之有道,符合道义,这就是他所说的"不义之富贵为身家之患,不惟己所不容,人亦不得而荣之矣。"马理所批不唯在古代,即使在今天也是一种非常普遍的现象,他所确定的这种对待名利的原则以足为我们所借鉴。

2. 从容不迫

马理认为人无论在处理何种事情,都应该从容面对,他说:"处事贵从容,切不可急迫。急迫中从容,不害事;从容中急迫,欲事之济,难矣。"马理认为做事贵在从容,千万不能急迫。若急迫中有从容之态,那并不妨碍事,反之,若从容中有急迫之姿,则济事无益。马理之所以特别强调要从容,是因为从容方可不会临阵大乱,从容方可心平气和,方可做出正确的判断;否则,急迫则容易让人丧失理智的判断,做出错误的决定。因此,马理一生信奉不移的格言就是:"荣不足以骄,辱不足以刿,利不足以歆,害不足以怵,常不足以肆,变不足以惊,方见学力。"这是何等境界和气魄!这是一种宠辱不惊,利害不惧的心态,显豁的正是一种从容不迫的人生境界。

3. 不能轻视他人,也不能小看自己

就前者来说,马理指出:"毋轻人,祸之门",也就是,千万不要小看他人,那样就会开启祸端之门。因为轻视、蔑视他人,不尊重他人,就会招致他人嫉恨,从而引火上身。马理此意正是儒家一直讲的"仁者,爱人"。就是说,仁者一定要有仁爱之心,要有差别地去关心、爱护他人。如此,即使不能给自己招来福报,但亦可以最大程度地不结怨于他人。当然,需要说明的是,"不轻人"并不是做乡愿,不得罪人,而是要有底线和原则,对待那些十恶不赦之人,就不该容忍,而是要与之斗争,划清界限。马理立朝为官,多次与贪官污

吏进行斗争,誓要端正为官风气。如户部侍郎庄𤫊曾支持刘瑾核查国库,在刘瑾被诛灭之后,庄𤫊获罪被免职,后期上奏复职,马理据理力争,力主驳斥,最终庄𤫊没有得逞。对待他人是这样,那如何对待自己呢?马理说:"毋轻己,实自弃。"这就是说,不要轻视自己,那实质就是自暴自弃。为什么这么说呢,因为轻视自己就是不自信,就是否定自己,会使自己陷入纠结两难,犹豫不决之中,难以有大作为。但同时也要提防滑到"自大"的一边,它所致之恶并不必轻视自己小。明末清初的顾炎武就简明扼要地说:"不可自小,又不可自大。"此意与马理意思不谋而合。

4. 不可恃其有

人往往会因为某方面的特长,而自满自骄,不可一世。所以早在孟子那里就敏锐地指出:"不挟长。"就是不拿自己已有的,不拿自己的长处来比画他人。马理也特别指出:"人不可恃其有。恃其道德者,与无者均也,况恃其富贵者哉?"也就是说,人绝对不能凭仗其有,而凌空一切。马理不仅这样说,也是这样做的。他虽官居高位,但并不恃强凌弱,而是虚怀若谷,宽待下属,以理服人,绝不因手握重权而有桀骜慢待之心。在其辞官回乡之后,山巾野服,一副乡下老农形象,接引后学,教诲不倦,冯从吾说其"恭而和,直谅而有容",可见其为人处事之境界和态度。

总而言之,马理所确立的立身处事的准则基本涉及为人处事的方方面面,对我们立身行事不乏龟鉴。

第三部分,主要记录的是马理关于交友治家的语录。

曾国藩说:"择友乃人生第一要义。一生之成败,皆关乎朋友之贤否,不可不慎也!"这就将交友的重要性提揭出来。我们知道,同门曰朋,同志曰友,朋友正是五伦之一,是我们每一个身处社会这张大网里都不可或缺的。正是因为朋友的重要性,自孔子以来,都对如何交友着墨甚多。如孔子讲的"益者三友,损者三友",庄子讲的"君子之交淡如水,小人之交甘若醴",孟子讲的"不挟长,不挟贵,不挟兄弟而友。友也者,友其德也,不可以有挟也"等,都是传世名言,都是被奉为金科玉律。马理同样重视交友之道,他说:"人皆有长,苟取其美,略其余,则但见其可爱,不见其可憎,人无有不可处者矣。"每个人都有自己的长处,我们与其相交时,要多看其长处,忽略其不足,如此即能看到其可爱之一面,略去其可憎的一面,无论何人,都有其可取的一面。人非圣贤,孰能无过?我们要善于识人,交友要多看其长处,这样才会看别人越来越顺眼,与其相处也越来越融洽。反之,如果只是揪住别人的短处不放,就只能增加厌恶之心。马理也曾谈及他的识人之道:"臣应事精详,廉正公平,不如浙江周文兴;明敏有为,文武俱优,不如朝邑韩邦奇;静正无私,屹若砥柱,不如怀庆何瑭;遇事安和,中行无咎,不如榆次周鈇。"可以看出,马理不妒贤嫉能,能够公允认识、评价他人之长。马理这一交友之道虽看似简单,但实践起来却并非容易。

家是我们每一个人生活的基本单位。自古以来,诸多名人贤士皆留下诸多精辟的治家格言。马理虽然没有诸如《颜氏家训》《朱子治家格言》等体系完整的名篇传世,但亦有不少经典语录,体现出自己独到的见解。他说:"家人者,天下风化之本也。君子观象,知齐家为风化之原。"认为家人是天下风俗教化的根本,故而齐家也就成为风化的根源。马理此意若合符节,因为家是一个最基本的生活单元,一个人能在社会上获得成功,却未必能将家治理好,这就说明了治家之难。那么,齐家从何入手呢?马理提出自己独到的见解:"家人风化,本于家人…家人利在女子之正而已。女正而后有夫妇,有夫妇而后有父子兄弟,有父子兄弟而后有君臣。天下之皆从此出,风化由此而成。故女贞,正家之本也。正家而天下定矣,女贞之道大矣哉。"女德的培养一直在中国传统文化中占有很大的分量,如曹大家的《女诫》、蔡中郎的《女训》、宋尚宫的《女论语》、吕近溪的《女儿小语》、吕新吾的《闺范》等,比比皆是。陈宏谋曾指出:"在家为女,出嫁为妇,生子为母,有贤女然后有贤妇,有贤妇然后又贤母,有贤母然后又贤子孙。王化始于闺门,家人利在女贞。女教之所系,盖纂重矣。"陈氏由小及大,逐层论及女德的重要性,将女德视为一个出发点,层层往外推阐,最后归宗于"王化始于闺门"。同样,马理亦认为齐家首先应该从女子入手,因为女子德性端正,则夫妇、兄弟、父子、君臣、天下皆可逐一而正。因此,女德才是正家之根本。以此可见,马理之论与那些轻视女子的言论有霄壤之别,显示出其公允之态度。

从马理的精要语录中,我们可以勾勒出马理的儒者形象:学识丰富、气节卓著、笃实践道、醇雅好礼。他的这些为人处事、交友治家的智慧,绝非仅仅是书本、口耳之语,而是其在百死千难中得来的,无疑能够给我们修身齐家提供诸多可鉴之处。

（撰稿：李敬峰）

吕 柟

吕柟(1479—1542),字仲木,号泾野,陕西高陵人,明代中期的关学大儒。年少时曾随乡人周尚礼学《小学》之教,后进入高陵县学,随教谕高俦与邑人孙昂学习《尚书》。他经常在一矮屋中端坐读书,即使是盛夏酷暑,也不迈出屋外一步。冬天时,如果脚太冷了,就在鞋子里垫上麦草,仍旧读书不倦。弘治十一年(1498),吕柟进入西安正学书院读书,当时的陕西提学副使杨一清说:"康(康海)之文辞,马(马理)、吕(吕柟)之经学,皆天下士也。"(冯从吾:《关学编(附续编)》卷4)不久,吕柟又在长安的开元寺遇到前来省城办事的渭南人薛敬之,遂拜其为师,学习程朱之学。在这之后,吕柟开始在高陵的后土宫建云槐精舍讲学,并逐渐形成其重经学、礼教、气节以及尚行的为学特色。

弘治十四年(1501),吕柟乡试中举,时年二十三岁。但在第二年的会试中不幸落第,于是进入北京国子监读书。读书之余,他常与三原的马理、秦伟等人在宝邛寺讲学习礼,并互相约定:"文必载道,行必顾言,毋徒举业以要利禄,毋徒任重弗克有终。"(马理:《泾野先生文集序》)弘治十八年,吕柟与好友马理一同回乡省亲。回到高陵后,他继续在云槐精舍讲学,从游者日众,一直到正德三年(1508)考中进士之前。正德三年,吕柟进士第一,授翰林院修撰兼经筵讲官。当时权宦刘瑾想以同乡身份前来祝贺,但被吕柟拒绝,此后也不与其往来,刘瑾遂怀恨在心。正德五年,吕柟因上疏劝谏而触怒刘瑾,于是辞官回乡。回去后才几个月,刘瑾就被朝廷诛杀,受其牵累的陕西籍官员有很多,但吕柟因其气节而免受牵连。正德七年,吕柟官复原职,两年后又因病辞官,此后便一直居家讲学,直到嘉靖元年(1522)再次被起用。

嘉靖三年(1524),吕柟因议"大礼"而入狱,后被贬为山西解州(今属运城)判官。在解州,他受到知州林元叙的礼待和重用,在林氏因病卒官后,还曾一度代行州政。在这期间,吕柟在当地实行了一系列的惠民措施,如给予贫苦无依者一定的粮食和棉花、减轻丁役、筑堤保护盐池、兴修水利、劝桑养蚕,等等。此外,他还创建了解梁书院,选拔民间优秀子弟进入书院读书,并让各乡里的年长者讲行明太祖的"圣谕六言"(即:"孝顺父母,尊敬长上,和睦乡里,教训子孙,各安生理,毋作非为")和推行《蓝田吕氏乡约》与《文公家礼》,表彰孝子、义士、节妇等。吕柟有感于北方士子获取书籍的不易,于是又在解梁书院刊刻书籍。他的这些举措为当地的民生和教育文化事业做出了很大贡献,因而受到解州士民的拥护和爱戴,在其离任之后,解州之民还经常派人去看望他,更有一些士子远赴南京继续跟随其学习。

嘉靖六年(1527)冬,吕柟从解州判官转任南京吏部考功司郎中,与湛若水、邹守益一起讲学南都,风动江南,从学者众多。嘉靖十四年,升北京国子监祭酒。在国子监,他整肃监规,严肃学风,提倡礼乐之教,让国子监生每月习礼二次,每日歌《诗》一次,从而使国子监学风得到很大改善,"弦歌之声,礼让之俗,洋洋于京师首善之地矣"(薛应旂:《泾野先生传》)。第二年,吕柟又转升为南京礼部右侍郎,继续在南京讲学。嘉靖十八年,致仕回乡,在家乡建北泉精舍讲学。嘉靖二十一年(1542),吕柟因病去世,享年六十四岁。隆庆元年(1567),朝廷追赠其为礼部尚书,谥文简。

吕柟前后为官二十多年,在朝清廉正直,不依附权势,敢于上疏直言,居家时又曾多次拒绝当地官员的馈赠。其一生汲汲于讲学,以"尚行"为主,强调"真知实践,甘贫改过",并继承张载关学读经重礼、崇尚气节的学风,故一时笃行自好之士多出其门。东林学者高攀龙说:"薛文清、吕泾野语录中无甚透悟语,后人或浅视之,岂知其大正在此。他自幼未尝一毫有染,只平平常常,脚踏实地做去,彻始彻终,无一差错,既不迷,何必言悟?所谓悟者,乃为迷者而言也。"(黄宗羲:《明儒学案》卷58)吕柟虽然学宗程朱,对阳明学多有批评,也曾与王阳明弟子邹守益就"知行先后""格物穷理""修己以敬"等问题展开过辩论,但他十分反对喜同恶异和门户之争。

吕柟之学在明代关学史上具有重要的地位,他与晚明长安的冯从吾一同被后人视为是代表明代关学发展的两座高峰。晚明江右王门学者邹元标就说:"横渠之后,明有仲木,今有仲好,可称鼎足,可以张秦,亦可以张明。"(《冯从吾集·少墟冯先生集序》)清初关学大儒李二曲也说:"关学一脉,张子开先,泾野接武,至先生(指冯从吾)而集其成,宗风赖以大振。"(《二曲集》卷17)清初山西学者范鄗鼎亦曰:"前有横渠,后有泾野,今见先生(冯从吾),太华三峰,真关中大观哉!"(《冯从吾集·冯先生集前识言》)

吕柟著述比较丰富,主要有《泾野子内篇》《四书因问》《泾野先生文集》《泾野先生五经说》(即《周易说翼》《尚书说要》《毛诗说序》《春秋说志》《礼问》)《泾野先生别集》和《高陵县志》《解州志》《监规发明》《诗乐图谱》《谕俗恒言》等,并编有《宋四子抄释》《义勇武安王集》等。

泾野子内篇（节选）

吕柟

一

吾人只是贫富二字打搅，故胸中常不快活。试尝验之：自朝至暮、自夜达旦，其所戚戚者此贫此富也；自少自壮、自壮至老，其所戚戚者此贫此富也。君臣之相要[1]，贫富二字要之也；父子之相欺，贫富二字欺之也；兄弟之相戕，贫富二字戕之也。纵使求而得之，尚不可为，况求之未必得耶！

尚义者在位，则所用皆义人，所行皆义政，天下无不治矣。尚利者在位，其弊可胜言哉！然其初要在谨独，但于一言之发，一事之动，一财之临，就当审处，不可有一毫适己自便之心，久之自然纯熟，可以造于无所为而为矣。昔舜"饭糗茹草，若将终身"[2]，正见义不见利之大节。学者能甘贫俭约，不为利所动，自无往而非义。"

夫颜子心胸何等弘大[3]，何等洒乐，视世之富贵、贫贱、利害、夭寿，举无足以动其中者，此诚见大心泰，无不足也。颜子之乐处正在于此。

禹无间然[4],只在菲饮食[5];回称为贤,只在箪瓢陋巷不改乐处。今学者只去其一切外慕,无所系累,方为实学。

【注释】

【1】要:同"邀",邀请。
【2】饭糗茹草,若将终身:语出《孟子·尽心下》。饭、茹:吃。糗:干粮。草:指野菜。
【3】颜子:名回,字子渊,春秋末年鲁国(今山东曲阜)人,孔子弟子,以德行著称,被后世尊为"复圣"。在儒家中,颜回被视为是"安贫乐道"的典范。
【4】禹无间然:出自《论语·泰伯》:"禹,吾无间然矣!"间:间隙,这里指批评、非议。
【5】菲:微薄。菲饮食,指衣食简单,生活俭朴。

人之生,不幸不闻过,夫子亦以闻过为幸。圣人心地平易,有过随人去说,人亦争去说他的过,是以得知,真以为幸。今人所以不闻过,如何只是訑訑声音颜色[1],拒人于千里之外,有过人亦不肯说与他,是以成其过。学者贵乎使人肯言己的过,便是学问长进。

能甘贫,则凡一切浮云外物,举不足为累矣;能改过,则可以日新而进于善矣。大抵过失亦多生于不能安贫中来。贫而能安,过亦可少。观于颜子可见矣。虽以成汤之圣,而犹曰"改过不吝"[2]。秦穆公霸者之君耳,其伐郑归而悔过,自誓之言,乃列于《书》之终篇[3],与帝王并称也。过只不宜频复,贵于速改。

【注释】

【1】訑訑声音颜色:语出《孟子·告子下》。訑訑:洋洋自得的样子。意思是骄傲自得的说话声音和面部表情,会把别人拒之于千里之外。
【2】改过不吝:语出《尚书·仲虺之诰》。吝:小气,舍不得。
【3】《书》:即《尚书》。终篇:指《尚书·秦誓》。

品 读

"甘贫改过"是吕柟思想的一个重要特色。这一思想主要来自于先秦儒家。孔子曾称赞自己的弟子颜回说:"贤哉,回也! 一箪食,一瓢饮,在陋巷。人不堪其忧,回也不改其乐。贤哉,回也!"(《论语·雍也》)并认为颜回"好学",能够做到"不迁怒,不贰过"。事实上,在《论语》中有关"安贫"的例子有很多。例如,除了颜回之外,还有吕柟经常提到的大禹。对于大禹,孔子说:"禹,吾无间然矣! 菲饮食,而致孝乎鬼神;恶衣服,而致美乎黻冕;卑宫室,而尽力乎沟洫。禹,吾无间然矣!"(《论语·泰伯》)称赞禹作为君王,却能够做到"菲饮食""恶衣服""卑宫室"。当然,孔子本人也是"安贫乐道"的典范。孔子"饭疏食,饮水,曲肱而枕之,乐亦在其中矣"(《论语·述而》)。认为"富与贵是人之所欲也,不以其道得之,不处也。贫与贱是人之所恶也,不以其道得之,不去也"(《论语·里仁》)。吕柟的"甘贫改过"思想便是对先秦儒家的一个继承。

首先,关于"甘贫"。在吕柟看来,贫与富是当时读书人所面对的一个重大问题,许多人无论是读书还是做官,都只是为了追求富贵利禄,而一些人经常往来于权贵之门,也是为了谋取自身利益。吕柟对此极为反感,认为这会使学者丧失原则,常常犯错误,所以他强调要从"甘贫"上做工夫,立定脚跟不移。因此,在讲学中,吕柟经常以颜子和舜、禹这些古代圣贤为例,告诉学者要去除一切外慕之心,不为富贵、贫贱、利害等所动,一心向学,学问和德性就会有进步。不仅如此,吕柟还认为,学者如果能甘贫,自然能做到无往而非义。他举例说,舜之"饭糗茹草也,若将终身焉",就是因为见义不见利,不为利所动,而后人津津乐道的"孔颜之乐",也是在于孔子、颜回能够甘贫。

其次,关于"改过"。"改过"虽然不像"戒慎恐惧"与"慎独"那样属于内在或行为未发生前的涵养,但吕柟仍然很重视"改过"的工夫。他认为,学者应该以闻过为幸,并使人愿意告诉自己的过错,而不能自满自得。不仅要闻过,而且还要勇于改过,在吕柟看来,如果一个人能勇于改正自己的错误,就会日新于善。当然,过不能反复、频繁,而且有过要贵于速改。

总之,"甘贫改过"既是吕柟思想中的一个重要内容,也是其重躬行实践的具体表现。后来的关学学者,如冯从吾和李二曲等人在讲学中也多次提到吕柟的"甘贫改过"说,而晚清关学学者贺瑞麟也说:"读先生之书,亦必以安贫改过立其本,真知实践要其归,取法乎程朱,而明辨乎王氏,斯为善学先生者。"(吕柟:《泾野子内篇》附录二)

二

仁是圣门教人第一义,故今之学者必先学仁。

仁者,人也。凡万物生生之理,即是天地生生之理,元非有两个。故人生天地间,须是把己私克去,务使万物各得其所,略无人己间隔,才能复得天地的本体。夫孔门诸贤,于一时一事之仁则有之,求万物各得其所,与天地同体气象便难,惟颜子克己复礼,几得到此境界。

圣人见天下陷溺荼毒,性未复,生未遂,皇皇[1]然要出去救他。盖其民胞物与[2]之心,视天下疾痛疴痒与己相关,故如此。学者须要有这样心肠。若他人之汲汲于仕者,盖为富贵利禄计耳,故曰"同行异情"。

圣人视四海九州之人,鳏寡孤独不得其所,皆与我相通,只要去救他。然不知所以处之之方,虽有此心何益?故终日不食,终夜不寝,或考于古,或问于今,这样发愤!及得此理,便乐以忘忧。若不是仁,怎能如此?看来孔子之道,岂是老佛可并!老佛只是面壁,将自己欲火退去,再不管人。孔子便欲以天地万物为一体,何等样大!诸生须要学仁,凡昼之所为,夜之所思,与夫一言一动相比,常常把这仁来体验,自然有益,不可说过便了。

舜有并生之心,天下之人疾痛疴痒与我相关,一民饥曰我饥之也,一民寒曰我寒之也,故好问好察,以求所以处之之方。不但问于君子,虽耕稼陶渔之人亦往问之,不自知其为圣人。若自以为圣人,这些人怎肯与他说?惟舜好问好察,以天下之闻见为一己之闻见,故曰大知。颜子也有舜这样心肠,故以能问于不能,以多问于寡。《中庸》言舜之大知,即以颜子继之,亦是此意。如今人不肯好问,看来只是不仁。若有这样仁心,便汲汲皇皇,终日不食,终夜不寝,要去问人,岂肯自足!

所谓用力,不在别处,只要学仁。彼人之心,元与天地一般大,只为有己便窒碍了。须要使吾心中生意常常流动,"出门如见大宾,使民如承大祭"[3],与凡处朋友,会亲戚,待僮仆,这个道理皆在这里。如古人看见一个鸢,便如天一般大;看见一个鱼,便如渊一般深。眼前皆是这个道理,流动不息,无有窒碍,胸中何等快乐!荣显也不见得荣显,寂寞也不见得寂寞,只见得我这里面是这样美,是这样大,是这样富,是这样贵,外面那些富贵,那些势力,那些功名,都如浮云一般,那里见得!故孔子说"好仁者无以尚之",这般滋味惟是孔子晓得。

凡看《论语》,且须要识得圣贤气象。若天地之所以为天地,只是一个至公至仁。如深山穷谷中,草木未尝不生,如虎、豹、犀、象也生,麟、凤、龟、龙也生。圣人与之为一,如有一夫不得其所,与天地不相似。观夫舜欲并生,虽顽谗之人也要化他,并生于两间,要与我一般,此其心何如也!

吕柟

【注释】

【1】皇皇:皇,通"惶",指惶恐、不安。

【2】民胞物与:出自张载《西铭》:"民,吾同胞;物,吾与也。"意思是百姓都是我的同胞,万物都是我的同类。

【3】出门如见大宾,使民如承大祭:语出《论语·颜渊》。出门办事就像接待贵宾一样,役使百姓就像举行重大的祭祀一般,意思是要有发自内心的恭敬。

品　读

"以仁为学"是吕柟思想中的一个重要内容。在《论语》中,孔子对"仁"有许多论述,如我们所熟悉的"克己复礼为仁""爱人""己欲立而立人,己欲达而达人"等都是对"仁"的描述,但孔子所说的"仁",比较强调具体的行动。后来,宋儒又赋予孔子的"仁"以天地境界和心灵境界的意义,这就是张载《西铭》中说的"民,吾同胞;物,吾与也",以及程颢讲的"仁者,以天地万物为一体,莫非己也"。于是,"仁"也就成了理学家所追求的一种终极理想和价值。而吕柟的"以仁为学"即是以理学的"万物一体"精神为基础,同时又兼具先秦儒家行动之仁的特点。

吕柟认为,天地之所以为天地,就在于其至公至仁,即使是深山穷谷,也有草木生长;世间既有麒麟、凤凰之类的灵兽,也有老虎、豹子之类的猛兽;既有松柏、灵芝,也有菌蓬、荆棘,凡此种种,都是天之至公至仁的体现。圣人与天为一,故天之仁便体现为圣人的"并生"之心,亦即使万物各得其所,并生于天地之间,让那些鳏寡、孤独、困穷、无告等不得其所之人都能得到很好的照顾。

因此,吕柟强调,学者首先要学仁,仁是圣人教人第一义。他告诉学者,一定要在日用常行中去体会仁、实践仁。具体来说,一是要有一颗仁心,这就需要"斩去世间一切可爱、可惜、可喜、可慕的心",使此心一于仁、志于仁。二是要"克己"。在吕柟看来,"仁"是人的本心、本性,也是每个人生来都具有的,但由于私欲、习染的影响,从而使人离"仁"越来越远。因此,他要求学者要以"克己"即克去己私作为"为仁"的首要功夫。三是"求放心"和"大其心"。"求放心"是指恢复人本有的善性,"大其心"则是通过"集义"不断使此心变得广大,从而达到与天地万物为一体,"视天下犹一家,万民犹一人"的境界。

仰止亭记

吕柟

仰止亭[1]者,青阳祝尹[2]之所构也。正德末年,阳明王公[3]与其徒讲学九华山中,一时青衿之士,如云潏雾集,而"致良知"之说,以行为知之论,由此其发也。其徒守之如父母之命、蓍龟之告而不敢易焉,然亦有得者焉,亦有不得者焉。故天下之士,是[4]阳明之学者半,不是阳明之学者亦半。

【注释】

【1】仰止亭:明代安徽九华山阳明书院的一部分,取《诗经·小雅·车辖》"高山仰止,景行行止"之意。嘉靖十三年(1534),改亭为仰止祠,崇祀王阳明。

【2】青阳祝尹:青阳,今安徽池州市青阳县,九华山即位于其县境内。祝尹,即祝增,江西上饶德兴人,时任青阳县令。

【3】阳明王公:即王守仁(1472—1528),字伯安,号阳明,浙江余姚人,明代著名的思想家、教育家和军事家,其创立的"良知"学(又称阳明学),则与朱子学并称。

【4】是:认同,肯定。与下一句的"不是"意思相对。

他日,弘斋陆子伯载、东郭邹子谦之,固蚤[1]从阳明游者也,数以难予。予曰:"予敢以阳明之学为是乎?予敢以阳明之学为不是乎?"二子曰:"如子之言,不几于持两端乎?"[2]曰:"不然。昔者先正以一言一字发人,而况阳明之学,痛世俗词章之繁,病仕途势利之争,乃穷本究源,因近及远,而曰行即知也,知本良也,亦何尝不是乎?但人品不同,受病亦异,好肉者不可与言禁酒也,好奕者不可与言禁财也。故夫子讱牛之躁言[3],色商之直义[4],达师之务外[5],惧由之好勇[6],故德无不成,材无不达。如人之病疮,有在手者,有在足者,有在肩背者,有在面目者,皆足以滞一身之气而壅百骸之肿。所病去,则全体无不安矣,故受药亦易,而起其病亦不难。故有知而后能行,未有不知而能行者也,犹目见而后足能走,未有不见而能走者也。若曰见守齐举,知行并进,此惟圣人能之。故阳明之学,中人以上虽或可及,中人以下皆茫无所归,故《论语》不道也,亦曷尝尽是乎?虽然,自夫俗儒而言,忘其良知而又不知以行之为急也,其弊至于戕民而病国,则阳明之学又可少乎哉?"

【注释】

【1】蚤:同"早"。

【2】两端:指模棱两可的态度,可以这样,也可以那样。

【3】讱牛之躁言:讱,迟钝,这里指言语谨慎。牛,即司马牛,孔子弟子。躁,指性子急,不冷静。据说司马牛虽善于言谈,但性格比较急躁,故说话往往不够谨慎,有一次他向孔子请教什么是"仁",孔子说:"仁者其言也讱。"(《论语·颜渊》)

【4】色商之直义:色,指温润之色或和颜悦色。商,即卜商,字子夏,孔子弟子。直义,正义。卜商能直义,但缺少温润之色。有一次,卜商问孔子什么是"孝",孔子曰:"色难。有事,弟子服其劳;有酒食,先生馔,曾是以为孝乎?"(《论语·为政》)色难,意即对父母做到和颜悦色很难。

【5】达师之务外:达,通达。师,即颛孙师,字子张,孔子弟子。务外,只追求表面。子张认为,通达就是有名声。孔子则指出,有名声只是"闻"而不是"达",真正的"达"应该是外在之名与内在德性相一致,以此来告诫子张要务实,而不能只追求外在的名声。

【6】惧由之好勇:由,即仲由,字子路,孔子弟子。子路尚勇,孔子多次告诫他"君子有勇而无义为乱"(《论语·阳货》),"勇而无礼则乱"(《论语·泰伯》),"好勇不好学,其蔽也乱"(《论语·阳货》)。

去年[1],阳明已逝矣,其徒江学曾辈思之不置[2],祝尹曰:"某初欲建仰止亭于九华山,今阳明虽不在,岂可以生死而易其心哉!"学曾遂以伯载问记于予。然则尹真贤达,而若曾亦可谓真得阳明之学者矣!斯其贤亦不易得也。它日振阳明之学于九华山,其在斯人乎!(《泾野先生文集》卷17)

【注释】

【1】去年:指嘉靖七年(1528)。
【2】不置:不止,不舍。

品 读

本文作于嘉靖八年(1529)。在这篇文章中,吕柟比较集中地表达了他对王阳明之学的认识以及自己的为学主张。在吕柟看来,从纠正士子以词章记诵为学,汲汲于仕途名利之争来说,王阳明极本穷源,指示出人生来就具有的良知本心,并以此作为安身立命之所,强调躬行实践,反对知而不行,在这一方面,阳明学值得肯定。但另一方面,王阳明之学也存在着两大问题:

第一,王阳明在教育学生上不能因材施教、因人变化。

吕柟认为,每个人的性格、才能和资质都不同,缺点或不足之处也不同,因此,在教育学生时应该讲究因人变化,就像人得了皮肤肿烂溃疡之病,有人是在手上,有人是在脚上,还有人是在背上或脸上,总之,患病之处各各不同,因此医者在用药时也必是因人而异。吕柟强调,圣人孔子就是这样做的,如弟子司马牛虽善于言谈,但性格却比较急躁,讲话时往往是脱口而出,没有经过冷静思考,所以孔子告诉他要慎言;又如子夏虽然正直、正义,但因为缺少温润之色,令人难以接受,所以孔子教导他要和颜悦色;还有子张比较看重外在的名声,因而孔子告诫他还应注重内在的德性,做到表里如一、名实相副;又如子路为人勇敢,孔子则告诉他勇敢需要用礼和义来节制,才能做到无过与不及,否则就会导致不好的结果,给自己或他人带来祸乱。当然,孔子因材施教的例子还有很多,不只是以上几种。例如,孔子在讲什么是"仁"的时候,针对不同的学生则有不同的回答。对于颜渊,孔子告诉他要"克己复礼";对仲弓,则告之以"敬"和"恕";而樊迟来问仁,则告诉他要"居处恭,执事敬,与人忠",等等。孔子的回答每次都不同,之所以如此,就是因为颜渊、仲弓、樊迟等人在做到"仁"上的情况各不同,所以问的问题虽然一样,但答案却不同。

吕柟认为,王阳明却不管前来问学的人是谁,只是告诉他去"致良知",这就使得初学者不能针对自身的实际情况去做工夫,也不知道怎么下手去做工夫,故其学问不免有偏。吕柟则非常重视因材施教。例如,有学者前来问省察工夫。他就指出,应该像曾子"三省吾身"一样,从自己实际的缺点或不足之处入手,而不是漫无目的的省察,就好像喜欢喝酒的人要从酒上来克治,喜欢某种东西的要从这种东西上来克治,好名的要从名上克治,等等,一定要从各自所好上入手,坚持不懈,这样自然就会有效果,这才是真正的"学",而不能泛泛说一个"省察"或"致良知"便了事。

不过,对于吕柟的"因人变化"说,清初著名学者黄宗羲则认为,"因人变化"说的是入手工夫而不是本体,良知则是本体,作为本体的良知人人都有,人人相同。因此,以工夫来批评本体是不对的,故吕柟并不真正了解王阳明之学。黄宗羲的说法虽然有一定道理,但从吕柟在文章中所表达的思想来看,他提出"因人变化"原本便是就工夫而言,并非是要否定王阳明的良知本体,这一点是毋庸置疑的。

第二,吕柟认为,王阳明的"知行合一"说,强调行即是知,这只有圣人才能做到,一般人则需要先通过学习来掌握事物之理,懂得是非善恶,然后才能去行。

"知行合一"是王阳明早年提出来的一个命题,后来的"致良知"说也包含了"知行合一"这一精神。王阳明提出"知行合一"主要是针对朱子学把知与行分成两件事、主张"知先行后"而产生的知而不行的弊病而言的。他说:"今人却就将知行分作两件去做,以为必先知了然后能行,我如今且去讲习讨论做知的工夫,待知得真了方去做行的工夫,故遂终身不行,亦遂终身不知。此不是小病痛,其来已非一日矣。某今说个知行合一,正是对病的药。又不是某凿空杜撰,知行本体元是如此"(《传习录上》)。这就是说,无论是在本然的意义上,还是在工夫实践中,知与行都是一体的。不仅如此,王阳明还特别强调要在"一念"发动上来做道德修养工夫,他认为今人只因将知与行分成两事,故一念发动,虽有不善,但因为还没有付诸实际行动,故不加以克治,因而王阳明说:"我今说个知行合一,正要人晓得一念发动处,便即是行了。发动处有不善,就将这不善的念克倒了。须要彻根彻底,不使那一念不善潜伏在胸中。此是我立言宗旨"(《传习录下》)。

虽然王阳明讲的是"知行合一",但他在实际中更强调"行",而他所说的"知"也主要是指道德之知,与一般意义上的"知"不同。因此,吕柟强调,不能以行代知,否则像"博学之,审问之,慎思之,明辨之"这些延续了千百年的为学传统就会变得无意义,被人忽略,而且像礼乐、制度、钱谷、甲兵、狱讼之类,如果不事先学习、了解,就很难应用和实施。因而吕柟坚持朱子对《大学》"格物"的解释,认为"格物"说的就是"穷理",而不是王阳明讲的"正物",即"正其不正,以归于正也",或者把"格物"说成"格心",即去其心之不正以归于正。吕柟认为,如果以"格物"为"格心",就会使知识的学习与积累在德性修养过程中变得不再重要,反而会导致冥行妄作。更何况,对一般人来说,良知并不能时时都会呈现发用,而是如同沾染了尘垢的镜子一样,需要先擦去灰尘,才能恢复镜体的光明,因此,必须先知道何者是天理,何者是人欲,否则就无法做"戒慎恐惧"和"慎独"的工夫。

当然,吕柟也强调,"格物穷理"并非是泛泛然地认识事物之理,而是要返归到身心修养和运用于经世致用上。另外,先知后行也不是将知与行分成两件事,而知是为了行,亦即"知者行之始,行者知之随,犹形影然,又犹目视而足移然"(《泾野子内篇》卷15)。总之,在吕柟看来,王阳明之学比较高远,对于一般人来说是很难企及的。

吕柟对阳明学的看法,可以说代表了明代正德、嘉靖年间关学的主流看法。尽管从嘉靖五年(1526)开始,南大吉与其弟南逢吉就在家乡渭南传播良知学,但就整个关中地区来看,以吕柟、马理和韩邦奇等人为代表的关学主流仍然是以朱子学为宗,对阳明学基本上采取拒绝或排斥的态度,从而使得阳明学在关中地区的传播受到很大限制。这种情况一直持续到晚明万历二十年(1592)冯从吾开始在西安城南的宝庆寺讲学时。冯从吾以良知为本体,以问学为工夫这种"本体与工夫合一"的方式来会通朱、王之学,从此使关学走上了一条新的发展道路。

(撰稿:米文科)

韩邦奇

韩邦奇(1479—1555),字汝节,号苑洛,明代陕西西安府朝邑县(今陕西大荔县)人,是明代中期与吕柟、马理同时而齐名的关学重要代表人物。韩邦奇年少时即"有志圣学",并善诗、词、歌、赋,通晓音律,多才多艺,时人称奇。于正德年间中甲入仕后,先后任吏部考功司主事、吏部员外郎、文选司主事、平阳府通判、浙江按察佥事等职,后遭诬陷下狱罢归。其任职时不畏权宦、刚直不阿、秉公执法、力持风纪、为民请命、劲节自持,表现了关中学人敢担当、重气节、尚操守的可贵精神品质。嘉靖时,韩邦奇先后被起用五次为朝廷效命,又先后五次乞休里居讲学著述。立身在朝,他上疏进谏、举荐人才、体恤民情,尽心国事;退隐在野,他孝悌谨身,进德修业、著书立说,教化乡里,"君子无终食之间违仁,造次必于是,颠沛必于是"的高尚节操和淑世情怀,正是韩邦奇一生的真实写照。韩邦奇不仅宦迹遍布塞外江南,节名扬于两京海内,而且一生以学为本。他的著作颇丰,今传世的就有《禹贡详略》《启蒙意见》《律吕直解》《洪范图解》《正蒙拾遗》《易占经纬》《苑洛志乐》《苑洛集》等多种,其学深邃广博,凡天官、地理、律吕、数术、兵法之属,无不博览精思,得其要领,这不仅表明其学问记问淹通、文理兼备,学问精到的学术特点,而且体现了其从"推阐朱蔡"到"返归横渠"进而"归之践履"的学术历程。韩邦奇在思想上以"论道体乃独取张横渠"的思想特质,以及他笃行实践、躬行礼教、崇尚气节为先的学术特点和人格气象,体现了他对张载之学的继承和阐扬。清人刁包谓:"韩先生远祖横渠,近宗泾野,其学得关中嫡派。"这正是后世学人对韩邦奇关学特质的精当评价。

正蒙拾遗序

学不足以一天人、合万物,不足以言学。吾读《正蒙》[1],知天人万物本一体也。

【注释】

【1】《正蒙》:张载晚年的著作,是代表张载思想的最重要著作。

混沌之初也,一元之气,渣滓融尽,湛然清宁,而万象皆具一极中,《易》[1]所谓"太极",天之性也。及其动静继成之后,气化形生,并育并行,是天率天之性而行,是之谓"天道",夫子[2]所谓"一阴一阳之谓道",《中庸》所谓"道并行而不相悖者也"。人生之初也,天赋之理,无偏不倚,凝然静一,而万行皆备于其中,《书》[3]所谓"降衷"[4],人之性也。及其感通几微之际,形生神发,随接随应,是人率人之性而行,是之谓"人道",子思所谓"率性之谓道",夫子所谓"天下之达道者也"。鸢飞戾天,鱼跃于渊,流行上下之昭著者,至于蛙鸣蝉噪,蚁走蝇飞,皆天道也。亲亲仁民,忠君敬长,明体适用之大者,至于一言一动之发,一事一物之处,皆人道也。君子之自强不息,即化育之,川逝如斯夫,道一而已矣。

【注释】

【1】《易》:指儒家经典《周易》。
【2】夫子:古代对先生的敬称,这里特指孔子。
【3】《书》:指儒家经典《尚书》。
【4】降衷:施善;降福。出《书·汤诰》:"惟皇上帝,降衷于下民。"

道也者,盖皆指其发见流行,显仁之用,践履制作彰施[1]之功夫,岂论于无声无臭,不睹不闻之际哉!不有卵乎?黄白耳,雏未之见也,羽、血、骨、肉、心、肝、肠、肾,缺一而雏不完,卵则雏之极也。不有核乎?仁种耳,木未之见也,花、叶、枝、干、根、株、果、实,缺一而木不完,核则木之极也。卵、核者,即雏木之本体,不杂乎雏木,不离乎雏木而为言耳。

【注释】

【1】践履制作彰施:践履,实践、履行;制作,制定、创作;彰施,彰显,施行。这里指人的一切社会行为。

夫天地者,万物之父母;万物,天地之子也。子有不肖父母者乎!天地万物,其始也,先有生,后有成;其终也,先消成,后消生。生而少,少而壮矣,壮而衰,衰而灭矣。天之开也,斯昭昭之多,积一万八百年而天始成;地之辟也,一撮土之多,积一万八百年而地始成。山以渐而高矣,海以渐而大矣。若一开辟焉,天地山海即若是之高且大也,则是人一出乎胎也,即发委地而须拂膺[1],堂堂七尺之躯,经营千理,通达万变矣。木一出乎核,即合抱参天,果实俱完矣。有是理乎?其消也,天吾知其日削其圆,地吾知其日损其方,山吾知其日卑矣,海吾知其日小矣。但其化几微,人不之觉焉。如今目前之世,万民万物,济济林立,忽一日而尽皆没灭,亦可伤也。

【注释】

【1】发委地而须拂膺:头发长可及地,胡须长可及胸,这里代指人成年。

是故造化之运,消长之机,方混沌即渐开辟,方开辟即渐混沌,如圜无端,无一息之停。长于子,渐至于巳,开辟极矣;消于午,渐至于亥,复混沌矣。自子至寅,历三时而形象备;自酉至亥,历三时而渣滓尽。然则一元十二辰,混沌者六辰,开辟者六辰,一岁之候,昼夜之道也。唐虞三代[1],当午之正时,雍风[2]动之,化其盛极矣。前此以来,浑厚敦庞,日进于文明,后此以往,浇漓乖贼[3],日趋于澌尽[4]。嗟夫!今午日昃,一代降于一代,造化老矣,孰能挽回唐虞三代之治乎?创业之君,守成之贤主,不过服药节食,使少病康强尔,固不能红颜黑发,如少壮之年也。张子曰:"太虚无形,其聚其散,变化之客形尔。"又曰:"知虚空即气则无无。"察乎此,则先儒所谓"道为太极,其理则谓之道",老氏所谓"无",佛氏所谓"空",不辨而自白。孟子曰:"经正则庶民兴","君子反经而已矣"。凡此皆《正蒙》之本旨,诸注之所遗也,谨为之拾。

【注释】

【1】唐虞三代:唐虞,是唐尧与虞舜的并称,亦指尧与舜的时代。三代,指夏、商、周三代。
【2】雍风:团结、和谐、和睦的风气。
【3】浇漓乖贼:指社会风气浮薄、不和谐、不正派。
【4】澌尽:灭绝消亡殆尽。

品　读

《正蒙拾遗》是韩邦奇对张载《正蒙》进行摘要性解释的著作,而本篇则是《正蒙拾遗》一书的序文,集中代表了韩邦奇对张载《正蒙》思想的认同和阐发,是明代关学中颇能代表明代关学学人对张载思想继承性发展的重要作品。

在本文的开篇,韩邦奇即点明他对《正蒙》主旨的理解:"吾读《正蒙》,知天人万物本一体也。"在《正蒙》中,张载虽然以气为天地万物统一的实体,但阐释的重点是"太虚无形,气之本体",并没有提出天地万物统一于气的明确说法。韩邦奇则通过对《正蒙》的解读,明确提出"天地万物,本同一气"(《正蒙拾遗·太和篇》)、"太虚无极,本非空寂"(《正蒙拾遗·太和篇》)的观点,并且更为明确提出"天人万物本一体"的思想,这是他对张载思想的进一步阐释。而后,关学学人大多接受了这一观点,比如对于明末关学大儒冯从吾,后人评价他即有"以天地万物一体为度量"的说法,这是他对张载、韩邦奇思想在个人精神气象上的具体体现。

韩邦奇对张载《正蒙》思想的发挥,更进一步体现在他对"性"和"道"两者关系的辨析上。张载曾在《正蒙》中提出:"由太虚,有天之名;由气化,有道之名;合虚与气,有性之名;合性与知觉,有心之名",把"性与天道"作为其思想的重要问题。但是后儒受周敦颐、朱熹观念的影响,而把性、道二者完全等同起来,认为《周易》所讲的"太极"就是"道"。对于这种观点,韩邦奇不予认同。他虽然认为"性、道,一物也"(《正蒙拾遗·太和篇》),即"性"和"道"在本质上是同一的,但他更为强调两者在表现形式上的不同。他说:"'太极'是寂然不动时物;'道'是动而生阳以后物,安得以'道'为'太极'哉!"(《正蒙拾遗·太和篇》)在本序文中,韩邦奇即重点阐发了这种观点。

在韩邦奇看来,宇宙万物还没有产生之前只是"一元之气",其中包含和孕育着将要产生的万物,这就是《周易》所说的"太极",也就是天的本性;而等气化生成万物,万物一起生化运行,这是完全自然的过程,这个过程就是天的"道",孔子讲的"一阴一阳之谓道",《中庸》讲的"道并行而不相悖者也",说的都是这个意义上的"天道"。与之对应,人刚出生的时候,就自然禀受了天理,这个天理也蕴涵着人的一切言行的可能,这就是《尚书》所说的上天给人所赋予的"降衷",也就是人的本性;而人在具体生活中遵循这个本性活动,这就是人的"道",子思说的"率性之谓道",孔子说的"天下之达道者也",都指的是这个意义上的"人道"。具体而言之,"鸢飞戾天,鱼跃于渊,流行上下之昭著者,至于蛙鸣蝉噪,蚁走蝇飞,皆天道也。亲亲仁民,忠君敬长,明体适用之大者,至于一言一动之发,一事一物之处,皆人道也",宇宙中的一切自然现象,都是天道的体现;而社会中人的一切伦理行为,也都是人道的体现。而只有君子无天人之分,能将自我的伦理行为和自然现象融合一体,所谓"君子之自强不息,即化育之,川逝如斯夫,道一而已矣"。既注意性、道在天、人二者上发与未发的具体差别,又注意其在天人上的统一性,这是韩邦奇性道论的基本特点,也是他对张载"天人合一"思想和性道观念的进一步发挥。

很显然,韩邦奇更为强调的是"人道",也就是道在人的具体生活中的展现。他说:"道也者,盖皆指其发见流行,显仁之用,践履制作彰施之功夫,岂论于无声无臭,不睹不闻之际哉!"道就是人在具体社会行为中的具体体现,它和处于"未发"状态的性有所不同,但也包含着性。换句话来说,性是道的潜在状态,道则是性的具体展现。这就像鸡蛋里潜在的包含着鸡的羽、血、骨、肉、心、肝、肠、肾,如果缺少某一方面,鸡就不能成为完整的鸡;种子自然包含着树的花、叶、枝、干、根、株、果、实,如果缺少某一方面,树木也就不能成为树木了,所以鸡蛋、种子,实际上是鸡和树的潜在形式。基于这样的认识,韩邦奇特别强调了世界万物生成的过程。他继承张载提出的"推行有渐"的观点,认为世界万物的形成,并不是一个遽然而就的过程,而是需要有一个逐渐成长变化的过程。"山以渐而高矣,海以渐而大矣"。如果不是这样,人一出生就是成人,而树木一出核就是参天大树,这是不合理的。由此,韩邦奇推断,"天吾知其日削其圆,地吾知其日损其方,山吾知其日卑矣,海吾知其日小矣"。任何事物都由生长消亡的过程,这是自然的规律使之然,而非人力所能扭转。将宇宙万物演化生灭的规律落实到人类社会,韩邦奇认为尧舜夏商周的时代是人类道德最为淳朴的时期,而后则逐渐落后,一代不如一代,到他所处的时代,则如同太阳已经过了正午而逐渐西落,"今午日昃,一代降于一代,造化老矣,孰能挽回唐虞三代之治乎"？由此可见,韩邦奇对当时社会的悲观心态。以现在的观点来看,社会总是不断向前发展的,韩邦奇的观点未免过于悲观而且不符合历史发展的规律,但也不难从中看到他对社会道德失落的担忧,对人类社会发展未来的担忧心态。

在明代关学中,韩邦奇对《正蒙》的解释非常具有代表性。当时,王恕、吕柟、马理等关学学人已经开始反思被朝廷定位一尊的朱子理学,也都普遍的接受了张载关学所奠定的"以礼为教"的宗风,但对张载思想的继承发挥还没有明确地凸显出来。韩邦奇则更为自觉的从思想层面向张载复归。在本序文的末尾,韩邦奇强调了张载"太虚无形,其聚其散,变化之客形尔"和"知虚空即气则无无"观点的重要性,认为这些观点对先儒所谓的"道为太极,其理则谓之道",以及老氏所谓"无"、佛氏所谓"空",都可以做到"不辨而自白"。在《正蒙拾遗》中,韩邦奇基于对张载之"道"是感而遂通、流行发见的真知灼见,对张载更给予了高度的评价,他说:"自孔子而下,知'道'者,惟横渠一人。"又多次说:"横渠灼见道体之妙""横渠真见造化之实""横渠灼见性命之真",说张载"气块然太虚"的观点,"非横渠真见道体之实,不敢以一'气'字贯之"(《正蒙拾遗·太和篇》)。真得是"自汉唐宋以来,儒者未有见到此者,是以不惟不能为此言,亦不敢为此言也"(《正蒙拾遗·诚明篇》)。此中用一个"不能"、两个"不敢",不惟道出韩邦奇对张载"造道"的识见之高的信服,亦道出其对张载"造道"之勇的钦佩。

还需注意的是,韩邦奇对张载关注现实、注重实践这一传统的继承发扬。这一特点主要表现在两个方面:其一,后人多对张载以天地万物统一于气的观点提出批评,韩邦奇则提出:这些批评实际上都是"在册子中窥造化,不曾回首看眼前造化之实"(《正蒙拾遗·乾称篇》)。正是因为后世的儒者只知道在书本上了解自然,而不去观察眼前宇宙世界的真实情况,所以并不了解张载这一思想的正确性。韩邦奇对张载存在论观点的凝练、提升,使张载的哲学思想更加清晰、明确了。其二,后人多重视张载的《西铭》而忽视《东铭》，韩邦奇则针对此提出：

《西铭》是规模之阔大处言天道也，《东铭》是工夫之谨密处言人道也。先《东》后《西》，由人道而天道，可造矣。朱子独取《西铭》，失横渠之旨矣。圣贤之学，言其小极于戏言戏动过言过动之际，无不曲致自谨，推而大之则乾坤父母而子处其中，盖与天地一般大也。此《西铭》《东铭》之旨。(《正蒙拾遗·乾称篇》)

在韩邦奇看来，张载的《东》《西》二铭，其旨趣各有所重："《西铭》是规模之阔大处言天道也，《东铭》是工夫之谨密处言人道也。"立足"人道"，从谨密功夫处入手，才能通达于"天道"，实现规模之阔大的至高境界，这是"天人合一"这一命题在道德实践层面的基本理路，舍此无他。故而他对《东铭》极为重视，将之置之于与《西铭》同等重要的地位，甚至提出了"先《东》后《西》，由人道而天道，可造矣"的观点，这是对张载修养工夫论和理想境界论的直接贯通，也是对朱熹以来尚《西铭》而略《东铭》传统流习的纠偏。韩邦奇对张载思想的继承，由此亦可见得。

清人刁包在其《杨忠愍先生家训序》中言："韩先生远祖横渠，近宗泾野，其学得关中嫡派。"从"太和所谓道"展开对张载性道论的进一步诠释和认同，是韩邦奇对张载的哲学高度认同的重要原因之一。这是韩邦奇对张载哲学观点的重新诠释，也是韩邦奇归之于张载关学传承者的重要根据。韩邦奇对张载之"道"的感而遂通、流行发见、生生不息等特征的重视和新阐，不仅对"道"的内涵揭示具有重要的本体论、认识论意义，而且承接于关学注重现实、躬行实践、关切实用的传统。因此，应将韩邦奇做为明代关学中能继承张载思想和学风的突出代表。

(撰稿：魏冬)

杨 爵

杨爵(1493—1549年),字伯修(一作伯珍),号斛山,谥忠介,陕西富平人。明代关中著名儒家学者,平生以道德操守著称,学兼内外,被尊作"关西夫子"。生平事迹、学术思想详见《明史》本传、《关学编》、《明儒学案》等。家境贫窭,二十岁始发箧读书,日精进不已。二十八岁跟随朝邑(今陕西大荔)韩邦奇游学,与杨继盛并称"韩门二杨"。三十岁,为兄杨靖申诉被逮入狱,后获释,声名益振。三十七岁,中进士,授行人司行人,先后担任山东道试监察御史、河南道监察御史等。为官忠直刚勇,不阿权贵,曾先后多次上书,反映民间疾苦,活民无数。因为耿直敢言,四十九岁时,因弹劾权奸,因言获罪,前后相连两番入狱,共八载。第一次狱中五年,被放还后,到家才十多天,一日正吃饭间,来了朝廷差役,差人虽未催促,但斛山立即明白差人来意,吃罢饭,站在门屏之间,高声对家人传话,说了声"朝廷来人带我,我走了",便和差役一起上路,胸怀坦荡潇洒,人格光明磊落,围观的人感动得痛哭流涕。第二次狱中三年。出狱后返乡教学著述,不久离世。去世前,自己书写墓志铭,以"做天下第一等人""干天下第一等事"(《杨忠介集》卷7)自我期许和勉励家人,气象凛然,人品高洁。明末清初黄宗羲在《明儒学案》卷9《三原学案》中十分重视斛山(《明儒学案》卷9《三原学案·忠介杨斛山先生爵》)。清代纪昀主持撰修《四库全书总目》,评价杨斛山时,称斛山是明代关中道学的开创者,"爵则以躬行实践为先,关西道学之传,爵实开之迹"(《钦定四库全书总目》卷172《集部》25《别集类》25《杨忠介集》)。这反映了斛山学术思想具有"躬行实践"的基本品格。它是自张载(1020—1077年)以来关学的重要特色之一,也是中国儒学的主要特征和珍贵遗产。斛山诗歌与文赋,特色独具,笔调柔婉深沉,流利清新,平易简明,文质兼备,有生活趣味,具有很高的思想性和艺术性。即使《四库全书总目》也委婉地指出:"所作诗文,大都直抒胸臆,虽似伤平易,然有本之言不由雕绘,其可传者正不在词采间矣。"(《钦定四库全书总目》卷172《集部》25《别集类》25《杨忠介集》)斛山代表性著作有《周易辨录》四卷、《杨忠介集》十三卷(另有附录五卷)等。今《关学文库》收录有陈战峰点校整理的《杨爵集》(西北大学出版社2015年版),汇集校理《周易辨录》《杨忠介集》,并做了若干辑佚考辨,是目前收集比较完整的研究杨爵学术思想与文学艺术的资料文献。

隆治道疏[1]

杨爵

题为慰人心,以隆治道事[2]。

臣惟人主一身,万化本原[3],履至尊之位,膺艰大之责[4],用人行政,是非得失,方在几微而关于民心之向背、天命之去留者,即甚可畏也。是以圣帝明王深察乎此,制治必于未乱,保邦必于未危,事无微而不谨,时无暂而不惧,几无隐而不饬[5],为大于其细,而图难于其易,然后天人交与而可以延国祚[6]于永久矣。方今天下大势,如人衰病之极,内而腹心,外而百骸,莫不受病,即欲拯之,无措手之地。以臣观之,其危乱之形将成,目前之忧甚大也。大抵因仍苟且,兵戎废弛,奢侈妄费,公私困竭,奔竞成俗,贿赂通行,遇灾变而不忧,非祥瑞而称贺,谗谄面谀,公肆欺罔,士风民俗于此大坏,而国之所恃以为国者扫地尽矣。拨危乱而反之治安,此在陛下所以转移率励[7]之者何如耳?况当朝觐大比[8]之期,有司[9]多士,济济来趋,延颈思化,人人切仰,极重不可反,机失则难济,伏愿[10]陛下汲汲[11]于此,时留心焉,以为善后之图也。

【注释】

【1】隆治道疏:一作"请顺人心以隆治道事"。《关中两朝文钞》卷8作《五事疏》。
【2】题为慰人心,以隆治道事:此为奏议题记,揭示其内容主旨。慰,宽慰、安慰。人心,也即民心。以,用来,表目的。隆,提升。治道,治理国家的措施与政策等。
【3】臣惟人主一身,万化本原:惟,思虑。人主,国君。万化,万事万物,在此指措施的制定。
【4】履至尊之位,膺艰大之责:履,践履,登上。至尊之位,国君。膺,服膺、承担。艰大之责,指治理国家。
【5】无隐而不饬:隐,隐微。饬,整理。
【6】国祚:国祚,国运。
【7】转移率励:转移,在此指改变。率励,率领督促。
【8】朝觐大比:朝觐,朝见。大比,明清时期特指乡试。
【9】有司:官吏。
【10】伏愿:表示愿望的敬辞。
【11】汲汲:急切追求。

臣以病居林下[1]者八九年,误蒙圣恩,赐之起用,擢以耳目之官[2],任以纠劾之责。受命以来,早夜耿耿[3],每思国事日非,而臣于国恩有未报,至于痛心流涕者有之。臣请略举目前所见,其大要足以失人心而致危乱、以贻[4]圣心之忧者,为陛下告,诚不忍默默保位,以上负陛下之洪恩,下负生平之所学也。

【注释】

【1】居林下:居住在幽静偏僻的地方,比喻赋闲在家。
【2】耳目之官:指负责纠劾百官的监察御史。
【3】耿耿:心事重重、忧愁不安的样子。
【4】贻:遗留。

伏愿圣明垂听焉,臣窃惟天下之患,莫大于以危为安,以灾为利,实则可忧而以为大可乐,法家拂士[1]日益远,而快意肆情[2]之事无敢有龃龉[3]于其间,积弊而至于蛊[4],则不可得而救矣,此实天下之大患也。往年夏末入秋,恒旸[5]不雨,畿辅千里,已无秋禾,既又历冬无雪,暖气如春,元旦仅雪即止,民失所望,汹汹无聊,忧旱之切,远近所同,此正陛下撤乐减膳、率臣下以祈惠宁之时也,而在廷之臣如大学士夏言[6]数人者,乃以为灵瑞而称颂之,其欺天罔人不亦甚乎!其不几于安危利灾,而以大可忧者为乐耶!孔子告颜渊为邦在远佞人,若是而谓之佞人者非耶?大臣之职,辅君当道,志于仁而先天下以为忧者也。无忠亮体国[7]之心,而居人臣之极位,所谓"小人而乘君子之器"也,欲天下之治,安可得耶?又如翊国公郭勋[8]者,中外皆知其为天下之大恶,朝廷之大蠹也。勋之举动踪迹,岂能逃于圣鉴?虽陛下盛德优容,不忍即罪,神谋远虑,自有所处。臣愚以为,奸不可近,恶不可长,若止之于微,遏之于渐,则朝廷优礼,人臣之体貌未失而勋戚之余裔亦得以保全而善终也。或使稔恶肆毒[9],潜干政柄,则群狡趋赴,善类退处,其为天下国家之祸日益深矣。治道去其太甚者,此其为害治之大之甚,所当急去而不可缓也。凡此任用匪人,足以失人心而致危乱者,一也。

【注释】

【1】法家拂士:法家,恪守法度的良臣。拂士,辅佐国君的贤人。

【2】快意肆情:即恣意纵欲,做事私欲泛滥难以约束。

【3】龃龉:不合,不一致。

【4】积弊而至于蛊:积弊,长期累积的弊端。蛊,毒害。救,救治。

【5】恒旸:恒,经常。旸,照晒,指晴朗。

【6】夏言:夏言(1482—1548),字公谨,谥文愍,贵溪(今江西贵溪)人,明代政治家、文学家,著作有《桂洲集》及《南宫奏稿》等,时以议礼受宠。

【7】忠亮体国:忠亮,忠诚坚贞。体国,体恤治理国家。

【8】郭勋:郭勋(1475—1542),武定侯郭英后裔,袭封武定侯,迁翊国公,"颇涉书史"(《明史·郭英传》),刻书甚众,时因议礼受宠,凭借威权牟利虐民,引起言官交章弹劾。

【9】稔恶肆毒:稔恶,罪恶深重。肆毒,毒害恣肆。

天生斯民,立之司牧,君人者奉天以安民,而使之各得其所也。民不得所,则其心不能无怨,民心怨则天意可知矣。古者民勤[1]于食则百作废,今民勤食不可得而至于离散，离散无所归而至于死亡。臣近巡视南城，两月中，冻馁[2]死者八十人，此一南城一厢耳，共计五城，未知有几，目所不及见而在于千万里之远者，又未知其有几，孰非陛下之赤子也？而颠连无告[3]，委命沟壑，盖望一豆羹蔬食以延须臾之生而不可得也。此正陛下爱民惜财，与天下休息之时也，而土木之工十年于此矣，而尚未止。工部属官添设者至数十员，又差部官远修雷坛，以一方士之故浚民膏血[4]而不知恤，则民何以得其所哉？"民惟邦本，本固邦宁"，穷民之力，尽民之财，是自蹶[5]其本根也，而国何以为国乎？昔汉文帝惜百金之费，不营一台，故海内富庶。隋氏[6]以盛修宫室，而至于亡国。愿陛下以为鉴戒，则宇内生灵之庆也。况今（倭寇）〔北虏〕跳梁，内寇窃发，警报日闻，加以频年灾沴[7]，上下一空，百计取之，愈为不足，而兴作未已，以结怨于天下。此其足以失人心而致危乱者，二也。

【注释】

【1】勤：忧虑、担心。

【2】冻馁：受冻挨饿。

【3】颠连无告：颠连，困顿艰苦。无告，疾苦而申告无门。颠连无告，化用北宋张载《西铭》"凡天下疲癃残疾，惸独鳏寡，皆吾兄弟之颠连而无告者也"。

【4】浚民膏血：浚，穷挖、穷尽。膏血，脂血，比喻百姓历尽辛苦获得的财物。

【5】蹶：枯竭、损毁。

【6】隋氏：指隋炀帝杨广。

【7】灾沴：灾害。

唐虞三代之世，君臣每以勤敬之道交相警戒，其见于经传者，如尧舜兢兢业业、无怠无荒，禹惜寸阴，汤坐以待旦，文王日不暇食，武王以敬而胜怠，故能寿跻耄期[1]，治隆熙泰[2]，是数圣人所以崇德益寿、善政和民之道，不外乎敬与勤而已矣。周公、召公之相成王也，周公则以逸而戒之，召公则以敬而勉之，盖敬、逸之间，身之修否、政之理乱所由分，此固周、召忠君恳恻之心也。陛下即位之初，励精有为，不遑宁处[3]，尝以《敬一箴》通示天下，其于尧舜三王之道,盖已心得之矣。近年以来,因圣体违和[4],朝仪间阙,经筵未讲,大小臣庶朝参辞谢,未得一睹圣容,敷奏复逆,未得一聆天语,若是者今已久矣。夫天位者,艰难之器,非逸乐之具也。陛下一身,天地百神赖以享,六军万民赖以安,一日二日有万几之繁。近闻圣躬调颐[5],大获福履,中外臣民罔不欢庆[6]。况此春气渐和,人思新化,庶官入觐,雝雝肃肃,来自万里之远者,孰不欲鞠躬垂委,北面舞蹈,望龙颜以慰快睹之心乎?《易》曰:"圣人作而万物睹。"正今日之事也。若未得瞻于咫尺,天颜之下,以伸有孚颙若[7]之敬,臣恐人心日益怠惰,中外日益涣散,非隆古君臣同寅协恭[8]以臻太平之气象也。此其足以失人心而致危乱者,三也。

杨爵

【注释】

【1】寿跻耋期:寿,年岁。跻,登临。耋期,耄耋之期。
【2】熙泰:和顺。
【3】不遑宁处:没有安闲的时候,比喻工作繁忙勤苦。
【4】圣体违和:圣体,国君身体。违和,身体患病不适。
【5】圣躬调颐:圣躬,即圣体。调颐,调适、改善。
【6】雝雝肃肃:形容和睦恭敬的样子,化用《诗经·周颂·雝》"有来雝雝,至止肃肃"。
【7】有孚颙若:即诚实恭敬,见于《周易·观卦》经文。
【8】同寅协恭:同敬合恭、团结协作,语出《尚书·皋陶谟》。

执左道[1]以惑众,圣王所必诛而不宥[2]者也。今异言异服,列于庭苑,金紫赤绂[3],赏及于方外之士,臣不意陛下睿哲先物[4],明见万里,而所为乃至于此。夫保傅[5]之职,坐而论道,古人谓"官不必备,惟其人",故非道隆德盛,极天下之选者,不足以任此责。今举而畀[6]诸迂怪之徒,轻之若流品之末,则名器之滥,至此极矣。且陛下以天纵之圣资,为上天之元子,若远宗帝王之道,近守祖宗之法,细旃广厦[7]之下,与公卿贤士讲论治道,则心正身修,与天地合其德,与日月合其明,和气致祥,罔有天灾,而山川鬼神莫不宁矣,安用假此妖诞邪妄之术,列诸法禁之地,而藉之以为圣躬之福耶?甚非圣天子所以崇正远邪,平平荡荡,奉三无私[8]以化天下之道也。臣恐风声所及,人起异议,豪杰之士闻而解体,贻四方之笑,取百世之讥,于圣德国政所损不细。此其足以失人心而致危乱者,四也。

【注释】

【1】左道:旁门邪道。

【2】宥:宽宥、饶恕。

【3】金紫赤绂:金紫,金印紫绶或金鱼袋与紫衣,借指高官显爵。赤绂,即赤芾,赤色的蔽膝,大夫的装束。

【4】睿哲先物:神圣明智能够预见事物的发展变化。明见万里,比喻见解深邃看得长远。

【5】保傅:古代教导太子或贵族子弟的官员,在此指辅佐引导国君的臣子。

【6】畀:给予。

【7】细旃广厦:化用《汉书·王吉传》"大厦(厦)之下,细旃之上"语。细旃广厦,放置书册的细织毛毡与大房子,这里借指朝堂。

【8】三无私:三种无私的美德,即《礼记·孔子闲居》"天无私覆,地无私载,日月无私照"。

古人有言:"君圣则臣直。"陛下临御之初,延访忠谋,虚怀纳谏,其于狂直敢言之士往往矜宥[1],故一时臣工恃陛下之能容,敢以直言冒干天听,言过激切而获罪亦多有之,自此以来,臣下怀危虑祸,未闻敢有犯颜直谏而为匡救逆心之论者。昔人论求言之益,以为勉强以听,不若悦而从之,悦而从之,不若道之使言。盖人臣持禄保位者多,而忘身以徇国者少,虽识见有明暗,言论有得失,在陛下明目达聪,鉴别取舍,于黜陟[2]赏罚付之公论则可矣。若震之以天威,加之以危祸,如往年太仆卿杨最[3]者,言出而身即死,近日翰林院左赞善兼修撰罗洪先[4]等皆以言罢斥,此于国体治道所损甚多,伏愿圣明少致思焉。成汤,大圣人也,仲虺[5]称其改过不吝,从谏弗咈[6];高宗,有商之令主也,傅说告以木从绳则正,后从谏则圣。此二君作圣之功,为万世人主之龟鉴也。臣非区区为一杨最等惜也,但历观古今以来有天下国家者,未有不以任谏而兴、以拒谏而亡者也。今而后,虽有素怀忠义之心者,非灰心仕进、甘退丘园[7],亦必深自晦藏为保身计矣,孰敢发口以论天下之事哉?臣恐忠荩[8]

杜口,则谗谀交进,上德不能下达,下情不能上通,安危休戚,无由以见,而堂陛之近,即远于万里矣。此其足以失人心而致危乱者,五也。

【注释】

【1】矜宥:矜怜宽宥。
【2】黜陟:罢黜与提升。
【3】杨最:杨最(1472—1540),字殿之,谥忠节,四川射洪(今四川省遂宁市射洪县)人,以直谏著名。
【4】罗洪先:罗洪先(1504—1564),字达夫,号念庵,江西吉水(今江西省吉安市吉水县)人,明代著名阳明心学学者,著有《念庵集》等。
【5】仲虺:殷商的贤臣。
【6】从谏弗咈:从谏,接纳谏言。弗咈,不违。
【7】甘退丘园:甘愿隐退田园。
【8】忠荩:忠诚,在此指忠诚之人。

凡此数者,关于天下之治乱,国势之安危,贻圣心之忧,诚未已也。伏望皇上念祖宗创业之艰难,思今日守成为不易,察臣忠悃[1],览臣所陈,赐之施行。戒饬夏言,务笃忠贞之道,以报国家眷顾礼遇之恩;于郭勋则豫有以裁抑而保全之,止土木之工,开谏诤之路,屏邪妄之术。陛下仍以慎独养天德,以天德达王道,以慰人心,以祈天祐,则庄敬日强而弥寿,永于千亿,虚灵照物,而忠邪莫可遁逃,其为宗庙社稷万万年无疆之福,圣子神孙万万年无疆之规者,端在此矣。臣不胜战栗恳切[2]之至。

【注释】

【1】忠悃:忠诚真挚。
【2】战栗恳切:谨敬恐惧诚恳急切。

品 读

斛山为官清廉,性情耿直不阿,敢于谏言。他去世后,屡受朝廷封赠。隆庆元年(1567)二月,朝廷追赠为光禄寺少卿。(《杨忠介集》附录卷1《杨御史传》,卷3《墓表》)万历二十年(1592)二月,朝廷补谥"忠介"。(《明神宗实录》卷245)十月颁诏赐谥"忠介"(《杨忠介集》附录卷1)。在斛山身后近半个世纪,有海瑞立朝为官,谥号"忠介"。二人均以忠直耿正著称史书。

斛山一生坎坷不平,虽为官经历短暂,仅有十三年(1529—1541),中间因奔丧守墓等原因又中断六七年(1533—1539),立朝日浅,但不尸位素餐,建言不断,精神可嘉,产生了一定的社会影响,也左右或改变了自己的人生命运。其中有两次上书,具有典型性和代表性:一是嘉靖九年(1530),他年仅三十八岁,在立朝第二年。即上《请弭灾变以安黎庶奏》(又称《固邦本疏》),活民无数;一是嘉靖二十年(1541),他时年四十九岁,重新立朝一年零两个多月,上《请顺人心以隆治道疏》(又称《隆治道疏》),弹劾权贵,批逆龙鳞,惨遭下狱,九死一生。因此,这两个奏疏在杨斛山的一生中占有重要的地位。

《固邦本疏》,是斛山嘉靖八年(1529)十月,奉命赴湖广公干后所上奏疏。此行往返途中,斛山所见南直隶、北直隶、河南、山西、陕西等地历经蝗灾与严寒,百姓困于饥馑,饿死无数,以至路烹死尸、父子相食。面对这种状况,他"拊膺大痛,食不下咽",深感有责任、有义务如实上奏嘉靖帝。他说在奏议中:"比臣到京,闻庙堂之上,救民之死非其所急,而所议者郊社之礼耳。"对此他深有忧虑:"民心离散,邦本不固,土崩之势,可以立待,纵使周公所制礼文尽行于今日,亦何补于天下之乱乎?"大力呼吁:"今日救民死亡之日,而非兴礼乐之时。"他劝告皇帝:"臣之所忧者,不在府库之财不能遍济天下,而但恐陛下无忧勤斯民之心也。夫忧民即所以忧国,治民即所以治国也。"希望国君能以天下苍生为念,怀揣"忧勤斯民之心"。他倡导的"忧民即所以忧国,治民即所以治国",是中国思想文化中"民为邦本"理念的发展与新体现。《固邦本疏》得到了嘉靖皇帝的采纳,国家积极采取措施,帮助不少灾民度过危厄。

嘉靖二十年(1541)春,斛山以监察御史身份上《隆治道疏》。这一篇有代表性的奏议,体现了斛山的殷殷之情、拳拳之心、耿耿之志。但此疏建议并没有被嘉靖采纳,而是惹得嘉靖大怒,将他械系下狱,备极拷掠,桎梏枷锁,昼夜困苦,几乎丧命狱中。

当时户部主事周天佐、御史浦鋐,与斛山并不熟悉,也无交往,因论救斛山获罪,结果相继被杖毙狱中。斛山知此事后,专门撰写《周主事传》《浦御史传》以纪念,其文情文并茂,催人泪下。

在两番入狱的监禁生活中,斛山并没有消沉低落,而是处困辨志,其德行与操守更加坚贞,其学问也愈发笃实,当时,与斛山论学的"狱友",主要有阳明弟子钱德洪、周怡、刘魁等。斛山与阳明的高足钱德洪交往甚密,并且在送钱氏出狱时请益,绪山教以静中涵养,绪山的《复杨斛山书》(《杨忠介集》附录卷3)比较集中地阐述了阳明学的基本思想,特别是关于"无善无恶心之体"与良知说的关系等问题。在斛山去世后,周怡克服重重困难,单人孤骑,不畏艰辛,长途跋涉,亲赴斛山家乡祭奠,足见几人之间的深情厚谊与患难情怀。

以上是与《隆治道疏》相关的背景性事件,下面分析《隆治道疏》的主要内容及特点。

《隆治道疏》包括四个部分,分别是:

第一部分,简述主旨,标举纲目。本文题记,即文中"慰人心,以隆治道事"一语。此语简明扼要,言简意赅地反映写作奏议的主旨和基本思想,堪称全文的"主脑"或"关键"。"慰人心,以隆治道事",表面看,是通过宽慰民心来提升治理行政的方式,而实质暗含两个方面,即人心(也即民心)的重要,"慰人心"也即"不失人心","治"中隐藏危险亡乱,与全文"此其足以失人心而致危乱者"相扣,纲举而目张。

第二部分,申明缘起,总陈时弊。具体包括两个方面,一就君主的职责与国家现状而言,一就臣子的责任而言。先言君后言臣,先人后己,足见尊人卑己、礼敬谦逊之志,以及所恪守的君臣之间的忠义。作为奏议的正文,开篇虽然为减少突兀,用"臣惟"引领,使语势稍曲婉松缓,以便进谏,然而随后即称"人主一身,万化本原,履至尊之位,膺艰大之责",直陈天下万事总系于国君一身,足见其责任重大,一举一动,事关全局,非同小可,已经为全篇做了理论的铺垫。紧接着,话锋转至"用人行政,是非得失"等实际事务,进而又宕开一笔,"方在几微而关于民心之向背、天命之去留者",点出事情或许表面似乎细微而实际影响深远,直接关系到民心向背与天命去留。此即全文首次点题,既照应题记"慰人心,以隆治道",也开启了后文"足以失人心而致危乱",可谓全文一枢纽入手,"甚可畏"接着从惊惧忧戚之情,自然而生,语气也为之一落。然后得出"圣帝明王""制治必于未乱,保邦必于未危,事无微而不谨,时无暂而不惧,几无隐而不饬"警惕危乱、谨惧细微的结论。接着,趁热打铁,"方今天下大势",总陈时弊,将其比作内外交困、令人无可措手的重症患者,并扼要枚举八个方面,以见"危乱之形将成,目前之忧甚大"。这八个方面是:"大抵因仍苟且,兵戎废弛,奢侈妄费,公私困竭,奔竞成俗,贿赂通行,遇灾变而不忧,非祥瑞而称贺,谗谄面谀,公肆欺罔。"这种士风民俗败坏、将形未形的危乱,怎么解决呢?"拨危乱而反之治安",关键在于用人,所以下接"有司多士",而全篇力陈的"五事"也紧密地突出用人的重要。这是就君主职责与天下局势而言。其次就作为臣子的责任说,自己充陈"耳目之官",本身便负有不可推卸的"纠劾"责任,面对"国事日非"昼夜不安,同时要报答国恩,所以陈述时弊,既是分内之事,也是情理的内在要求,写作奏疏便水到渠成,自然而然。随后点出所奏请事件的实质是"足以失人心而致危乱",既照应前文与题记,又开启下文,是第二次点题,使全文题旨更加显豁,而且成为本篇奏议的总纲。

第三部分,细陈五事,力诋时弊。这一部分是全文的重点。既是对前述八种不良社会现象和弊端的概括,同时也将其进一步具体化,撮其大要,以便施行。相较而言,五事较八端更加典型,而它们之间又一脉相承、表里一致,八端是症候,而五事则是病灶,诊治疗救病疾,当然需先切除病根、阻断病源。

所言五事,分别指向五个方面。其一,直陈"任用匪人",结合"恒旸不雨"、夏秋两料收成无望的自然灾害,抨击朝堂"以危为安,以灾为利",矛头直指大学士夏言与翊国公郭勋,而这两位正是当时议礼并深得嘉靖皇帝信任宠幸的大臣,说皇帝用人不当,不啻于逆龙鳞而动。其二,直述百姓生活艰危困苦,民不聊生,呼吁"爱民惜财",反对穷民力、尽民财,败坏国本,指陈"兴作未已,以结怨于天下",而大兴土木则直指宫廷建筑雷坛。其三,直言"朝仪间阙,经筵未讲",希望嘉靖皇帝效法前代圣王"勤敬之道","励精有为",始终如一,痛述朝政荒疏"若是者今已久"。其四,直劝嘉靖皇帝"崇正远邪",远离"妖诞邪妄之术",以免被"执左道以惑众"的"方外之士"与"迂怪之徒"蒙蔽,警惕"贻四方之笑,取百世之讥",痛陈"圣德国政所损不细",期盼皇帝"远宗帝王之道,近守祖宗之法",不断正心修身。其五,直论"求言之益",期盼君明臣直,君主虚怀纳谏,臣子犯颜直谏,借以"匡救逆心之论",而言出身死或以言罢斥,恰恰堵塞忠正言路,反令"谗谀交进",使"上德不能下达,下情不能上通,安危休戚,无由以见,而堂陛之近,即远于万里"。所陈五事,依次直指嘉靖皇帝的所任用(议礼红人)、所建筑(法坛雷坛)、所为作(疏于朝政)、所沉湎(妖诞邪妄)、所喜好(谗谀交进),而整体则紧扣"人主一身,万化本原,履至尊之位,膺艰大之责"。

第四部分,收束全文,重申举措。小结五事,"关于天下之治乱,国势之安危,贻圣心之忧",照应前文"致危乱",再扼要重申针对五事的应对措施,分别是:"戒饬夏言,务笃忠贞之道""于郭勋则豫有以裁抑而保全之",根据历史发展的情形,这种分别是有针对性的,也是合适的;"止土木之工";"开谏诤之路";"屏邪妄之术";"以慎独养天德,以天德达王道"。"以慰人心,以祈天祐""其为宗庙社稷万万年无疆之福,圣子神孙万万年无疆之规者,端在此矣",最后再次照应回顾奏疏题旨"慰人心""隆治道"。

《隆治道疏》结构井然有序,层次分明,独具匠心。在思想内容上,与《固邦本疏》一脉相承,坚持了"民为邦本,本固邦宁"的传统民本思想,关注国家命运、百姓安危,提倡惜民爱物、休养生息,对缓和社会矛盾、促进社会发展、安定和改善民生有积极作用。同时,该疏提出"夫天位者,艰难之器,非逸乐之具也",强调国君地位非同寻常,是辛勤劳苦的差事,而不是贪图享受安逸享乐的工具。对国君地位与职责的反思,明末清初黄宗羲《明夷待访录》有更加集中深刻的论述,而斛山无疑发其先声。最后,该疏规劝国君能够开阔心胸,广纳谏言,提出"以任谏而兴、以拒谏而亡"的看法,从国家兴亡的角度论述谏言的重要意义,认为谏言有助于沟通上下信息,避免出现"逸谀交进,上德不能下达,下情不能上通,安危休戚,无由以见"的危险局面。这些都是深邃有力、影响深远的见解。

在论述侧重点上,与《固邦本疏》的"解民困"相较,《隆治道疏》虽然以"慰人心"为宗旨,而所陈五事无一不根源于嘉靖皇帝的举措失当、是非不明,则显然是"纾君惑",即惑于人(用人不当)、惑于事(大兴土木)、惑于习(荒废朝政)、惑于术(邪妄之术)、惑于听(是非不辨),立论有正有反,有取有舍,相反相成。

在艺术形式上,斛山《隆治道疏》,作为奏议的疏体,虽然是应用文体,受制于既定的体式。但其结构集中,纷而不乱,眉目清楚,紧凑鲜明,事理融贯,语言似婉实直,似柔实刚,笼天地万物,撮古今大端。立主脑,张眉目,收束自然,简明利落,洒脱刚直,以文载道,气盛言宜,相得益彰。五言"此其足以失人心而致危乱者",枚举再三,历历朗朗,气贯长虹,彪炳日月,又如排山倒海,摧枯拉朽,显微彰著,堪称"极谏",足以振聋发聩,兴疾起废。五事间有相隔,自然不乏跌宕起落、疏密缓急的风致。

总之,斛山的《隆治道疏》,语言酣畅淋漓,耿耿明明,俱见作者真性情、真操守、真精诚。一颗赤心,蕴以帙卷;满腔忠介,溢于笔端。

(撰稿:陈战峰)

冯从吾

冯从吾(1557—1627),字仲好,号少墟,晚明西安府长安(今陕西西安)人,明代关学中融合程朱理学和陆王心学的集大成者,关学的名称确立者和学术史创制者。他生而纯懿,性格鲠直,以"人人心中有仲尼"自勉。及长,受业于陕西提学副使许孚远门下,益有志于濂、洛、关、闽之学。万历十七年(1589),举进士,选为翰林院庶吉士,授御史,巡视中城,阉人修刺谒,拒不见。旋抗章言帝失德,帝大怒,欲廷杖之,阁臣力解得免。寻告归,杜门谢客,造诣益深。万历三十四年(1606),撰成《关学编》,为关学最早的学术史专题著作。万历三十七年(1609),创建关中书院,被誉为"关西夫子"。家居二十六年后,又起为尚宝卿,累迁工部尚书致仕。天启七年(1627),因阉党毁关中书院,忧愤而卒。谥恭定,学者称"少墟先生"。著有《冯少墟集》二十二卷,又有《关学编》《元儒考略》等多种著作并行于世。此处选入冯从吾《做人说》《善利图说》及《关学编自序》,从中可见其以做人为本、期学圣人、注重躬行思想特点和祖述孔孟、承传横渠的关学宗风。

做人说(上)

一日，与馆中二三同志阅邸报[1]，中有做官、做人之说，咸韪[2]其言，而余以为做官、做人不是两事，总之做人尽之矣。或曰："做官、做人，岂毫无所分别邪？"余曰："然。吾侪[3]立身天地间，只有做人一事。试观吾侪今日聚首讲学，容容与与[4]，无半点尘嚣，宛然洙泗杏坛景象[5]，固是做人；明日朝参课业，或揖让于禁近[6]，或吟咏于秘阁[7]，亦是做人；异日散馆之后，或留而在内，或出而在外，职业所关，巨细不一，无大无小，无敢瘝旷[8]，亦是做人。非曰如此为做人，如彼为做官也。

"尝观《大学》一书，至'平天下'章，凡理财用人，为君为相，道理具载无遗，而总谓之大人之学。若做官、做人分为两事，是格、致、诚、正属做人，平天下、治国属做官也，有是理哉？是《大学》一书，乃古人做人之法则，吾侪所当时时潜心理会者也。且吾侪自七八岁，入社学后叫成做童生，进学后叫成做秀才，科第后叫成做举人、做进士，入仕途叫成做官，林下叫成做乡先生[9]。自少至老，此身入于世套中，何时才去做人？不知做秀才做个好秀才，做官做个好官，就是做人，其道理工夫说在《大学》，可无赘[10]也。

"嗟嗟,耳目口鼻,人也;视听言动,人也。此非有余,彼非不足,何待于做人,必待于做而后可言人也。自少至老,方汲汲做人之不暇,而暇言他哉?余曰:"只有做人一事者,以此。"

【注释】

【1】邸报:也叫邸抄、邸钞。中国古代抄发皇帝谕旨、臣僚奏议和有关政治情报的抄本。宋代起发展成一种手抄的类似报纸的出版物,明末开始发行活字版本,到清代称京报。

【2】韪:是,对的意思。

【3】侪:等辈,同类的人们。

【4】容容与与:从容宽舒的样子。

【5】洙泗杏坛景象:洙泗,即洙水和泗水。古时二水自今山东省泗水县北合流而下,至曲阜北分为二水,洙水在北,泗水在南。因孔子曾在洙泗之间聚徒讲学,所以后世用"洙泗"代称孔子及儒家。杏坛,在山东省曲阜市孔庙的大成殿前,相传此处是孔子讲学之处。洙泗杏坛景象,指如同孔子讲学时的气象。

【6】禁近:禁中帝王身边。多指翰林院或官署在宫中的文学近侍之臣。

【7】秘阁:通常指中国宫廷藏书之处或宋朝官名。在此指古代宫中收藏珍贵图书之处。

【8】瘝旷:耽误荒废。

【9】乡先生:指辞官归乡养老的卿大夫。出自《仪礼·士冠礼》:"遂以挚见于乡大夫、乡先生。"郑玄注:"乡先生,乡中老人为卿大夫致仕者。"

【10】赘:增添、附加。

做人说（下）

馆中与二三同志论学，彼此拳拳[1]以做人相印证。余曰："做圣人易，做文人难。吾侪于难者，尚殚精竭力，图之于易；于易者反玩日愒月[2]，委之于难，何也？"或有疑者，欲余竟其说，余曰："难易之间，是在自悟，非可以腾诸口说也。无已，试以舜、孔观之。

"古今论大圣，必曰舜、孔。舜之德业，详载《虞书》[3]中，若不可几及。而夫子乃曰：'舜好问而好察迩言[4]，隐恶而扬善，执其两端，用其中于民，其斯以为舜乎！'玩'其斯'二字，可见《虞书》所载多少德业，都不是舜之所以为舜处，而惟此乃其所以为舜。然则好问好察，难邪？隐恶而扬善，难邪？孔子天纵圣人，不知有何样高远之为，而其自道第曰：'其为人也，发愤忘食，乐以忘忧，不知老之将至'云尔。夫发愤忘食，难邪？乐以忘忧，难邪？由此观之，吾侪特不肯去把做诗文之心为做圣贤之心耳。若是肯去好问好察，肯去隐恶扬善，肯去发愤忘食、乐以忘忧，则舜、孔有何难为？

"颜渊[5]曰：'舜，何人也？予，何人也？'有为者亦若是。阳明先生[6]曰：'个个人心有仲尼。'岂欺我哉？吾侪只说尧、舜、孔、孟难为，试观一日十二时中,曾去好问好察否？曾去隐恶扬善否？曾去发愤忘食？曾得乐以忘忧否？途患不行,不患不至,不用工夫,而曰尧、舜、孔、孟难为,真难之难也。

"且吾侪自入馆来,朝而诵,夕而讽,行思坐想,何尝一息不在诗文上用功,其诗文何尝一息不在班、马、李、杜[7]上模拟,真可谓殚精竭力矣。试自反之其诗文,视班、马、李、杜竟何如邪？孰难孰易,必有能辨之者。"

佥以为然。余又曰："做人不在多言,顾力行何如耳。今言已多矣,愿相与共勖之。"

【注释】

【1】拳拳:本意为奉持之貌、紧握不舍,引伸为赤诚、诚挚,形容诚恳、深厚、勤勉、忠谨。语出《礼记·中庸》:"得一善,则拳拳服膺而弗失之矣。"

【2】玩日愒月:愒,荒废。贪图安逸,荒废岁月。

【3】《虞书》:《尚书》组成部分之一。相传是记载夏朝之前的新兴王朝——虞朝之书。今本凡《尧典》《舜典》《大禹谟》《皋陶谟》《益稷》五篇。其中《舜典》由《尧典》分出,《益稷》由《皋陶谟》分出。《大禹谟》系伪《古文尚书》的一篇。

【4】迩言:浅近之言。

【5】颜渊:即颜回(前521—前481),曹姓,颜氏,名回,字子渊,鲁国宁阳(山东省泰安市宁阳县鹤山乡)人,尊称复圣颜子,春秋末期鲁国思想家,孔门七十二贤之一。

【6】阳明先生:即王守仁(1472—1529),明代著名的思想家、文学家、哲学家和军事家,陆王心学之集大成者。幼名云,字伯安,别号阳明。浙江绍兴府余姚县(今属宁波余姚)人,因曾筑室于会稽山阳明洞,自号阳明子,学者称之为阳明先生,亦称王阳明。

【7】班、马、李、杜:指汉代班固与司马相如(一说是司马迁)、唐代的李白和杜甫。

品 读

《做人说》(上下)依据明天启辛酉本《冯少墟集》移入点校。该文是冯从吾中进士之后,在翰林院做庶吉士时的作品,也是冯从吾继承弘扬张载"学必圣人而后可"这一思想的代表作。

在《做人说》上篇中,冯从吾针对同学中将做官、做人割裂为二的观点,明确提出:"做官、做人不是两事,总之做人尽之矣。"他解释说,今天大家聚首讲学是做人,明日各自体会也是做人,他日散馆授职,虽职务不同,而都兢兢业业,不敢耽误荒废,也是做人。总之,无论现在讲学、做功课还是将来在不同岗位为官,本质上都是做人。进而,他引用儒家经典《大学》为证,指出其中无论理财用人,做君为臣,都是大人之学。而如果把做人和做官当作两回事,那《大学》中的格物、致知、诚意、正心、修身就是做人,而齐家、治国、平天下则是做官,前后不能贯通如一,哪有这样的道理呢?再就人一生的各个阶段而言之,士子在求学到入仕、退休的不同人生阶段中,先后有童生、秀才、举人、进士、官员、乡先生等不同称谓,但其实每个阶段都必须以"做人"为本。如果不明白这一点,"自少至老,此身入于世套中,何时才去做人?"因此,冯从吾提醒大家,人无论在人生的哪个阶段里,或者是在社会的哪个职业岗位上,都要把"做人"看做是根本,正所谓"做秀才做个好秀才,做官做个好官,就是做人。"

在《做人说》下篇中,冯从吾承接上篇人生"只有做人一事"这一说,继而提出"做圣人易,做文人难"的观点。他指出:现在我们对于做文人尚且殚精竭虑,孜孜不休,认为其容易;而对于做圣人却贪图安逸,荒废岁月,认为其太难,这到底是为什么呢?针对这样的疑惑,冯从吾举大舜和孔子为例做了说明。他说古今认为的大圣人必然要说到大舜和孔子。至于舜,虽然《尚书》中的《虞书》对他的道德、功业记载很详细,但这不是他之所以成为圣人的主要原因。正如孔子所说,大舜之所以能够成为圣人,并不在于他的功业,而在于他善于请教别人而且又善于分辨身边人的言论,在于他能够隐匿别人的短处而宣扬别人的长处,在于他能够对过激和不足两方面的意见加以折中并且施行到民众之中。这些难吗?显然与作诗文相比要容易得多。再比如孔子,虽然子贡赞颂他是如同上天一样不可用台阶而上的圣人,但他却评价自己说,我不过是一个学习发愤用功,连吃饭都忘了,快乐得把一切忧虑都忘了,以至于连自己快要老了都不知道的人,如此而已。这些难吗?显然也不难。

就此，冯从吾得出结论：做圣人其实并不难，众人认为做圣人难、做文人易，其根本原因在于大家不愿意用作诗文的心思去做圣人啊！

冯从吾勉励大家说，如果人们愿意在生活中能如舜那样好问好察，去隐恶扬善，能如孔子那样发愤忘食，乐以忘忧，那么做大舜、孔子这样的圣人又有何难？他引用颜回的话说，大舜是怎样的人，我也是怎样的人。既然我和他同样都是人，那他能做到的，我也能做到；他又引用王阳明的话说，每个人心里都有个孔子。其言下之意，是说如果人人能将心中的这个孔子发扬光大，也就是圣人了。他告诫世人：因为我们每一个人在日常生活中，都不曾像大舜、孔子那样反省自己，切实践行，而整天把心思放在如何做诗文上，所以不能成为圣人。但看看我们自己做的诗和文章，能和班固、司马相如、李白、杜甫这些文学大家相比吗？显然不能。由此得出结论：做圣人要比做文人容易。而做圣人关键，则不在空谈而在于力行实践，"做人不在多言，顾力行何如耳"！

值得一提的是，明万历二十四年（1596），冯从吾在关中书院讲学时，还特意撰写了一篇名曰《谕俗》的短文，以启迪世人。他在其中说："千讲万讲，不过要大家做好人，存好心，行好事，三句尽之矣。"并且录一副对联与大家共勉：

做个好人，心正、身安、魂梦稳；
行些善事，天知、地鉴、鬼神钦。

由此可见，冯从吾以做人为根底、以做圣人为目标的人生追求和社会期望。而这一点，也正与张载所奠定的"学必期圣人而后可"的人生目标是一致的，体现了关学以做人为本，注重道德践履、躬行道德实践的学术宗风。在今天看来，冯从吾的《做人说》对指导人生价值仍有积极的意义。

善利图说

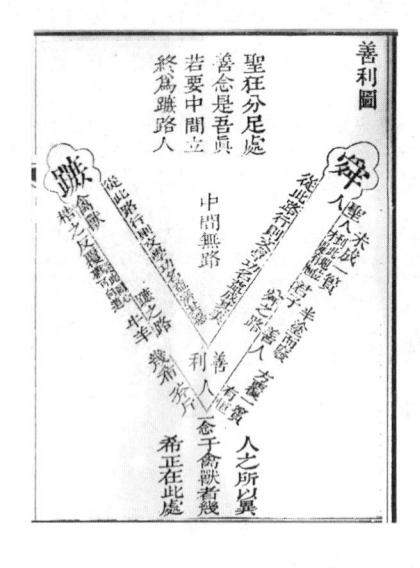

或问:"孟子,愿学孔子者也。孔子论人,有圣人、君子、善人、有恒之别[1],而孟子乃独以善、利一念,分舜、跖两途[2],何也?"

曰:"此正孟子善学孔子处。孔子以圣人、君子、善人、有恒列为四等,正所以示人舜之阶基,恐学者躐等[3]而进耳。世之学者,徒知以舜、跖分究竟,而不知以善、利分舜、跖。

"若曰:'圣人至舜极矣,学者何敢望舜,下圣人一等,吾宁为君子已耳。'或者又曰:'君子我亦不敢望,吾宁为善人已耳。'或者又曰:'善人我亦不敢望,吾宁为有恒已耳。上之纵不能如舜,下之必不至如跖,何苦呶呶然曰吾为舜,吾为舜哉?'

"以彼其心,不过以为圣人示人路径甚多,或亦可以自宽、自便耳。不知发端之初，一念而善，便是舜；一念而利，便是跖。出此入彼，间不容发[4]，非舜与跖之间，复有此三条路也。君子、善人、有恒造诣虽殊，总之是孳孳[5]为善，大舜路上人。孟子以善、利分舜、跖，盖自发端之初论也；孔子以圣人、君子、善人、有恒分造诣，盖自孳孳为善之后论也，旨岂二乎哉？

"虽然为众人易，为圣人难，故学者尽学圣人，尚恐不能为君子、为善人、为有恒，若姑曰'我宁为君子'，'我宁为善人'，'我宁为有恒'，其势不至于无恒不止，不至于如跖不止也，何也？取法乎上，仅得乎中；取法乎中，民斯为下，理固然也。究其初心，岂非错认路径尚多之一念误之哉？

"且为善、为舜则为人，为利、为跖则为禽兽，所系匪细，故又曰：'人之所以异于禽兽者几希[6]。'玩'几希'二字，可见人必至于如舜、如禹、如成汤、如文、武、周公、孔子，才谓之君子，存之才谓之人。不然，庶民去之，则禽兽矣。善、利之分，舜、跖之分；舜、跖之分，人与禽兽之分也。学者纵可诿[7]之曰'我不为圣'，亦可诿之曰'我不为人'哉？"

【注释】

【1】孔子论人，有圣人、君子、善人、有恒之别：出自《论语·述而第七》中孔子的两句话："圣人，吾不得而见之矣；得见君子者斯可矣。""善人，吾不得而见之矣，得见有恒者斯可矣。亡而为有，虚而为盈，约而为泰，难乎有恒矣。"按《朱熹集注》，圣人，指有神明不测之号位的人；君子，指有才德出众之名声的人；善人，指志于仁而无恶行的人；有恒，即有恒心得人。冯从吾据此认为孔子论人，列为圣人、君子、善人、有恒四等。

【2】孟子乃独以善、利一念，分舜、跖两途：出自《孟子·尽心上》："鸡鸣而起，孳孳为善者，舜之徒也；鸡鸣而起，孳孳为利者，跖之徒也。欲知舜与跖之分，无他，利与善之间也。"舜，指缘故帝王尧舜；跖，春秋末期鲁国的柳下跖。冯从吾据此认为孟子论人，分为为善与求利两类。

【3】躐等：逾越等级，不按次序。

【4】间不容发：两物中间容不下一根头发，意思是形容事物之间距离极小，也形容与灾难相距极近，情势极其危急。

【5】孳孳：同"孜孜"，勤勉，努力不懈，一心一意或用心力的样子。

【6】几希：不多，一丁点儿，无几，甚少。

【7】诿：推托，把责任推给别人。

或曰:"一念而善,为舜、为人;一念而利,为跖、为禽兽,固矣。倘学者不幸分辨不蚤[1],误置足于跖利之途,将遂甘心已乎?"曰:"不然。不闻孟子'山木'之章乎?盖人性皆善,虽当伐之之后而萌蘖[2]尚在,故曰:'平旦[3]之气,其好恶与人相近也者几希。'又曰:'苟得其养,无物不长。'夫以斧斤伐之之后,而尚有此几希之萌蘖,养此几希之萌蘖,而尚可以为尧、舜,人奈何以一时之错,而遂甘心已乎?'几希'二字,正是孟子提醒人心,死中求活处。"

【注释】

【1】蚤:古同"早"。
【2】萌蘖:萌,生芽、发芽。蘖,树木砍去后又长出来的新芽。喻指事物的开端。
【3】平旦:指太阳停留在地平线上。这里指太阳刚出来的时候。

或又曰:"养此几希,尚可为舜,固矣。彼梏[1]之反复,夜气[2]不存者,独无一线生路乎?"曰:"有。观孟子不曰'夜气不足以存,即为禽兽',而犹曰'违禽兽不远'。谓之'不远',尚犹有一线生路在。若谓斯人也,纵不能每日有平旦之气,而数日之中亦未必无一时之萌蘖,使从此一时之萌蘖,回心而向道,则牛羊犹可及止耳,岂真不可救药哉?惜乎人之讳疾忌医,终身自伐自牧而不知自悔也,悲夫!"

【注释】

【1】梏:古同"桎",桎梏,束缚。
【2】夜气:儒家指晚上静思所产生的良知善念。出自《孟子·告子上》:"梏之反覆,则其夜气不足以存;夜气不足以存,则其违禽兽不远矣。"

或又曰:"几希之说,盖为误走跖路者发也。若幸走舜路者,可遂以舜自命而不复求进乎?"曰:"不然。一念而善,是平地而方覆一篑[1]也;一念而自以为善,是为山而未成一篑也。夫未成一篑且不可,况半涂[2]而废者乎?孔子列有恒、善人、君子、圣人之等,正使学者循序而进,毋半涂而废耳,非以君子、善人阻其进也。且谓之曰'有恒',必由一篑而为山,才谓之'有恒'。若以善人、君子中止,而不至于圣人,总谓之'半涂',总谓之'无恒',此孔子所以惓惓[3]致意于有恒也。道二之说、善利之说,欲人慎之于其始。半涂之说、为山之说,又欲人慎之于其终,圣贤忧世之心见乎辞矣。"

【注释】

【1】篑:古代指盛土的筐子。
【2】涂:通"途"。
【3】惓惓:同"拳拳"。念念不忘,恳切诚挚。

或又曰:"世之聪明之士非乏也,功名文学之士又不少也,岂见不及此而舜、跖云云,不亦过乎?"曰:"不然。舜、跖路头,容易差错,此处不差,则聪明用于正路,愈聪明愈好,而文学功名益成其美。此处一差,则聪明用于邪路,愈聪明愈差,而文学功名益济其恶。故此处不慎而曰:'某也聪明,某也功名,某也文学',何益哉?何益哉?"

或者唯唯[1]。余因作《舜跖善利图》,而为述其说如此云。

【注释】

【1】唯唯:恭敬的应答声。引申为恭顺谨慎之义。

品　读

《善利图说》是冯从吾著作中非常重要的一篇。其论说的主题,是继承孔、孟的思想,从"向善向上"的方面,对人生道路的进一步规划,这也是他对《做人说》的进一步深化和发挥。该文全篇以问答体写成,总共包括前后相关、步步深入的五个问题。

第一个问题,回答的是孔子将人分为四等,而孟子却将人分为二途两者之间的关系。有人问,孟子既然是愿意继承孔子思想的人,那为什么孔子将人分为圣人、君子、善人和有恒四等,而孟子却从善、利出发,将人分成舜和跖这样两路人呢?冯从吾回答说,孔子所说的四等人,是就人确定了善的目标而后说的;而孟子将人分为舜、跖两途,则是就人心念的发端处说的,两者并不矛盾。他说,孔子之所以将人分为四等,其目的是为了一步一步引导人们达到像舜那样的圣人境界,并避免人们在为学中没有阶段性的目标而失去次第。但世人对此并不了解,认为舜是圣人,自己不能达到而选择放弃;甚至等而下之,把做君子、做善人、做有恒当作人生的目标。在冯从吾看来,这些其实都是错误地认为圣人给人指出了很多道路,进而借此自我开脱的想法。他说,孟子正是为此,而从善、利一念的差别上划分出舜和跖两条道路,中间并没有其他道路可走。至于孔子所说的四等人,虽然在修养成就有所不同,但总之,都是孜孜不息于为善,都是追求舜一样境界的同路人。"取法乎上,仅得其中;取法乎中,民斯为下",人就是定下来以圣人为榜样的目标,也未必能达到君子、善人、有恒这样的境界,何况是把目标降低为君子、善人和有恒呢?更何况舜、跖两途的差别,还是人和禽兽之间的差别,学者纵然可以说我不愿为圣人,难道连人也不愿去做吗?这显然是行不通的。

第二个问题,回答的是一个人不慎误入跖途,还是否能回到舜路上的问题。有人问,一念是善,则为舜为人;一念求利,则为跖为禽兽。但如果有人不幸分辨不早而误入跖利之途,那怎么办?难道没有回头路了吗?冯从吾说,不是这样。他举《孟子》《山木章》说,每个人善的本性,就像树木的萌芽一样。一个人误入歧途,就像树木被砍伐了,但他善的萌芽还在。虽然这个萌芽很微小,但如果能用心养护,也能达到尧舜的境界。因此,这个微小的善的萌芽,正是孟子提醒人心处,"死中求活处"。如此,则为人能弃恶扬善、迷途知返开出了一个新的契机。

第三个问题,是针对误入跖途且没有良知善念的人是否能回到舜路上的回答。有人问,如果一个人不幸踏上跐途,而且他受利欲熏习太重,而良知善念不存的人,是不是没有生路了? 冯从吾说,不是。我们看孟子,他并非说良知善念不存在了就是禽兽,而是说良知善念不存在了就离禽兽不远了。所谓的"不远",就是说,实际上还有一条生路在。像上面所说误入跐途的人,并不是说他都没有善念萌发的可能,某一天他的善念发动了,如果能好好扶持培养,就肯定能回转心思,返回到舜路上来。他比喻说,这是牛羊都能做到的事情,更何况是人呢! 而如果人因为讳疾忌医而迷不知返,那才叫真正的可悲呢!

第四个问题,是对舜路上的人是否需要努力的回答。有人问,上面的说法是为误入跐利之途的人而言的,如果踏上舜善之途,是不是就可以自认为达到了舜的境界,而不需要再努力了? 冯从吾说,这也不对。人有一善之念,就像在平地加了一筐土,但自以为舜的念头,就像堆山而缺最后一筐土。缺这一筐土都不能成山,何况半途而废呢! 他说,孔子将人分为四等,是要学者循序渐进而不半途而废,而不是以君子、善人来阻挡有恒者向圣人迈进,他特意将有恒提出作为最初的一等,也说明了这一点。就此而言,孟子提出善利二途,是教诲人要慎重受持最初的善念,而孔子将人分为四等,则是为了教诲人要不忘最终的境界,对此学者不可不知。

第五个问题,是对善利二途和功业、文学之间关系的回答。有人问,这个世界上聪明的人和能做功业、文学的人并不少,你提出这善利二途的观点,是不是有点过了? 冯从吾回答说,并非如此。善利二途的分界点,是最容易出差错的。如果人在此处要特别用心。走上正途,固然越聪明越好,功业和文学也能促进他成就善的美好;但如果走上邪途了,则越聪明结果越坏,他的文学和功业只能成为增加其恶的工具。所以不辨析善利二途,而只说谁聪明,能文学,善功名,又有什么用处,又有什么好处呢!

《善利图说》以心为本原而将人生道路分为善利二途,体现了冯从吾以孔孟为宗原的心学倾向。他用图、说结合的方式,重新阐释了孔子和孟子关于人的思想,揭示了善、利两条道路的不同趋向。其目的,还是引导世人能归向善途,走上追求圣人的道德境界,冯从吾《善利图说》的思想,与张载"学必期于圣人而后可"的思想也是完全一致的,充分体现了冯从吾对孔孟以及张载人生道德理想追求的认同和弘扬。

关学编自序

冯从吾

我关中自古称理学之邦,文、武、周公,不可尚已,有宋横渠张先生[1]崛起郿邑,倡明斯学,皋比勇撤[2],圣道中天。先生之言曰:"为天地立心,为生民立命,为往圣继绝学,为万世开太平",可谓自道矣。当时执经[3]满座,多所兴起,如蓝田[4]、武功[5]、三水[6],名为尤著。至于胜国[7],是乾坤何等时也,而奉元诸儒[8],犹力为撑持,埙吹篪和[9],济济雍雍[10],横渠遗风,将绝复续。天之未丧斯文也,岂偶然也哉!

【注释】

【1】横渠张先生:指张载(1020—1077),北宋郿县(今陕西眉县)人。宋明理学的重要奠基者、关学学派的创始人。因其家在横渠镇,所以后世称其为"横渠先生"。

【2】皋比勇撤:皋比,指虎皮,讲席所铺设。皋比勇撤,即撤去虎皮,以让讲席。此处指张载讲《易》于京师开封,见二程而谦让之撤讲席一事。

【3】执经:手持经书。谓从师受业。

【4】蓝田:指张载弟子吕大忠、吕大钧、吕大临兄弟,因他们均为蓝田人,故以地名代称之。

【5】武功:指张载弟子苏昞。苏昞为武功人,故以地名代称。

【6】三水:指张载弟子范育。范育为三水人,故以地名代称。三水,今属陕西邠州一带。

【7】胜国:胜国,亡国也。又曰殷社、亳社、蒲社、丧国之社、亡国之社。此处指金元占领关中之时。宋高宗建炎二年(1128)关中诸州沦陷于金,此后又于元太宗二年(1230)再沦于元,以至明洪武二年(1369)徐达、常遇春等进入关中,凡241年。

【8】奉元诸儒:奉元,元代西安的旧称。奉元诸儒,指元代西安一带萧㪺、同恕等关中诸儒。

【9】埙吹篪和:埙、篪,乐器名。埙唱而篪和,用以比喻两物之响应、应和。

【10】济济雍雍:济济,众多貌,雍雍,和谐貌。指人才众多而和谐。

迨我皇明[1],益隆斯道,化理熙洽,真儒辈出。皋兰[2]刱[3]起,厥力尤囏[4],璞玉浑金,精光含敛,令人有有余不尽之思。凤翔[5]以经术教授乡里,真有先进[6]遗风。小泉[7]不繇文字,超悟于行伍之中,亦足奇矣。司徒[8]步趋文清[9],允称高弟。在中[10]、显思[11]履绳蹈矩,之死靡他。至于康僖[12],上承庭训,下启光禄[13],而光禄与宗伯[14]、司马[15],金石相宣,钧天并奏,一时学者,翕然向风,而关中之学,益大显明于天下。若夫集诸儒之大成,而直接横渠之传,则宗伯尤为独步者也。宗伯门人,几遍海内,而梓里惟工部[16]为速肖。元善[17]笃信文成[18],而毁誉得失,屹不能夺,其真能"致良知"可知。侍御[19]直节精忠,有光斯道。博士[20]甘贫好学,无愧蓝田[21]。

呜呼,盛矣!学者颃仰古今,必折衷于孔氏。诸君子之学,虽繇入门户各异,造诣浅深或殊,然一脉相承,千古若契,其不诡于吾孔氏之道,则一也。

【注释】

【1】迨我皇明:迨,等到,到达。迨我皇明,即到明朝之时。冯从吾为明朝人,故称明为皇明。

【2】皋兰:兰州代称。此处代指段坚。因段坚为兰州人,故以地名代称。

【3】刱:同"创"。

【4】囏:同"艰"。

【5】凤翔:指凤翔张杰,薛瑄门人。

【6】先进:指前辈。

【7】小泉:指周小泉,段坚门人。

【8】司徒:指咸宁张鼎,薛瑄门人。

【9】文清:指薛瑄,薛瑄谥"文清"。

【10】在中：指咸宁李锦。李锦字在中，号介菴。
【11】显思：指渭南薛敬之。薛敬之字显思，号思菴。
【12】康僖：指三原王承裕。王承裕，号平川，谥"康僖"。
【13】光禄：指三原马理。马理曾为南京光禄寺卿，故以之代称。
【14】宗伯：指高陵吕柟。
【15】司马：指朝邑韩邦奇。韩邦奇曾为南京兵部尚书。
【16】工部：指吕潜，吕潜曾为工部司务，故以之代称。
【17】元善：指渭南南大吉，南大吉字元善。
【18】文成：指王阳明。王阳明谥"文成"。
【19】侍御：指富平杨爵。
【20】博士：指蓝田王秦关。
【21】蓝田：指蓝田吕氏兄弟。

余不肖，私淑[1]有日，顷山中无事，取诸君子行实[2]，僭为纂次，题曰《关学编》，聊以识吾关中理学之大略云。嗟夫！诸君子往矣，程子不云乎"尧、舜其心至今在"[3]。夫尧、舜其心至今在，诸君子其心，至今在也。学者能诵诗读书，知人论世，恍然见诸君子之心，而因以自见其心，则灵源濬发，一念万年，横渠诸君子，将旦莫遇之矣。不然，而徒品骘[4]前哲，庸晓口耳[5]，则虽起诸君子，与之共晤一堂，何益哉？

万历岁在丙午九月朔日[6]，长安后学冯从吾书于静观堂

【注释】

【1】私淑：没有得到某人的亲身教授而又敬仰他的学问并尊之为师的，称之为私淑。
【2】行实：指生平事迹。
【3】尧、舜其心至今在：出自程颐的诗句"尧舜几千年，其心至今在。"程子，指程颐。
【4】品骘：评定。
【5】庸晓口耳：口头上的空谈议论。
【6】万历岁在丙午九月朔日："万历岁在丙午"，指万历三十四年（1606）。朔日，指旧历每月初一日。

品 读

该篇序文依据明天启辛酉本《冯少墟集》移入点校。冯从吾的《关学编》

作于万历三十四年(1606),是关学学人谱系建构的创制之作。关学虽然肇自北宋时期,直到明冯从吾之前,关中并没有学人用"关学"一词作为本地理学的名称(虽然异地已经有学人用"关学"一词来指北宋时期以张载为代表的学术派别的做法)。在这篇序文中,冯从吾说本书"题曰《关学编》"的目的是为了让学者能够"聊以识吾关中理学之大略",这不仅标志着关学学人在关学史上第一次启用了"关学"这一名词作为自身学派的名称,而且标志着关学学人首次赋予"关学"以"关中理学"的基本内涵,并在此基础上开始建构关学的自身历史。在《关学编》中,冯从吾通过立传的形式,建构了从张载到王之士等三十三位学人为代表的关学传承谱系。清代之后,冯从吾的《关学编》不但先后得到王心敬、李元春、贺瑞麟、柏景伟、刘光蕡等为代表的关学学人的补续整合而形成了关学历史上近三百年的自我谱系建构史,而且在关中之外得到黄宗羲、顾炎武、孙奇逢、全祖望等理学学人的接受和认可,因此《关学编》在关学的学派建构史上具有标志性的地位和广泛的影响。

《关学编自序》是北宋至晚明关学发展历史的一个缩影。在该序中,冯从吾简明扼要地回顾了关学发展的基本历程和主要学人。首先,对于宋代关学,冯从吾首先表彰了张载"崛起郿邑,倡明斯学",即对重新确立儒家理学价值体系的先导地位,而且充分肯定了张载"为天地立心,为生民立命,为往圣继绝学,为万世开太平"的自我期许和志向,并借由蓝田吕氏兄弟、武功苏昞、三水范育,说明了当时关学"执经满座,多所兴起",已经蔚然成为一个地域性学派的气象。其次,对于金元时期的关学,冯从吾也没有否定其存在,而是通过对杨奂、杨天德、杨恭懿以及萧㪺、同恕为代表的"奉元诸儒",说明其虽然处于异族统治之下,但"犹力为撑持,埙吹篪和,济济雍雍"的盛况,并从其学风、宗风、人格气象等方面点明其与北宋关学的关系是:"横渠遗风,将绝复续"。冯从吾感叹道:"天之未丧斯文也,岂偶然也哉!"其中不仅隐含着关学并没有因金元统治关中而终结,而且具有继续传承孔孟之道以及横渠宗风的必然性。最后,冯从吾更对他所处的时代,明代时期的关学给予了高度的关注。在他看来,这是一个"化理熙洽,真儒辈出"的时代:在关中先后出现了段坚、张杰、周小泉、张鼎、李锦、薛敬之等为代表的、以传承河东薛瑄之学为特点的"关中河东之学"的传承,而且也出现了以王承裕、马理为代表的"三原学派"的传承,这两系相互交融,"一时学者,翕然向风",最终以吕柟、马理、韩邦奇为代表,关学进入"益大显明于天下"的局面。冯从吾还进一步点明,这一时期的关中理学虽然承接金元的余绪,多接受以朱子为代表的异地理学的思想,但这并不代表关学完全丧失了横渠所奠定的关学宗风,而是在横渠的基础上进一步接受、容摄全国理学诸儒的思想成就,代表着对横渠所奠定的开放兼容、与时俱进的学术胸襟的弘扬。而在以上关学学人中,能"集诸儒之大成,而直接横渠之传"者,则当以吕柟为最突出的代表。继吕柟之后,关学继续发展,不仅有承接吕柟门人的吕潜,而且有进而兼收阳明心学的南大吉,还有以"直节精忠"著称海内的杨爵,以"甘贫好学"名闻梓里的王秦关。凡此,都是继承横渠而能弘扬关学的著名学者。《关学编自序》,无疑揭示了关学流变史上的代表人物以及其各自的特点,同时也隐含表达了其与横渠一以贯之的内在精神脉络。

《关学编自序》还是冯从吾关学观念的一个集中表达。在该序中,冯从吾指出"我关中自古称理学之邦",这不仅体现了冯从吾作为关中文化孕育出来的一位学者对地域文化的自豪感和文化自信,而且还体现出他与后世不同的理学观念。现在学界流行的观点认为,"理学"是儒学发展到北宋才出现的新形态,然而冯从吾则将"理学"推及到先秦之上,不但提出"文、武、周公,不可尚已",而且还整体上评价关学学人:"学者颛仰古今,必折衷于孔氏。诸君子之学,虽縰入门户各异,造诣浅深或殊,然一脉相承,千古若契,其不诡于吾孔氏之道,则一也"。这表明冯从吾所谓的理学,并非完全局限于宋代之后,而是以文、武、周公之教为文化渊源,以孔子的学说为判断准则,因此具有儒学正脉的意义。在《关学编》中,冯从吾还特意在正编之前设置了一个包括孔门关中四子的首卷,即隐含地表明关学与孔子有直接的渊源。但不可忽略的是,冯从吾并不认为具有关中地域文化特点的关学学派的真正创立是在孔门四子那里,他在《关学编》的正编中明确地将张载作为真正开端的标志,这说明他实质上是将张载作为关学学派的创始人的。

冯从吾将张载及关学诸学人作为孔子学问、精神在关中的继承弘扬者,还具有深刻的学术史意义。一般而言,学界往往以直接的师承关系作为一个学派成立的基本准则。在《关学编》中,冯从吾也多次彰显了师承关系对思想传承的重要性,如蓝田三吕、苏昞、范育与张载,吕潜与吕柟、杨爵与韩邦奇的师承关系,但冯从吾并没有把关学的承继完全局限于师承这条单一的线索上,他更强调后继者在学术传承中的主体自觉性,如张载与关学诸君子,都与孔子没有直接的师承关系,而且个人有不同程度的造诣和气象,但这并不妨碍他们共同为孔学的真正传人;金元明的关学诸君子,与张载也不存在直接的师承关系,但也不妨碍他们对张载学说、精神、人格的接受、认同和摄取。就此而言,张载的思想、学说和精神,实际上体现的就是孔子的思想、学说和精神;后世对张载的接受与认同,同时也是对孔学的接受和认同。

冯从吾将张载看作孔学精神的继承者,表明他对张载所说"为往圣继绝学"的文化继承自觉意识的认可,也体现了他承认在师承之外,还有一种文化和思想的传承方式,也就是后世通过文化典籍可以直接与古人相接。同样,冯从吾《关学编》中所列金、元、明诸关学学人,与张载也没有直接的师承关系,但同样体现了对张载的接受和认同。冯从吾在本序中还提到,这种学问相承的根据,即"夫尧、舜其心至今在,诸君子其心,至今在也"。所谓的"尧、舜其心",实际上也就是他在《辨学录》中多次强调的"道心""道心"的永恒存在,就是文化价值生命的永恒存在,也就是世间正道真理的永恒存在。这无疑是学问前后相接的内在文化依据,同时也是后人虽与关学诸君子并不存在直接师承关系,但因为具有同等的"道心"而自然能承接前人的慧命而成就自我价值的依据所在。正因为如此,学者通过"诵诗读书,知人论世",而能"恍然见诸君子之心,而因以自见其心,则灵源濬发,一念万年,横渠诸君子,将旦莫遇之矣。"

　　冯从吾对《关学编》的建构,还具有与时俱进性、兼容开放性和学派独立性相互结合的特点。在《关学编》中,北宋时期以张载及其弟子为代表的关中学群,无疑具有关学学派得以成立的奠基性意义,张载及其弟子所奠定的学风、宗风,也无疑构成后世关学得以延续不绝的底色和基调。然而,正如张载所言,"学贵心悟,守旧无功",关学并不是封闭固守的学术派别,而是在历史的发展过程中能不断紧跟时代、汲取精华,并结合自身特点不断进行创新性发展和创造性转化的学术脉流。如是,在历史的发展中,关学基于横渠所奠定的学风、宗风,能不断的吸收朱子学、阳明学的有益成分丰富自身,但关学毕竟是关学,它不仅是朱子学或者阳明学在关中的具体体现,而且持之以恒的以关中以礼为教的文化传统形成自身的特点而构成具有独立性的学派。正是在这个意义上,冯从吾的《关学编》才能在后世不断得到关学学人的补充、续写,也广泛得到异地理学学人的接受和认可。

(撰稿:魏冬)

王建常

王建常(1615—1701)，初名建侯，后改为建常，字仲复，号复斋，学者称其渭埜先生，陕西朝邑(今陕西省渭南市大荔县)人，明清之际关中著名经学家、哲学家，与冯少墟、李二曲合称"关中三先生"。

王建常出身忠烈世家。其伯父王之寀为明代刑部主事，曾发"梃击案"，又与杨涟、左光斗诸公更疏力击逆珰魏忠贤，后卒于狱，捐躯报国，以忠烈守节称颂一时。其父王之宠敦厚好义而善营生，知其兄王之寀被诬坐以赃，遂"尽家资捐助之"而自甘贫寒，晚年则尽扫俗尘，延师招友，日课诸子以学。病危之际，犹谆告其子志于学，曰："学则立，不学则败。即寒饥，学不可失也。"

王建常为明朝邑庠弟子员，三岁失母，十岁丧父。二十岁时为诸生，岁试取得第一。甲申年(1644)，明清代革，天下大变，王建常坚守"国之与亡，忠臣不事二君"的操节，挂冠杜门，放弃仕途而不复应试事，以尚志守节之逸民自任，锐意圣学，闭门潜修。他志于往圣而读濂、洛、关、闽书，发奋为圣贤之学，孜孜五十六年，沉潜刻苦，笃行力学，"读书一字不轻放过"，时与同里郭肯获、关中俊、雷柏林、华山王宏撰、富平李因笃、盩厔李颙等关中学者及吴县鸿儒顾炎武相切磨。他志于往圣，自甘淡泊，终生守分安贫，不辱乎其身，既自得于人所不堪，更不以穷困告人。其家素贫，却能安贫乐道，存心养性，坚守节操，数十年如一日。至年近八十，又值连岁饥馑，或日不举火，而此心泰然，未尝启口告人者。虽与华山王宏撰为同心之友，论学切磨，终始无间，然闻知王宏撰与富平李因笃数称其名于当道，毅然作书以责之。学使许孙荃闻其名而屡次造庐请谒，他均不受其所赠，赠以诗请和，亦不答。孙慨叹不已，临行,题其门曰"真隐"。其抗节如斯,实为人所能及。李二曲称其"笃实朴茂",顾亭林称其"近日之古人",并留诗一首,赞其淡泊尚志之风骨:"黄鹄山川意,相随万里翔。谁能三十载,龟壳但支床。"王建常一生僻居渭埜一隅,隐逸遁迹以守节,希贤希圣以尚志,正因此逸民情结与中国传统士人之风骨,使其承续太古遗风而流馨于关中。

作为明末逸民,王建常虽自三十岁殁迹渭滨,闭户不出,僻居一隅,隐不求名,但终因自性笃朴,高尚其志而有坚守,又锐意圣学,读书潜修,凡六经、子、史、濂、洛、关、闽之书,无不详究,且博览乎往古近今之事,其学识与气节颇得时人、后生钦服和赞誉。人称"宋有横渠,明有苑洛,今有仲复","在明三百年,敬轩、敬斋后,无其伦比"。晚年造诣精粹,名震关中,可谓"关西高蹈,当推独步",以至于被时人誉为"宋以后关中第一大儒"(《关学编附续编复斋王先生》)。

王建常学以主敬存诚为功,穷理守道为务,实为清初关学重镇。时人称:"在明三百年,敬轩、敬斋后,无其伦比","二百年来,秦士大夫知有程、朱、薛、胡之学,皆建常笃守之功","仲复才不及二曲,其学之醇细有主在二曲之上"。其著述颇富,皆足阐明圣学,羽翼经传,只惜于今近半已散佚。现存者主要有:《尚书要义》六卷、《大学直解》二卷、《太极图集解》一卷、《小学句读记》六卷、《律吕图说》二卷、《复斋录》六卷、《复斋馀稿》二卷。以上著作多为西北政法大学李明点校整理的《王建常集》收录,收入《关学文库·文献整理系列》。

王建常最重要的思想体现在《复斋录》中。《复斋录》是王建常阅读理学经典的会心之作,他自视此书如河东薛敬轩先生的《读书录》,为"读书至心有所开处,随即录之,"既"以备不思而还塞",更为"以时复思绎"而作,书中积语九百余条,可谓其多年潜修读书之心得。清末学者贺瑞麟以为此书"尤先生为学之旨要"。澄城张萝谷先生谓此书不让于《读书录》《居业录》,他说是书虽然"多述先儒成说,然有德之言,自然研究详明,切近平实。其大节尤在隐不求名,虽老死而不悔。非所见者定,所居者安,能如是乎?"为便于读者对王建常的思想有所了解,今从其中选出四十余条切近生活者,稍作排序并作分段品读。

《复斋录》(节选)

王建常

一

自古圣贤,皆以心地为本。若心地差,便是根本不立。心为一身之主,以提万事之纲,故学者先须就心上为功夫。养得此心清明专一,能主宰,以是酬酢万变[1],方会不差。

"格物致知",此心也;"克己复礼",此心也;"齐家治国平天下",此心也。以致"赞化育,参天地",亦只是此心。故为学莫先于存心,而存心莫要于主敬。

程子[2]说"心要在腔子里",其功夫只是个主敬。人才敬时,则身在此,心便在此。

"主一无适之谓敬"。"主一"便是"敬","心无适"便是"主一"。(自注:主一只是专一,不之东,又不之西;不之此,又不之彼。)

先儒发明"敬"字虽甚详,然大要只是个主一。主一兼内外。内而思虑整齐,主于一也;外而容貌端庄,亦主于一也。主一贯动静。静而存主不懈,主于一也;动而酬酢不乱,亦主于一也。(自注:心体通有无,该动静。故工夫也须如是。)

程子言:"动容貌、整思虑,则自然生敬。"朱子言:"'敬',只是内无妄思,外无妄动。"此表里交致之功也。

不一其内,无以制其外。不齐其外,无以养其中。静而不存,无以立其本。动而不察,无以胜其私。

"敬以直内,义以方外",便有浩然之气。

【注释】

【1】酬酢万变:酬,向客人敬酒;酢,向主人敬酒。酬酢,指宾主互相敬酒,泛指交际应酬。这里引申为应对、应付,指能应付各种各样的变化。

【2】程子:指程颐(1033—1107),字正叔,程颢之胞弟,洛阳伊川(今河南洛阳伊川县)人,世称伊川先生,北宋著名理学家和教育家。程颐与其胞兄程颢同学于周敦颐,共创"洛学",为理学奠定了基础,世称"二程"。

二

存养是调护本原,省察是消除病患,二者皆当以敬为主。

敬斋[1]曰:"端庄整肃,严威俨恪,是敬之入头处。提撕唤醒,是敬之接续处。主一无适,湛然纯一,是敬之无闲处。惺惺不昧,精明不乱,是敬之效验处。"说"敬"字初终功效,最为详切。

静中私意横生,此学者之通患。当以敬为主,而深察私意之萌多为何事,就其重处痛加惩窒,久之自当见效,这是晦翁夫子[2]吃紧为人处。省察克治之功,莫切于此。

学者要变化气质,只各察其所偏,而最重者矫之,便是下手处。

说话急紧,多是气躁。气躁,心焉得静。须习教从容,方是能变化气质。

敬轩[3]二十年治一"怒"字,尚未消磨得尽。可见七情,惟怒为难制。《易·损象》先惩忿于窒欲者,盖为此也。

吕伯恭[4]少时性气粗暴,嫌饮食不如意,便敢打破家事。后因病中读《论语》有省,遂终身无暴怒。其勇于自克如此。

今之学者,多是为名,若做切己工夫,则名心自消。程子曰:"为名与为利,清浊虽不同,然其利心则一也。"(自注:取名者,贼心;名过实者,有殃。)

有欲则不刚。朱子谓:"凡人才贪一件物事,便被这物事压得头低了。"书以自警。

人须是一切世味淡薄,方好。淡薄则心不汩于欲,可以明志,可以立行。

无欲则进退由我,人不得而制。

惩忿如摧山,要猛;窒欲如防水,要密。

程子言"敬"字,可补小学之阙。而今既有其书,还须从小学,习成个"敬"字。

日用工夫大要,察之念虑心术之微,验之出入起居之际,体之应事接物之间,必一一尽合道理,不愧不怍,方是切实。

张子[5]云:"言有教,动有法,昼有为,宵有得,息有养,瞬有存。"朱子谓:"此语极好。君子'终日乾乾',不可食息闲,亦不必终日读书,或静坐存养,亦是。"又曰:"学者常唤令此心不死,则日有进。"其发明亲切,最宜深玩。

【注释】

【1】敬斋:指胡居仁(1434—1484),字叔心,号敬斋,余干县梅港(现属江西)人。明朝理学家。致力于程朱理学,常与友人陈献章、娄谅、谢复、郑侃等人交游,吟诗作赋,人谓之"崇仁学派",名闻当时,影响后世。绝意仕进,筑室山中,学者日众。寻主白鹿书院,以布衣终身。万历中,追谥文敬,从祀文庙。著述甚丰,有《胡文敬公集》《易象抄》《居业录》及《居业录续编》等书行世。

【2】晦翁夫子:即朱熹(1130—1200),字元晦,一字仲晦,号晦庵,晚称晦翁,又称紫阳先生、考亭先生、沧州病叟、云谷老人、逆翁。谥文,又称朱文公。祖籍南宋江南东路徽州府婺源县(今江西省婺源),出生于南剑州尤溪(今属福建三明市)。南宋著名的理学家、思想家、哲学

家、教育家、诗人,闽学派的代表人物,世称朱子,是孔子、孟子以来最杰出的儒学大师。

【3】敬轩:即薛瑄(1389—1464),字德温,号敬轩,河津(今山西省运城市万荣县)人。明代著名思想家、理学家、文学家,河东学派的创始人,世称"薛河东"。谥号文清,故后世又称其为"薛文清"。其著作集有《薛文清公全集》四十六卷。

【4】吕伯恭:即吕祖谦(1137—1181),字伯恭,婺州(今浙江金华)人,南宋著名的理学家、文学家。出身"东莱吕氏",为吕夷简六世孙、吕大器之子,世称"东莱先生",为与伯祖吕本中相区别,亦有"小东莱先生"之称。与朱熹、张栻齐名,并称"东南三贤"。吕祖谦博学多识,主张明理躬行,学以致用,反对空谈心性,开浙东学派之先声。其所创立的"婺学"(又称"金华学派"),也是当时最具影响的学派,在理学发展史上占有重要的地位。著有《东莱集》《历代制度详说》《东莱博议》等,并与朱熹合著《近思录》。

【5】张子:即张载(1020—1077),字子厚,凤翔郿县(今陕西眉县横渠镇)人。北宋思想家、教育家,关学学派创始人,理学奠基者之一。有《正蒙》《横渠易说》等著述留世。

三

吕东莱谓:"变化气质,方可言学。"朱子以为学乃能变化气质耳。若不读书穷理,主敬存心,而徒切切计较于昨非今是之间,恐亦劳而无补也。

敬轩言:"忍所不能忍,容所不能容,惟识量过人者能之。"窃思量生于识,识生于学,惟学进,则识与量并进。

上蔡[1]自言:"病痛尽在'矜'字。"看来这个病痛甚大,学不长进,多坐此。朱子谓:"知得如此是病,即便不如此是药,更无别方。"

"为学莫先于立志。"如夫子固生知安行之圣人也,其自言进德之序,乃曰"吾十有五而志于学"。盖所谓"学",便是大学之道,志则念念在此而为之不厌,况其下焉者乎?

程子说:"言学,便以道为志;言人,便以圣为志。"窃思人要到圣人地位,非学以致道不得。(自注:人皆可以为圣人,而君子之学必至于圣人而后已。不至于圣人而已者,皆自弃也。)

凡学者立志,须是直要为天下第一等人,做天下第一等事。所谓第一等事,尽性尽伦是也;所谓第一等人,希圣希天是也。

敬斋以临川[2]"三十年前好用功"之言为阻学者进路,乃云:"居仁三十年后,工夫方亲切。"张横渠三十后,才遇二程。今常亦年至三十,才遁迹为学,宁直前,此好用工夫耶!

杨斛山[3]三十岁,始问业于韩先生苑洛[4]。苑洛称其"力行可畏",卒成纯儒。

《学记》云:"时过然后学,则勤苦而难成。"学固是要及时,然朱子却说:"要二十岁觉悟,便从二十岁立定脚跟做去。如三十岁觉悟,亦然。便年八九十岁觉悟,亦只据现定扎住硬寨做去。"则人亦无无可学之时,若不能立地发愤,而借口时过难成,是果于自弃,其为不仁甚矣。

黄勉斋[5]言:"学问,须是就险难穷困处试一过,真能不动,方是学者。"因思程子亦尝说:"善事者,临死生而色不变,疾痛惨戚而心不动,由养之有素也。"

能尽饮食言语之道,则可以尽去就之道。能尽去就之道,则可以尽死生之道。饮食言语、去就死生,小大之势一也。

凡人为学,须是于旧习之能否,世俗之毁誉,身计之休戚穷通,一切不挂念,方能底于有成。

伊川归自涪州,气貌容色髭发,皆胜平昔。门人问:"何以得此?"伊川曰:"学之力也。"盖所谓学者,学处患难贫贱也。惟其养深积学,故无人而不自得。如是夫!

李延平[6]结茅山里水竹间,谢绝世故。余四十年,食饮或不充,而恰然自得。朱子尝言:"人若着些利害,便不免开口告人,却与不学之人何异?向见李先生说:'若大段排遣不去,只思古人所遭患难有大不堪者,持以自比,则亦可以少安矣。'始者甚卑其说,以何为至如此。后来临事,却觉有得力处,不可忽也。"某方三十时,丁国变,即谢绝世故,哦茅读书。至年近八十,又值连岁饥馑,或日不举火,而此心泰然,未尝启口告人者,亦幸闻朱子述其师之说尔。

【注释】

【1】上蔡：即谢良佐(1050—1103)，字显道，人称"上蔡先生"或"谢上蔡"，蔡州上蔡(今河南)人，北宋官员、学者。师从程颢、程颐，与游酢、吕大临、杨时号称程门四先生。谢良佐创立了上蔡学派，是心学的奠基人、湖湘学派的鼻祖，在程朱理学的发展史上起着桥梁作用。有《论语说》《上蔡语录》传世。

【2】临川：即吴澄(1249—1333)，字幼清，晚字伯清，抚州崇仁凤岗咸口(今属江西省乐安县)人。元代杰出的理学家、经学家、教育家，学者称"草庐先生"。吴澄与许衡并称"北许南吴"，为元朝儒学的传播和发展做出了重要贡献，有《吴文正公全集》传世。

【3】杨斜山：即杨爵(1493—1549)，字伯修，号斜山，陕西富平县老庙镇笃祜村人。明代关学代表人物。有《杨忠介集》十三卷，《周易辨录》四卷等著作并传于世。

【4】韩先生苑洛：即韩邦奇(1479—1555)，字汝节，号苑洛，陕西朝邑(今陕西大荔县朝邑镇)人。明代关学代表人物。《关学编》称他"文理兼备，学问精到，明于数学，胸次洒落，大类邵尧夫，而论道体乃独取张横渠"。有《苑洛集》二十二卷、《易学启蒙意见》《见闻考随录》《禹贡详略》《苑洛语录》《律吕新书直解》等并传于世。

【5】黄勉斋：即黄榦(1152—1221)，宋福州闽县人，字直卿，号勉斋。少从朱熹学，熹以女妻之。及熹病重，以所著书授之，托传其学。以荫补官，历知新淦县、汉阳军、安庆府等，多有惠政。曾讲学于白鹿洞书院。后召为大理丞，不拜，归里授徒讲学以终。卒谥文肃。有《勉斋集》传世。

【6】李延平：即李侗(1093—1163)，字愿中，世号延平先生，宋南剑州剑浦人。从学罗从彦，得其《春秋》《中庸》《论语》《孟子》之说。退居山里，谢绝世故四十余年，讲经说道，启迪后学，答问不倦。虽清贫而怡然自得，若无意当世而伤时忧国。朱熹尝从受业，得其传。卒谥"文靖"。有《李延平先生文集》传于世。

四

风俗之美恶，由人心。人心之邪正，由教化。宋之教化明于上者，盖诸儒力也。只看航海时，陆秀夫[1]犹日书《大学章句》进讲，俨然正笏，如立治朝。而张世杰[2]与数十万人，皆甘心溺死，不忍叛去，岂非一代儒者讲学之效乎？今日人心大坏，也是无真儒讲学，故至此。

朱子之学，内外合一，虽"道问学"，而亦未始不"尊德性"。吴临川[3]谓其偏于问学，是不知朱子者也。议者以吴为陆氏之学[4]，信然。

"涵养须用敬，进学则在致知"。真西山[5]谓："天下义理，学者工夫，无以加于此。自伊川发出,而文公[6]又从而阐明之。《中庸》'尊德性,道问学'章,即此意也。"又曰:"操存固,则知识明;知识明,则操存愈固。子朱子之所以教人,大略如此。"

张子理会道理,既得于心,则必命辞断事,直须有个下落。朱子说:"近看得横渠用功,最亲切,真是可畏。"又云:"曾子[7]刚毅,立得墙壁在,而后可传之子思、孟子。伊川、横渠甚严。若天资大段高,则学明道;若不及明道,则且学伊川、横渠。"

【注释】

【1】陆秀夫:陆秀夫(1236—1279),字君实,一字宴翁,别号东江,楚州盐城长建里(今江苏省建湖县建阳镇)人。与文天祥、张世杰并称为"宋末三杰"。崖山海战兵败,背着卫王赵昺赴海而死。

【2】张世杰:张世杰(?—1279),涿州范阳(今属河北范阳)人。与文天祥、陆秀夫并称为"宋末三杰"。景炎三年(1278)崖山海战兵败后,溺死于平章山下。

【3】吴临川:即吴澄。

【4】陆氏之学:陆九渊的心学。

【5】真西山:真德秀(1178—1235),本姓慎,因避孝宗讳改姓真。始字实夫,后更字景元,又更为希元,号西山。福建路建宁府浦城县(今福建省浦城县仙阳镇)人。南宋后期理学家、大臣,学者称其为"西山先生"。真德秀学宗朱熹,修《大学衍义》,称可作《大学章句》之佐,为继朱熹之后的理学正宗传人,与魏齐翁齐名,在确立理学正统地位的过程中发挥了重大作用,创"西山真氏学派",有《真文忠公集》都传世。谥"文忠"。

【6】文公:即朱熹。

【7】曾子:即曾参(前505—前435),字子舆,春秋末年鲁国南武城人(山东嘉祥人)。中国著名的思想家,孔子的晚期弟子之一,与其父曾点同师孔子,是儒家学派的重要代表人物。曾子在儒学发展史上占有重要的地位,被后世尊奉为"宗圣",是配享孔庙的四配之一。

品 读

作为明末清初关学的重要代表,王建常力主程朱之学,但也深受关学传统影响。在为学立志上,他继承张载"学必期圣人而后可"的观点,认为"人皆可以为圣人,而君子之学必至于圣人而后已。不至于圣人而已者,皆自弃也"。又继承发挥明代关学干城杨爵的志向,认为"为学莫先于立志","凡学者立志,须是直要为天下第一等人,做天下第一等事。所谓第一等事,尽性尽伦是也;所谓第一等人,希圣希天是也"。由此可见,王建常的精神志趣。而在此处所选《复斋录》各条目中,则体现了王建常"以心地为本",存心持敬的修养工夫和省察克己、真诚践履、贴近笃实的为学风格。

在如何成贤成圣以实现儒家人格理想问题上,王建常认为,"自古圣贤,皆以心地为本,若心地上差错,便是根本不立"。他认为"心为一身之主,以提万事之纲",在成圣的事业中,从"格物致知",到"克己复礼",再到"齐家治国平天下"以致"赞化育,参天地",心都是主体。所以学者先须就心上为工夫,养得此心清明专一,才能有所主宰,以是酬酢万变,方会不差。这就是王建常所提倡的"存心"工夫。

如何"存心"?王建常接受程朱理学的观点,提出并毕生切实躬行存养、主敬、静坐、窒欲、持志、格物致知、省察慎独、涵养、诚意、养气、践形等一系列葆养心性以成就理想人格之修养方法,形成一套既与儒家学统一脉相传又兼具个性特色之修养工夫论。而存养、主敬的工夫在其中尤为紧要。他提出:"为学莫先于存心,而存心莫要于主敬",所谓的存心工夫,其实"只是个主敬。人才敬时,则身在此,心便在此"。

那什么是"敬"呢?王建常说:"主一无适之谓敬。""主一"便是"敬","心无适"便是"主一"。而所谓的"主一",也就是专一,让心专注于此,"不之东,又不之西;不之此,又不之彼",唯有如此,才能达到真正的"敬"。在王建常看来,"主一"并不仅仅落实在内心的专注,而是并兼内外的、贯通动静的,内就是思虑整齐,外就是容貌端庄,两者都主于一;静就是存主不懈,动就是酬酢不乱,两者亦主于一也。因为人的心体贯通有无,该贯动静,所以修养的工夫也须如此。王建常主张在"敬"的修养中要内外动静兼备,"不一其内,无以制其外。不齐其外,无以养其中。静而不存,无以立其本。动而不察,无以胜其私。"只有动容貌、整思虑,内无妄思,外无妄动,这才是表里动静交致的工夫,而如果能做到《周易》所说的"敬以直内,义以方外",才能培养起孟子所说的"浩然之气"。

在具体的实践上,王建常主张"存养是调护本原,省察是消除病患,二者皆当以敬为主",要求把"存养"和"省察"两者结合起来。他特别欣赏明代大儒胡居仁对"敬"的解释,即形体端庄整肃,容貌严威俨恪,这是"持敬"工夫的起点,而内心不断对言行举止的提撕唤醒,则是"持敬"工夫的接续,进而做到内心主一无适,湛然纯一,便达到了"持敬"工夫的无闲状态;但进而能做到常常如此,惺惺不昧,精明不乱,则是"持敬"工夫的效果验证。王建常认为,胡居仁这一段对"敬"字的解说,"初终功效,最为详切",所以他将之落实于日常工夫的省察克治上。

王建常说"静中私意横生,此学者之通患",所以当以敬为主,而深刻体察自己心中私意萌发的端倪何在,并抓住其最主要的方面,下大功夫惩治,如此日久自当见效。这不但是朱熹所主张的"吃紧为人处",也是张载所提倡的"变化气质"的关键所在,所以学者要变化气质,就要各察其所偏,找到病患最重的地方严加矫之,这才是为学的下手处。对于不同的病痛,王建常特别注意到人在日常生活中普遍存在的心浮气躁、容易动怒、性气粗暴、好名求利、私欲炽盛等问题,列举出薛瑄、吕祖谦等人修身的事例并贯之以朱熹所论,一一提出"须习教从容""先惩忿于窒欲""读《论语》有省""勇于自克""做切己工夫""须是一切世味淡薄"等对治方法,并告诫世人,对于自我缺点的克服要有大勇气、大魄力,"惩忿如摧山,要猛;窒欲如防水,要密。"

还需要注意的是,王建常在接受程朱理学"持敬"存心的基础上,还秉承张载关学以来重视礼教的传统,而特别重视小学的修为。小学是传统儒家引导子弟进入大学学习的基础,其内容主要以洒扫应对为主,体现出以日常生活实践为主践行体验儒家性理的特征。张载对此颇为重视,并落实于家庭以教育家人、熏化家风。后来朱熹在横渠礼教的基础上,汇集儒家典籍编成《小学》一书,成为儒家进入大学学习之前的基本经典。王建常对此书颇为重视,他不但著有《小学句读记》,而且将此与"敬"结合起来,认为程颐提出"敬",可以补充小学之所阙,而今既有其书,还须从小学入手,养成个"敬"字。只有将"日用工夫大要,察之念虑心术之微,验之出入起居之际,体之应事接物之间,必一一尽合道理,不愧不怍,方是切实。"对于张载所提倡的"六有教法",王建常也特别认同,他说,如朱子所言,张载提出的"言有教,动有法,昼有为,宵有得,息有养,瞬有存",此语极好,作为俟身修养的君子,就应该如此终日乾乾,而不可在饮食休息中间断修养,然而也不必终日读书或静坐存养,只是要常唤令此心不死,则日有进。其发明亲切,最宜深玩。由此不难看出王建常在修养工夫上内外兼修、身心并重的特点。

孔子言:"吾十有五而志于学。"王建常认为,人之存心、持敬等工夫,归根结底就在于孔子所讲的"志于学"上,"窃思人要到圣人地位,非学以致道不得",只有学,才是修身养性、成贤成圣的入门途径。而做人,要对此念念不忘,为之不厌,如此乃能对之病痛、变化气质,识量并进,所以他主张:"若不读书穷理,主敬存心,而徒切切计较于昨非今是之间,恐亦劳而无补也"。

《学记》中说:"时过然后学,则勤苦而难成。"一些人即以此为借口,以为年老而不愿、不能、不必为学。王建常对这种自弃的观点提出批判,他说学习固然要及时,但正如朱子所说,人之为学,如果在二十岁觉悟,那就要从二十岁立定脚跟做去;如果三十岁觉悟,也是如此。即使到了年八九十岁才觉悟,亦应只据现定脚跟,扎住硬寨做去。所以,人无不可学之时,关键在于能不能立地发愤,而借口时过难成,是果于自弃,其为不仁甚矣。元儒吴澄曾作《勉学首尾吟——三十年前好用功》,认为人之求学,当在三十岁之前,然明代大儒胡居仁则认为此言为学仅限于三十岁前而阻学者之进路,说自己三十岁之后,为学工夫方亲切。王建常对此也颇为认同,他且举例勉励学者,张载三十岁之后才见二程而学有所进,杨龟山年三十岁始问业于韩苑洛力行可畏,卒成纯儒。而他自己年三十才遁迹为学,又有何晚,且宁往直前,此好用工夫耶!

王建常还将为学落于实处,将人的精神养成作为检验为学效果的标准,他引用朱熹弟子黄榦的话说,为学,就必须在险难穷困的地方试一过,如果真能岿然不动,才是真正的学有所成。又借程颐的话言,"善事者,临死生而色不变,疾痛惨戚而心不动,由养之有素也"。在王建常看来,为学虽然要读书,但其落脚点,首先是在现实生活中能否从细节做起,能从细节做起,才可以有进一步的提升:"能尽饮食言语之道,则可以尽去就之道。能尽去就之道,则可以尽死生之道。饮食言语、去就死生,小大之势一也。"不仅如此,为学还在于能变化气质,"凡人为学,须是于旧习之能否,世俗之毁誉,身计之休戚穷通,一切不挂念,方能底于有成"。从此不难看出王建常为学工夫的贴近笃实。

王建常亦以圣贤所成就的气象勉励世人为学。他说,程颐归自涪州,气貌容色髭发,皆胜平昔。门人问:"何以得此?"程颐曰:"学之力也。"朱熹的老师李延平结茅山里水竹间,谢绝世故,余四十年,食饮或不充,而怡然自得。朱子曾说过,人只要碰到些与自己利害相关的事情,便不免开口告人,但这样却与不学之人何异?他曾经听李延平先生说过:"如果内心一下子排遣不去这种利害,那就想想古人遭受了比此更为难以忍受的患难,将之与自己相比,则亦可以少安矣。"开始朱熹也认为,这种说法过于卑浅,然而到后来临事,却觉有得力处,所以对此不可疏忽也。王建常也说,他自己在三十岁的时候,即遭遇明清异代,朝廷变革,当时即谢绝世故,以吃野菜读书为乐。而今年近八十,又值连岁饥馑,或日不举火,而此心泰然,未尝启口告人者。其中的原因,就是因为他有幸听闻朱子述其师之说尔。故而所谓学者,并不只是读书作文,而是"学处患难贫贱也",惟其养深积学,故无人而不自得。如是夫!王建常艰苦厉节五十六年而矢志不移,正从此中为学而来。

王建常虽数十年隐居不出,然并非不关心社会教化。在王建常看来:"风俗之美恶,由人心。人心之邪正,由教化。"在他看来,宋代之所以教化明洽,关键在于其时诸儒倡导为学,于此孜孜不息。他举例说,但看南宋亡时,小朝廷流落海上,然陆秀夫仍然每天书写《大学章句》进讲,俨然正笏,如立治朝;而张世杰与数十万人,也皆甘心溺死,不忍叛去,此种风度,此种气节,岂非一代儒者讲学之效乎?所以他叹息:当今人心大坏,正是因为没有真儒讲学,所以才导致如此。王建常注重为学、崇尚节义的风节和心忧世教、寄期真儒的情怀,就此可见一斑。

  从上不难看出,王建常为学以朱子学为宗的特点。他认为,朱子之学内外合一,并非如吴澄所谓仅重"道问学"而轻"尊德性",而这一点,正在于朱熹对程颐"涵养须用敬,进学则在致知"的强调和阐发上。故而正如真德秀所言:"天下义理,学者工夫,无以加于此",而"操存固,则知识明;知识明,则操存愈固",尊德性而道问学,知识与操守并重而相互发明,正是朱子的为学宗旨,子朱子之所以教人,大略如此。对于关学宗师张载,王建常不仅在其著作中多有吸收和阐发,比如继承和吸收了张载的气论、变化气质、学期圣人等观点,还极为赞扬张载的"心统性情"以及《西铭》仁说,更研习朱熹的观点,强调了张载在为学上对今人的启示,所谓"伊川、横渠甚严。若天资大段高,则学明道;若不及明道,则且学伊川、横渠"也。因此,王建常对张载思想学风的继承,是在以朱子学为宗的基础上的继承,我们看待王建常以朱子学为宗这一特点的同时,不能因此而遮蔽了其对张载的认同和继承。实际上,明清关学对张载思想的继承,大多也是在对朱子学的继承或反思中展开的,这是后期关学在朱子学定位一尊的学术背景下继承弘扬张载之学的特定形式,也是关学与时俱进、开放兼容风格的具体体现。

(撰稿:魏冬;审订:李明)

李颙

李颙(1627—1705),字中孚,自署二曲中孚子、二曲野夫等,世称二曲先生,陕西盩厔(今作"周至")人。清初关学大儒,与孙奇逢、黄宗羲被并誉为清初"三大儒",与李因笃、李柏被并誉为"关中三李"。明崇祯十五年(1642),李二曲父亲李可从随陕西巡抚汪乔年征讨农民起义军至河南襄城,战死疆场。自此,二曲母子相依为命。二曲事母至孝,被乡人称为"李孝子"。

二曲九岁入学,在接触《三字经》首句"人之初,性本善。性相近,习相远"时,便私下请教学长:"既然人性天然是善的,为何又说'相近'呢?"这初步展现了二曲探问究竟的品性。然而,因家境贫寒、身体羸弱、疾病不断等,二曲除了跟随舅父短暂学习《大学》《中庸》外,便辍学自读,逢人问字正句,识字渐广,书理渐通,又被乡人誉为"奇童"。

顺治二年(1645)夏,二曲偶得周钟《制义》,见其中言及忠孝节义,尤为喜爱,流连玩摹;但当他知道周钟不能持守志节后,便怒焚《制义》。又借读《性理大全》《伊洛渊源录》等书,认为:"此吾儒正宗,学而不如此,非夫也!"此后,二曲广泛涉猎各种儒家典籍,尤其是宋明理学家的论述,借读了《小学》《近思录》《程子遗书》《朱子大全集》《九经郝氏解》《十三经注疏》《资治通鉴》等,并撰《十三经注疏纠谬》《廿一史纠谬》。此外,二曲"自天文《河图》、九流百技,下至稗官野史、壬奇遁甲",无不一一研读的。时人又以"李夫子"称之。

顺治十三年(1656),前盩厔县令樊嶷为二曲新著《悔过自新说》作序,其中说:"先是余知其必为大儒者,兹固人人而皆知为大儒无疑也","横渠、泾野而后，道不在兹乎。"次年夏秋之交，二曲患病静摄，效仿先贤"默坐澄心"，久之，豁然顿悟，感觉到"灵机天趣，流盎满前"，从而见道。

康熙七年（1668）四月，受同州（今陕西大荔）学者的邀请，二曲讲学于同州、蒲城。二曲在讲学期间阐发了其学术宗旨，即现存由白焕彩笔录并定名的《学髓》一文。其门人赵之俊又将这次讲学见闻整理为《东行述》。

康熙九年（1670）十月，二曲远赴襄城为父亲招魂。期间，接受常州知府骆钟麟的邀请，讲学江南。二曲江南讲学的见闻，后被其门人王心敬整理为《南行述》，部分讲学内容也被整理成《两庠汇语》《靖江语要》《锡山语要》《东林书院会语》《传心录》等。

康熙十二年（1673），陕西总督鄂善修复关中书院，再三延请二曲设席讲学，一时听众多达数千人，轰动陕西士林。是年，朝廷颁发求贤令，陕西官员上疏推荐，二曲以病拒辞。次年朝廷又下旨复征，地方官员强迫起行，二曲以拔刀自刺得免。康熙十四年（1675）八月，二曲挈家避兵富平拟山堂，与李因笃交往甚密。期间顾炎武、傅山、王弘撰等前来谒访论学。康熙十七年（1678）清廷开设博学鸿词科，再次征召，二曲以绝食五日抗拒，震动全国，被时人誉为"铁汉"。

其后，二曲返回盩厔故居，闭门谢客。康熙四十二年（1703）康熙皇帝西巡山陕，传旨召见，此时二曲已病卧在床。康熙无奈，赐"操志高洁"的匾额及所作的诗章，并索要二曲著述以弥补未见之憾。康熙四十四年（1705）四月，二曲于家中逝世，享年79岁。

关于二曲思想的渊源，学术界有多种说法，从总体上看，除了认为二曲"确宗程朱家法""折中朱、王，补其缺失，开出理学的第三条路线"的观点外，大多数学者认为二曲之学"本于姚江（王阳明）"，其思想根基仍是陆王之学，具有强烈的心学义趣。关于二曲学说的特点，二曲本人及时人的论述略有不同。诸如，二曲说："虽各家宗旨不同，要之总不出'悔过自新'四字。"（《悔过自新说》）王心敬说："先生生平之学以尽性为指归，以悔过自新为心课，以静坐体认喜怒哀乐未发气象为知性之方,以读《六经》《四子》及诸儒之言、反身体验为穷理入门之要。"(《泾周新创二曲先生祠记》)骆钟麟说:"其学以慎独为宗,以养静为要,以明体适用为经世实义,以悔过自新为作圣入门。"(《历年纪略》)刘宗泗说:"其学以尊德性为本体,以道问学为工夫,以悔过自新为始基。"(《盩厔李征君二曲先生墓表》)龚百药认为:"其立教教人学,以悔过自新为宗,静坐为始。"(《李氏家乘》)岳宏誉认为:"其学以静为基,以敬为要,以返己体认为宗,以悔过自新为日用实际。"(《南行述》)就上述记载看,作为注重生命体验、真修实证的思想家,二曲在继承陆王心学"先立其大""致良知"的本体论思想外,十分注重"悔过自新""慎独""静坐""主敬"等工夫修养方法,并将其落实于生命践履之中。

二曲著作主要有《二曲集》《四书反身录》等。《二曲集》由其门人王心敬编次,由司寇郑重及陕西学宪高嵩侣捐俸首次刊刻,工始于康熙三十年(1691)仲冬,竣工於康熙三十二年(1693)。收录《悔过自新说》《学髓》《两庠汇语》《靖江语要》《锡山语要》《盩厔答问》等著述,总计二十六卷。《四书反身录》亦由王心敬辑录,康熙二十五年(1686)由陕西学使许孙荃首次刻刊,其后屡屡被增补重印或翻刻。此处选文均出自《二曲集》。

悔过自新说(节选)

天地之性[1]人为贵。人也者,禀天地之气以成身,即得天地之理[2]以为性。此性之量,本与天地同其大;此性之灵,本与日月合其明。本至善无恶,至粹无瑕。人多为气质[3]所蔽,情欲所牵,习俗所囿,时势所移,知诱物化[4],旋失厥[5]初,渐剥渐蚀,迁流弗觉,以致卑鄙乖谬,甘心堕落于小人之归;甚至虽具人形,而其所为有不远于禽兽者,此岂性之罪也哉?然虽沦于小人禽兽之域,而其本性之与天地合德、日月合明者,固未始不廓然朗然而常在也。顾人自信不及,故轻弃之耳。辟如明镜蔽于尘垢,而光体未尝不在;又如宝珠陷于粪坑,而宝气未尝不存。诚能加刮磨洗剔之功,则垢尽秽去,光体宝气自尔如初矣,何尝有少损哉!

【注释】

【1】天地之性:宋明理学用语。亦称天命之性、义理之性、本然之性,与"气质之性"相对。《中庸》:"天命之谓性。"对天而言,天所赋予为"命";对人而言,所禀受为"性"。理学家将仁、义、礼、智作为天所赋予人的至善本性。

【2】天地之理:指天理。天地之理贯落于人物则称之为天命之性。

【3】气质:宋明理学用语。指因人所禀之气的清浊厚薄不同而造成的生理、心理等方面的差异。

【4】知诱物化:指为物欲所诱导。蔡清《四书蒙引》卷七:"知诱物化,'知'字从知觉上说,谓知诱于物,而为物所化。"

【5】厥:其。

世固有抱美质而不肯进修者,揆[1]厥所由,往往多因一眚[2]自弃。迨其后,虽明见有善可迁、有义可徙,必且自诿[3]曰:"吾业已如此矣,虽复修善,人谁我谅耶?"殊不知君子小人、人类禽兽之分,只在一转念间耳!苟向来所为是禽兽,从今一旦改图,即为人矣;向来所为是小人,从今一旦改图,即为君子矣。当此之际,不惟亲戚爱我、友朋敬我、一切人服我,即天地鬼神亦且怜我而佑我矣。然则自诿自弃者,殆亦未之思也。

【注释】

【1】揆:揣测、估量。
【2】眚:眼睛长白翳。喻指过错。
【3】诿:推卸、推托。

古今名儒倡道救世者非一:或以"主敬穷理"[1]标宗,或以"先立乎大"[2]标宗,或"心之精神为圣"[3]标宗,或以"自然"[4]标宗,或以"复性"[5]标宗,或以"致良知"[6]标宗,或以"随处体认"[7]标宗,或以"止修"[8]标宗,或以"知止"[9]标宗,或以"明德"[10]标宗。虽各家宗旨不同,要之总不出"悔过自新"四字,总是开人以悔过自新的门路;但不曾揭出此四字,所以当时讲学,费许多辞说。愚谓不若直提"悔过自新"四字为说,庶当下便有依据,所谓"心不妄用,功不杂施,丹府一粒,点铁成金也"。

【注释】

【1】主敬穷理:为南宋著名理学家朱熹学问宗旨,即"主敬以立其本,穷理以进其知"(朱熹

《程氏遗书后序》),"所谓功夫者,不过居敬穷理以修身也"(《朱子语类》卷二十八)。

【2】先立乎大:为南宋著名理学家陆九渊学问宗旨。陆九渊说:"近有议吾者云:除了先立乎其大者一句,全无伎俩。吾闻之曰:诚然。"(《陆九渊集》卷三十四《语录上》)

【3】心之精神为圣:为南宋著名理学家杨简的学问宗旨。《尚书大传·洪范五行传》《孔丛子·记问》均载孔子语"心之精神是谓圣"。杨简发挥此说:"孔子曰'心之精神是谓圣',神无方无体,范围天地,发育万物,无所不通,无所不在。"(《慈湖先生遗书》卷九《家记三》)

【4】自然:为明代著名理学家陈献章学问宗旨。陈献章《与湛民泽七》:"学者以自然为宗,不可不著意理会。"(《陈献章集》卷二)

【5】复性:为明代著名理学家薛瑄学问宗旨。薛瑄:"学只要知性复性而已,朱子所谓'知其性之所有而全之也'。"(《薛文清公读书续录》卷二)

【6】致良知:为明代著名理学家王守仁学问宗旨。王守仁《寄正宪男手墨二卷》:"吾平生讲学,只是'致良知'三字。"(《王阳明全集》卷二十六)

【7】随处体认:为明代著名理学家湛若水学问宗旨。湛若水说:"所谓随处体认天理者,随未发已发,随动随静。盖动静皆吾心之本体,体用一原故也。"(《泉翁大全集》卷九)

【8】止修:为明代理学家李材学问宗旨。李材:"止为主意,修为工夫","知修身为本,即知本也,知止也,知所当先者也","学先知止,盖斩关第一义也。"(李材《大学约言》)

【9】知止:为明代理学家何迁学问宗旨。何迁《赠沧守胡子序》:"予尝邀而求之,道有本末,学有先后,《大学》教人,以知止为先,而后定静安虑由之。知止而后能定静安虑者,致知以格物也;定静安虑而后能得者,物格而后知至也。是故知止之义,虽高明之士,有不能舍之以径趋者,甚哉!圣人为学者虑,至深远也。……然非知止,抑孰从而竭之?盖不知止则其思不一,其思不一则其主不藏,其主不藏则其几不生,其几不生则其则不见,如是而日定静安虑,皆诬而已。学焉而不得其旨,其流未有不至於漫焉以自诬者。"(《明儒学案·甘泉学案二》)

【10】明德:为明代理学家杨起元学问宗旨。《明儒学案·泰州学案三》载:"先生(杨起元)所至,以学淑人,其大指谓:'明德本体,人人所同,其气禀拘他不得,物欲蔽他不得,无工夫可做,只要自识之而已。故与愚夫愚妇同其知能,便是圣人之道。愚夫愚妇之终于愚夫愚妇者,只是不安其知能耳。'"

或曰:"从上诸宗,皆辞旨精深,直趋圣域,且是以圣贤望人。今吾子此宗,辞旨麤浅[1],去道迂远[2];且似以有过待人,何不类之甚也?"愚曰:"不然。皎日所以失其照者,浮云蔽之也,云开则日莹矣。吾人所以不得至于圣者,有过累之也,过灭则德醇矣。以此优入圣域,不更直捷简易耶?"

【注释】

[1]麤浅:亦作"麁浅"。浅显,不深奥。
[2]迂远:见解迂阔而不切实际。

疑者曰："《六经》、《四书》，卷帙浩繁，其中精义，难可殚述。'悔过自新'宁足括其微奥也？"殊不知《易》著"风雷"之象[1]，《书》垂"不吝"之文[2]，《诗》歌"维新"之什[3]，《春秋》"微显阐幽"[4]，以至于《礼》之所以"陶"[5]，《乐》之所以"淑"[6]；孔[7]曰"勿惮"[8]，曾[9]曰"其严"[10]，《中庸》之"寡过"[11]，孟氏[12]之"集义"[13]，无非欲人复其无过之体，而归于日新之路耳。正如《素问》[14]《青囊》[15]，皆前圣已效之方，而传之以救万世之病，非欲于病除之外，别有所增益也。曰："经书垂训，实具修齐治平之理，岂专为一身一心，悔过自新而已乎？"愚谓："天子能悔过自新，则君极建而天下以之平；诸侯能悔过自新，则侯度贞而国以之治；大夫能悔过自新，则臣道立而家以之齐；士庶人能悔过自新，则德业日隆而身以之修，又何弗包举统摄焉！"

李颙

【注释】

【1】"风雷"之象：喻指见善改过。语出《周易·益·象传》："风雷，益。君子以见善则迁，有过则改。"

【2】"不吝"之文：喻指改过态度坚决。语出《尚书·仲虺之诰》："改过不吝。"

【3】"维新"之什：喻指革旧布新。语出《诗经·大雅·文王》："周虽旧邦，其命维新。"

【4】"微显阐幽"：喻指于显现的微妙处，阐明幽深的道理。语出晋杜预《<春秋经传集解>序》："其微显阐幽，裁成义类者，皆据旧例而发义，指行事以正褒贬。"

【5】陶：喻指礼仪有度。

【6】淑：喻指音乐优美。

【7】孔：即孔子。名丘，字仲尼，鲁国陬邑（今山东曲阜）人。春秋末期著名的思想家、教育家，儒家学派的创始人。传见《史记》卷四七《孔子世家》。

【8】勿惮：不怕改正。语出《论语·学而篇》："君子不重则不威，学则不固。主忠信。无友不如己者，过则勿惮改。"

【9】曾：曾参。名参，字子舆，鲁国南武城（今山东平邑，一说山东嘉祥）人。春秋末期著名的思想家，孔子晚年弟子之一。传见《史记》卷六七《仲尼弟子列传》。

【10】其严：严肃对待。语出《孝经·纪孝行章》："居则致其敬，养则致其乐，病则致其忧，丧则致其严。"

【11】寡过：少犯错误。语出《中庸》："王天下有三重焉，其寡过矣乎！"

【12】孟氏：即孟子。名轲，邹国（今山东邹城）人。战国时期著名的哲学家、教育家，儒家学派的代表人物，与孔子并称"孔孟"。传见《史记》卷七四《孟子荀卿列传》。

【13】集义:积累正义。语出《孟子·公孙丑上》:"难言也。其为气也,至大至刚;以直养而无害,则塞于天地之间。其为气也,配义与道;无是,馁也。是集义所生者,非义袭而取之也。行有不慊于心,则馁矣。"

【14】《素问》:指《皇帝内经·素问篇》。

【15】《青囊》:原指古代医家存放医书的布袋,后借指医术、中医、中医著述。古代以"青囊"为题的中医著述有多部,诸如记为华佗撰孙思邈述的《青囊秘录》、郭璞的《青囊秘要》等。

杀人须从咽喉处下刀,学问须从肯綮[1]处着力,"悔过自新"乃千圣进修要诀。人无志于做人则已,苟[2]真实有志做人,须从此学则不差。

【注释】

【1】肯綮:筋骨结合处。喻指关键、要害的地方。

【2】苟:假如。

天地间道理,有前圣偶见不及而后圣始拈出者,有贤人或见不及而庸人偶拈出者;但取其益身心,便修证斯已耳!予固庸人也,懵[1]弗知学,且孤苦颠顿,备历穷愁,于夙夜寐旦、苦搜精研中,忽见得此说。若可以安身立命,若可以自利利他,故敢揭之以公同志。倘以言出庸人而漫[2]置之,是犹恶贫女之布而甘自冻者也。

【注释】

【1】懵:昏昧无知的样子。

【2】漫:任意。

前辈[1]云:"人生仕宦,大都不过三五十年;惟立身行道,千载不朽。"愚谓:"舍'悔过自新',必不能立身,亦非所以行道,是在各人自察之耳。"

【注释】

【1】前辈:指黄巩。黄巩语:"人生至公卿富贵矣,然不过三四十年。惟立身行道,千载不

朽。"参见《明史》卷一八九《黄巩传》。

今人不达福善、祸淫之理,每略躬行而资冥福,动谓祈请醮[1]谢,可以获福无量。殊不知天地所最爱者,修德之人也;鬼神所甚庇者,积善之家也。人苟能悔过于明,则明无人非;悔过于幽,则幽无鬼责。从此刮垢磨光,日新月盛,则必浩然于天壤之内,可以上答天心而祈天永命矣,又何福之不臻[2]哉!

【注释】

【1】醮:设坛祭神。
【2】臻:达到。

吾之德性,欲图所以新之,此际机权,一毫不容旁贷。新与不新,自心自见。辟如饮水,冷煖[1]自知。久之,德充于内,光辉发于外,自有不可得而掩者矣。厥初用功,全在自己策励。

【注释】

【1】煖:同"暖"。

性,吾自性也;德,吾自得也。我固有之也,曷[1]言乎新?新者,复其故之谓也。辟如日之在天,夕而沉,朝而升,光体不增不损,今无异昨,故能常新。若于本体之外,欲有所增加以为新,是喜新好异者之为,而非圣人之所谓新矣。

【注释】

【1】曷:何,什么。

同志者苟留心此学,必须于起心动念处潜体密验。苟有一念未纯于理,即是过，即当悔而去之；苟有一息稍涉于懈，即非新，即当振而起之。若在未尝学问之人，亦必且先检身过，次检心过，悔其前非，断其后续，亦期至于无一念之不纯，无一息之稍懈而后已。盖人之所造，浅深不同，故其为过亦巨细各异，搜而剔之，存乎其人于以诞登[1]圣域，斯无难矣。

【注释】

【1】诞登：登上、进入。

众见之过，犹易惩艾[1]；独处之过，最足障道。何者？过在隐伏，潜而未彰，人于此时最所易忽；且多容养爱护之意，以为鬼神不我觉也。岂知莫见乎隐，莫显乎微，舜跖[2]、人禽，于是乎判，故慎独要焉。

【注释】

【1】惩艾：亦作"惩乂""惩刈"。惩治。
【2】舜跖：舜即虞舜，远古部落联盟的首领，古史传说中的圣明君主。传见《史记》卷一《五帝本纪》。跖即盗跖，为春秋时期鲁国大夫展禽（柳下惠）之弟，著名的大盗。"从卒九千人，横行天下，侵暴诸侯，穴室枢户，驱人牛马，取人妇女，贪得忘亲，不顾父母兄弟，不祭先祖"。事见《庄子·杂篇·盗跖》。

几者，事之微，而吉凶之所由以肇端[1]者也。《易》曰："知几[2]其神乎。"又曰："君子见几而作，不俟终日。"子曰："颜氏[3]之子，其殆庶几乎。有不善未尝不知，知之未尝复行也。"夫"有不善未尝不知"，故可与几也；"知之未尝复行"，故无祗悔[4]也。吾侪[5]欲悔过自新，当以颜氏为法。

【注释】

【1】肇端：肇始、开端。
【2】几：微。指事物萌发的细微迹象。
【3】颜氏：颜回。

【4】祗悔:大的悔过。
【5】吾侪:吾辈。

吾侪既留意此学,复悠悠忽忽,日复一日,与未学者同为驰逐,终不得力,故须静坐。静坐一著,乃古人下工之始基,是故程子[1]见人静坐,便以为善学。何者?天地之理,不翕聚[2]则不能发散;吾人之学,不静极则不能超悟。况过与善界在几微,非至精不能剖析,岂平日一向纷营[3]者所可辨也。

【注释】

【1】程子:指北宋著名理学家程颐。语出"伊川每见人静坐,便叹其善学。"参见《二程外书》卷十二。
【2】翕聚:会聚。
【3】纷营:众多,杂乱。

"悔过自新",此为中材言之也;而即为上根言之也,上根之人,悟一切诸过皆起于一心,直下便划却根源,故其为力也易;中材之人,用功积久,静极明生,亦成了手,但其为力也难。盖上根之人,顿悟顿修,名为"解悟"[1];中材之人,渐修渐悟,名为"证悟"[2]。吾人但期于"悟",无期于"顿"可矣。

【注释】

【1】解悟:于语言文字中求知解。
【2】证悟:离语言文字直契真相。

圣人之学,下学上达,其始不外动静云,为日用平常之事,而其究则必曰"穷理尽性,以至于命"[1]。人苟有纤微之过,尚留方寸,则性必无由以尽。性既不能尽,则命亦无由以至,而其去圣功远矣。故必悔之又悔,新而又新,以至于尽性至命而后可。

【注释】

【1】穷理尽性,以至于命:语出《易传·说卦传》:"和顺于道德而理于义,穷理尽性以至于命。"指通过穷究万事万物的至理和本性,从而达到对自己使命的了解。

悔而又悔,以至于无过之可悔;新而又新,以极于日新之不已。庶几仰不愧天,俯不怍人;昼不愧影,夜不媿[1]衾。在乾坤为肖子,在宇宙为完人;今日在名教为贤圣,将来在冥漠[2]为神明,岂不快哉!

【注释】

【1】媿:同"愧"。惭愧、羞愧。
【2】冥漠:指阴间。

昔人云:"尧舜[1]而知其圣非圣也,是则尧舜未尝自以为无过也;禹[2]见囚,下车而泣,是则禹未尝自以为无过也;汤[3]改过不吝[4],以放桀[5]为慙德[6],是则汤未尝自以为无过也;文王[7]望道未见[8],武王[9]儆几铭牖[10],周公[11]破斧缺斨[12],孔子五十学易[13],是则文、武、周、孔并未尝自以为无过也。等而上之,阳愆阴伏,旱干水溢,即天地亦必且不见以为无过也。"然而,两仪无心,即置勿论。至于诸圣,固各有其悔过自新之旨焉;但圣人之悔过处及其自新处,与凡人自不同耳。盖必至于无一念之不纯于理,无一息之或间于私,而后为圣人之"悔过",必至于"与天地合其德,与日月合其明,与四时合其序,与鬼神合其吉凶"[14],而后为圣人之"自新"。夫卑之虽愚夫愚妇有可循,高之至于神圣不能外。此"悔过自新"之学所为括精粗、兼大小、该本末、彻终始而一以贯之者欤!

【注释】

【1】尧舜:唐尧和虞舜,远古部落联盟的首领,古史传说中的圣明君主。传见《史记》卷一《五帝本纪》。

【2】禹:史称大禹、帝禹,为夏后氏首领。相传因治理洪水有功,受舜禅让而继承帝位。传见《史记》卷二《夏本纪》。

【3】汤:商汤,商朝开国君主、古代圣贤君王。传见《史记》卷二《殷本纪》。

【4】改过不吝:不吝,不吝惜、不顾惜。语出《尚书·仲虺之诰》:"用人惟己,改过不吝。"

【5】桀:夏桀,夏朝末代君主,古代著名暴君。传见《史记》卷二《夏本纪》。

【6】憨德:亦作"惭德"。因言行有缺失而内愧于心。

【7】文王:周文王姬昌。周朝奠基者。在其父季历去世后,继承西伯侯之位,故称西伯昌。传见《史记》卷四《周本纪》。

【8】望道未见:语出《孟子·离娄下》:"文王视民如伤,望道而未之见。"指文王能顾恤百姓疾苦,追求真理又似乎未曾见到。

【9】武王:周武王姬发,周文王姬昌次子。西周王朝的开国君主。传见《史记》卷四《周本纪》。

【10】儆几铭牖:儆,使人警醒,不犯过错;几,案几;牖,窗户。《逸周书·武儆解》载,武王诏周公旦立后嗣,训诫太子姬诵之事。

【11】周公:周公旦,为周文王姬昌第四子,周武王姬发之弟。西周初期杰出的政治家、思想家,被尊为"元圣"和儒学先驱。传见《史记》卷三三《鲁周公世家》。

【12】破斧缺斨:斧、斨,泛指兵器。形容战争中付出的代价。语出《诗·豳风·破斧》:"既破我斧,又缺我斨。"

【13】五十学易:语出《论语·述而》:"子曰:加我数年,五十而学《易》,可以无大过矣。"

【14】与天地合其德,与日月合其明,与四时合其序,与鬼神合其吉凶:语出《易·乾·文言》:"夫大人者,与天地合其德,与日月合其明,与四时合其序,与鬼神合其吉凶。"指大人的德性,契合天地的意志与功德,展现日月的光明,符合春、夏、秋、冬四季的时序,顺应鬼神的吉凶。

品 读

《悔过自新说》是二曲最早系统阐发自己思想的著述。这篇文章写于何时,史无明确的记载。但是,据樊巃《〈悔过自新说〉序》知,在顺治十三年(1656)夏秒樊巃收到二曲该文,并于七月初一日撰写了序言。又据史料记载,是年,三十岁的二曲"始悟其非",反思什么是"有用道学"。据此,这篇文章极有可能是二曲反思"有用道学"的结果,撰写于这一年。《悔过自新说》标志着二曲为学的转向。

悔过自新不仅是二曲早年为学的体验和日后道德实践的入门工夫,也被二曲视为古今名儒的学术宗旨,在其思想中占据重要地位。在二曲看来,人禀天地之气而有形体,人得天地之理而有至善本性。然而,在现实中却存在许多人寡廉鲜耻,昧于功利,这似乎与人人先天具有的至善本性存在扞格?为什么会出现这种现象?二曲认为,其因并不在于至善的本性。换句话说,至善本性不依外界环境而变化,始终是廓然朗然而常在的;但是因为人生而所禀的气质之性存在厚薄之分,进而造成了后天受情欲、习俗、时事、知诱等外界因素的左右,从而遮蔽了至善本性,使其无法呈现。如果继续遮蔽本性,甚至会发展为小人甚至禽兽的境地。而只有做"刮磨洗剔"的工夫,摒弃种种遮蔽,才能呈现至善本性。在此思想基础上,二曲提出了"悔过自新说"。

何谓"悔过自新说"?在二曲看来,"过"既可以指如陈元不孝、徐庶任侠、周处横行类恶行(身过),也可以指张载、谢良佐、吴澄、王守仁、罗念庵等理学家为学时的歧出(心过),因此"悔过"也包括思过与改过两个方面。"新"则是复、反的过程。"自新"也是恢复人人所具有的至善本性。"悔过"与"自新"都是通过摒除遮蔽,呈现至善本性的工夫,即将人性由"气质所蔽,情欲所牵,习俗所囿,时势所移,知诱物化,旋失厥初"的实然状态,复归到"固有"本性。据此看,"自新"也是"悔过",二者是二而一的关系。"悔过自新说"强调的是通过人主体的能动性,克制私欲遮蔽,进行"复性""反本"工夫。在二曲看来,这种复性、反本的工夫恰恰是历史上的儒家学者持守的不变法门。二曲认为,以往诸多学者虽然阐发了表面看似不同的思想,但其学问宗旨均是悔过自新。值得注意的是,二曲在阐述时,对程朱、陆王两派学者的论述都予以援引,试图弥合程朱、陆王学说在心性修养方面的差异,为其悔过自新说寻找思想根据。

如何"悔过自新"?首先,要转念。二曲说:"殊不知君子小人、人类禽兽之分,只在一转念间耳。"念即念头、主意。即认为需要从心动起念处入手,以转念的方式悔过。一念之间,君子与小人、人类与禽兽截然判别为二,转念之间小人可以为君子。其次,分析不同的"过"。二曲根据对象的不同,将"过"分为"众见之过"与"独处之过"。众见之过显而易见,可以很容易发现,容易改过。而"独处之过"则不同,常常是隐潜于幽微之处,没有得到彰显,多被人所忽略。因此,这种"过"具有较强的隐蔽性,克制难度较大,且又往往因其未被察觉,而长期遮蔽人心灵原,造成了巨大危害。显然,克制"潜而未彰"的"独处之过"乃是二曲强调的重点。再次,提出了两种悔过途径。一是顿悟顿修的"解悟",一是渐修渐悟的"证悟"。人们因所禀受的气质的不同,内省和体证的能力也存在诸多差别。换句话说,虽然悔过自新可以适用于上士、中才之人,但是因先天的禀赋存在差异,上士与中才所做的工夫也存在不同:上士面对"过",能立刻明了根源所在,直截了当地从心入手,其工夫简易便捷;而中才面对"过",则需要长期的体证参悟,只有静默潜修到一定程度才能惩忿窒欲,体证到过的根源,所做工夫自然是艰难烦琐的。因此,上士需要顿悟顿修,中才之人需要渐修渐悟。

事实上,无论二曲如何诠解悔过自新,其归根在于补救世道人心。二曲认为:"天子能悔过自新,则君极建而天下以之平;诸侯能悔过自新,则侯度贞而国以之治;大夫能悔过自新,则臣道立而家以之齐;士庶人能悔过自新,则德业日隆而身以之修,又何弗包举统摄焉。"可见,在二曲看来,悔过自新乃是一切学问、一切教化的"肯綮"之处,存在于"日用实际"之间。通过悔过自新,使人人具有的至善而又光明的本性得以显现,整个社会的道德水平必然会得到极大的提升,社会风貌也必然为之一新。因此,当樊嶷读到二曲《悔过自新说》时,情不自禁地感叹道:"余谓满街能悔过自新,安见满街之不可为圣人?""余谓个个能悔过自新,安见个个之不可为仲尼?"

盩厔答问(节选)

问"儒"。曰:"德合三才[1]之谓儒。天之德主于发育万物,地之德主于资生万物,士顶天履地而为人,贵有以经纶[2]万物。果能明体适用而经纶万物,则与天地生育之德合矣,命之曰'儒',不亦宜乎!能经纶万物而参天地谓之'儒',务经纶之业而欲与天地参谓之'学'。儒而不如此,便是俗儒;学而不如此,便是俗学。俗儒、俗学,君子深耻焉。"

【注释】

【1】三才:指天、地、人。语出《易传·系辞下》:"有天道焉,有人道焉,有地道焉。兼三才而两之,故六。六者非它也,三才之道也。"
【2】经纶:原指整理丝线,引申为筹划、治理。

然则又有"道学"[1],何也?曰:"儒者之学,明体适用之学也。秦汉以来,此学不明,醇厚者梏于章句,俊爽者流于浮词,独洛闽[2]诸大老,始慨然以明体适用为倡,于是遂有道学、俗学之别。其实道学即儒学,非于儒学之外别有所谓道学也。儒学明晦[3],不止系士风盛衰,实关系生民休戚、世运否泰。

儒学明,则士之所习者明体适用之正业,处也有守,出也有为;生民蒙其利济,而世运宁有不泰?儒学晦,则士之所攻者辞章记诵之末技,处也无守,出也无为;生民毫无所赖,而世运宁有不否?"

【注释】
【1】道学:宋代理学的同义语。以继承孔孟"道统",讲求"性命义理"之学为主的学问或思想。"道学"之名始见于北宋,至南宋孝宗时,由于许及之、陆九渊等人推动,逐渐改称"道学"为"理学","理学"之称渐为后世广泛采用。
【2】洛闽:指道学与闽学。北宋著名理学家程颢、程颐兄弟由于长期居住于洛阳讲学,所创立的学派世称"洛学"。南宋著名理学家朱熹长期在福建讲学,弟子多为福建人,故其所创立的学派世称"闽学"。
【3】明晦:彰明与昏昧。

问:"何为'明体适用'?"曰:"穷理致知,反之于内,则识心悟性[1],实修实证;达之于外,则开物成务[2],康济群生[3]。夫是之谓'明体适用'。明体适用,乃人生性分[4]之所不容已。学焉而昧乎此,即失其所以为人矣!明体而不适于用,便是'腐儒';适用而不本明体,便是'霸儒';既不明体,又不适用,徒灭裂[5]于口耳伎俩之末,便是'异端'。杨墨[6],异端也;佛老,异端之异端也;徇华废实[7],吾教中之异端也。教外之异端,其害浅;教内之异端,其害深。先儒谓:'攻乎异端,斯害也已。'孔子时,佛教未入中国,虽有老子,其说未行,却指何者为异端?盖'异'字与'同'字为对,虽同师尧舜,而所学异绪,与尧舜不同,此所以为异端也。今吾辈同读儒书,同以儒自命,不审与儒者全体大用之实果同乎?否耶?此处须切己体察,慎勿终其身醉梦于异端,而犹居之不疑,曰:'我儒也!我儒也!'"

【注释】
【1】识心悟性:佛教用语。佛教有"识心见性"语,指自识本心有佛,本心即佛,由了知自心本来清净、万法尽在自性而自净其心,念念无著,使自心本性显现出来。"识"与"见"均不是一

般意义上的知见,而是一种证悟。此处,指对道德本体的体认。

【2】开物成务:通晓万物之理,办好各种事情。

【3】群生:众生、万物。

【4】性分:本性、天性。

【5】灭裂:指言行粗疏草率。

【6】杨墨:战国时期的思想家杨朱与墨子。

【7】徇华废实:徇,顺从、依从;华,同"花"。喻指追求好看形式,放弃实质内容。

品　读

《盩厔答问》成书于清顺治十三年(1656)。该书记载了是年夏天河南嵩县王所锡、刘鑛因向慕二曲学问,有补于世道人心,前来盩厔问学时的二曲答语。根据二曲答语,可以看到是时二曲通过反思儒学及社会风气,形成了对儒学宗旨和特征的新认识。即基于明代中后期以来,王学末流的空疏之学给时风、士风造成了巨大的不良影响。二曲说:"儒学明晦,不止系士风盛衰,实关系生民休戚,世运否泰。儒学明,则士之所习者,明体适用之正业,处也有守,出也有为,生民蒙其利济,而世运宁有不泰?儒学晦,则士之所攻者,词章记诵之末技,处也无守,出也无为,生民毫无所赖,而世运宁有不否?"儒学不明,士风不盛,百姓无所赖,世运无法安宁。因此,二曲提出"儒者之学,明体适用之学也"的思想,期以重塑儒家学者的社会使命感,教化风俗。

"明体适用"是二曲中年时期的教法,在二曲《盩厔答问》中得到充分揭示。二曲认为,道学即儒学,儒学即明体适用之学,这是宋代以来倡明的儒学宗旨,也是儒家学说的特色所在。何谓"明体适用"?二曲说:"穷理致知,反之于内,则识心悟性,实修实证;达之于外,则开物成务,康济群生。夫是之谓'明体适用'。"(《二曲集·盩厔答问》)在二曲看来,"明体适用"的内容包括"反之于内"的"识心悟性,实修实证"与"达之于外"的"开物成务,康济群生"两个方面。如果再联系二曲答顾炎武时所说的"明道存心以为体,经世宰物以为用"(《二曲集·答顾宁人先生》),可以看出,二曲所说的"体"乃是

"明道存心","用"则是"经世宰物"。"识心悟性,实修实证"是"明体","开物成务,康济群生"为"适用"。换句话说,体证超越的道德本体、修心养性是"明体",为儒家的"内圣"工夫;本体的现实呈现,经世宰物则为"适用",即儒家的"外王"实践。显然,二曲明体适用说采用的是儒家传统的"体用"思维模式,表达的是儒家内圣外王的理想追求。

进一步而言,基于对儒家传统思想中体用关系的深刻理解,二曲在阐述"明体适用"时,强调有体有用的"体用全学",既需要"反之于内",也要"达之于外"。即明道存心之道德与经世宰物之经济对于人来说,均是日用所需,一日不可无。前者之体与后者之用,相得益彰,便是真体真用。然而,当一味关注道德而忽略经济则是"有体无用",一味关注经济而忽略道德则是"有用无体",这两种情况各沦为一偏,非全儒所为。据此,二曲所认为的全儒、真儒当具备"明体适用""全体大用"的修为与实践。换句话说,道德修养与经世致用的实践应当具有一致性,内圣与外王应当融为一体。可见,二曲在阐述"明体适用"时坚持体用不离,反对各居一偏的情况,所以他说:"明体适用,乃人生性分之所不容已,学焉而昧乎此,即失其所以为人矣!明体而不适于用,便是腐儒;适用而不本明体,便是霸儒;既不明体,又不适用,徒灭裂于口耳伎俩之末,便是异端。"(《二曲集·鳌屋答问》)

事实上,在阐述体与用(明体与适用)时,二曲又并非是将二者置于同等的高度,而是认为"大本立而道行,以之经世宰物,犹水之有源,千流万脉,自时出而无穷"(《二曲集·富平答问附授受记要》),强调"体"的优先性,强调明体。诸如他说:"学问要识本体,然后好做好工夫。"(《四书反身录·论语下》)只有"先立乎其大",实证实修,才能有效地推动经世宰物的适用实践,并使之永获道德精神支撑,常驻生命力,自强不息。此外,为了避免因"人多事事而不事心,好奇而不好平"、功名利禄等迷失了方向,二曲又认为适用实践中要"返本返源",提撕自己,体证灵原本体,所以他认为:"若事功节义,一一出之至性,率自平常,而胸中绝无事功节义之见,方是真事功、真节义、真中庸。"(《四书反身录·中庸》)所谓的真事功、真节义是本体在实践中的呈现,而不受制于心智与欲望。

概言之,《鳌屋答问》将儒家思想中的道德论与政治论结合起来,熔内圣与外王于一炉。这既是二曲生逢明清易代之际,深刻体察政治、经济、文化上的各种现象,进而重新思考儒学的宗旨和特征的结果,也是二曲中年时期为学转向的重要体现。

与当事论出处

李颙

伏念颙以韦布[1]之微,有此遭逢,欣感无既,尚何濡迟[2]。惟是扪心惭惧,有不敢冒昧者四,不得不觏缕[3]陈之:

【注释】

【1】韦布:韦带布衣,即未仕者或平民的寒素服装,借指寒素之士或平民。
【2】濡迟:迟滞,缓慢。
【3】觏缕:详述。

颙幼孤失学,庸谬罔似,祇缘浮慕曩哲[1],以致浪招逐臭,诚所谓纯盗虚声,毫无实诣者也。前督台体朝廷旁求盛怀,误加物色,遂尘宸聪[2]。盖以颙或有微长,可充菲葑[3];而不知颙学不通古今、识不达世务,上之既不足以备顾问,次之又不足以备器使。倘不审己量力,何以仰副当宁,不亦辱朝廷而羞天下之士哉! 此其不敢一也。

【注释】

【1】曩哲：先哲。

【2】宸聪：皇帝的听闻或主意。

【3】葑菲：语出《诗·邶风·谷风》："采葑采菲，无以下体。"郑玄《毛诗笺》："此二菜者，蔓菁与葍之类也，皆上下可食，然而其根有美时有恶时，采之者不可以其根恶时并弃其叶。"后以葑菲喻指鄙陋之人或有一德可取的谦辞。

颙父丧时，遗颙只身，再无次丁。颙母彭氏守寡鞠颙，艰厄殊常，饥寒坎壈[1]，盖不啻出万死而得一生。颙后虽成立，然无一椽寸土之产，资生罔藉，赤贫如故，三旬九食，衣不蔽形。颙母形影相吊，未尝有一日之温饱，竟艰难病亡。亡之日，无以为殓，县令骆钟麟闻而伤之，捐俸具棺，始获襄事，皆颙不能治生之所致也。使彼时稍有意外之遇，颙当如毛义[2]之捧檄而喜。颙母之苦，岂遂如此其凄惨！颙风木之憾[3]，岂遂永抱于终天！今九原[4]不可作矣。昔贤有言："祭之丰，不如养之薄也；杀牛而祭，不若鸡豚之逮亲存也。"颙每念及此，未尝不涕泣自伤。今养不逮亲，不孝之罪，终身莫赎！今上方以孝治天下，岂可使不孝之人妄膺特典，以玷今上之化理耶？昔朱百年[5]之母以冬月亡，亡之时身无绵衣，百年每以为痛，遂终身不复衣绵。孙倅[6]早孤，事母，志于禄养未遂。及母病革，自誓终身不仕。后客江淮间，刘敞[7]知扬州，特疏荐闻，召之不赴。既而，沈遘[8]、王陶[9]、韩维[10]又连荐之，诏地方起送，终不赴。当时朝廷亦怜其情而曲全之，史策至今传为美谈。颙虽无二子之孝，而心则二子之心。今日之事，颙母既不及见，颙亦何忍远离坟墓，独冒其荣？此其不敢二也。

【注释】

【1】坎壈：困顿。

【2】毛义：东汉庐江（今安徽庐江县）人，家贫而有孝行。朝廷曾檄召毛义为安阳令，毛义为了侍奉其母，高兴地接受了檄文，但在其母去世后，便辞官不仕。传见《后汉书》卷三九《刘平等传序》。

【3】风木之憾:喻指因父母亡故,不及侍养的遗憾。

【4】九原:原指春秋时晋国卿大夫的墓地,后泛指墓地、九泉、黄泉等。

【5】朱百年:南朝宋隐士,会稽山阴(今浙江绍兴)人。朱百年少有高情,侍亲至孝,亲亡服阕,携妻孔氏入会稽南山,以伐樵采箬为业。传见《南史》卷七五《隐逸传》。

【6】孙侔:字少述,北宋吴兴(今浙江湖州)人。孙侔早孤,事母尽孝,屡举进士不中。母卒后,誓绝仕进,客居江淮间;且屡被推荐为官,辞而不就。传见《宋史》卷四五八《隐逸传》。

【7】刘敞:字原父,北宋临江新喻(今江西新余)人。北宋史学家、经学家,著有《公是集》等。传见《宋史》卷三一九《刘敞传》。

【8】沈遘:字文通,北宋钱塘(今浙江杭州)人。以文学致身,而长于治才,著有《西溪集》等。传见《宋史》卷三三一《沈遘传》。

【9】王陶:字乐道,北宋京兆万年(今陕西西安)人。传见《宋史》卷三二九《王陶传》。

【10】韩维:字持国,北宋颍昌(今河南许昌)人。著有《南阳集》。传见《宋史》卷三一五《韩维传》。

先儒谓:"士人之辞受出处,非独其一身之事而已。其出处之得失,乃关风俗之盛衰,故尤不可以不审也。"今既以颙为隐逸矣,若以隐而叨荣,则是美官要职可以隐而坐致也,开天下以饰伪之端。其不得志于科目者,必将退而外假高尚之名,内济梯荣之实,人人争以终南作捷径矣[1]。颙虽不肖,实不忍以身作俑,使风俗由颙而坏。此其不敢三也。

【注释】

【1】终南作捷径:比喻追求迁升、名利等最近便的路径。语出《新唐书》卷一二三《卢藏用传》:"司马承祯尝召至阙下,将还山,藏用指终南曰:'此中大有嘉处。'承祯徐曰:'以仆视之,仕宦之捷径耳。'"

颙虽病废草野,实荫息今上化育之中,践土食毛,莫非今上之恩。居恒念可以称报于万一者,惟有提撕人心,劝人改过迁善耳。以故谬不自揆[1],逢人开导,人见颙寒素是甘,以为超然于名利之外,多所信向。今若一旦变操,人必以颙平日讲劝,借以为立名之地、媒利[2]之阶,转相嗤鄙,灰其向善之念,将来纵千讲万劝,人亦不复信矣!颙亦何由而借以默赞今上之化育耶?此其不敢四也。

【注释】

【1】自揆:自我估量、自我揣测。
【2】媒利:谋利。

其他曲折,难以遍举。方今高贤大良,济济盈廷,亦何需于颙一人,而使之内违素心,外滋罪戾,恐非所以保全之也。况自古圣帝明王莫不嘉幽隐,奖恬退,故尧舜之于巢许[1],汤武之于随光[2],西汉之于四皓[3],东汉之于严光[4],及周党[5]、徐穉[6],以至宋之陈抟[7]、邵雍[8]、林逋[9]、魏野[10],元之许谦[11]、刘因[12]、杜本[13]、萧㪺[14],皆安车蒲轮,屡征不起,从而褒之,以端风化。盖以其道虽未宏,志不可夺,足以立懦夫之骨,息贪竞之风,所谓以无用为用,乃激励廉耻之一大机也。

【注释】

【1】尧舜之于巢许:唐尧和虞舜,远古部落联盟的首领,古史传说中的圣明君主。巢父和许由,尧舜时期的隐士。尧曾让位于许由,许由告知巢父,巢父劝其隐遁。许由亦以尧让位给自己而感到耳朵受到了污染,故临水洗耳。而巢父则以闻许由为尧所让,以为污,亦临水洗耳。传见《艺文类聚》三十六。
【2】汤武之于随光:商汤与周武王,商朝和周朝的开国君主、古代圣贤君王。卞随和务光:上古时的隐士。相传商汤将讨伐夏桀,曾找卞随商量,卞随拒不回答。汤取得天下后,要把天下让给务光,务光却认为此不合道义,感到耻辱,负石而自沉于庐水。传见《庄子·让王》《史记·伯夷列传》等。
【3】四皓:秦末汉初隐居商山的东园公、甪里先生、绮里季、夏黄公四位修道隐士。事见《史记》五十五《留侯世家》。四人须眉皆白,故称商山四皓。汉高祖刘邦曾召见,不应。
【4】严光:字子陵,一名遵,会稽余姚(今浙江余姚)人。东汉著名隐士。严光少有高名,与光武帝刘秀交游同学。刘秀即位后,严光即变更姓名,隐身不见。传见《后汉书》卷八三《逸民传》。
【5】周党:字伯况,太原广武(今山西代县)人。东汉著名隐士。周党不满于王莽篡政造成的社会动荡,托疾闭门不出。东汉建立后,光武帝刘秀曾征召其为朝廷议郎,但不久便以病去职。后又被征召,坚决辞拒。传见《后汉书》卷八三《逸民传》。
【6】徐穉:字孺子,东汉豫章南昌(今江西南昌)人。徐穉多次被陈蕃、胡广、黄琼等荐举为官,均拒而不仕。传见皇甫谧《高士传》。
【7】陈抟:字图南,自号扶摇子,宋太宗赐号希夷先生,亳州真元(今安徽亳州)人。陈抟以

修道为本,不求禄仕,举进士不第。传见《宋史》卷四五七《隐逸传》。

【8】邵雍:字尧夫,自号安乐先生,北宋著名哲学家。其先范阳人,后又迁徙共城,居住洛阳,遂为河南人。曾屡授官不赴。著有《太极图说》《伊川击壤集》等。传见《宋史》卷四二七《道学传》。

【9】林逋:字君复,谥号"和靖先生",杭州钱塘(今浙江杭州)人。北宋著名的隐逸诗人。长年隐居西湖孤山,终生不仕不娶,惟喜植梅养鹤,自谓"以梅为妻,以鹤为子"。传见《宋史》卷四五七《隐逸传》。

【10】魏野:字仲先,陕州(今河南陕县)人也。北宋隐逸诗人。野嗜吟咏,不求闻达。著有《草堂集》。传见《宋史》卷四五七《隐逸传》。

【11】许谦:字益之,世称"白云先生"。其先京兆(今陕西西安)人,后徙金华(今浙江金华),遂为金华人。元初著名儒家学者。曾受学于金履祥,尽得其奥。教授乡里,不应辟举。传见《元史》卷一八九《儒学传》。

【12】刘因:字梦吉,保定容城(今河北容城)人。元代著名儒家学者。曾应召入朝,后以母病辞官。朝廷再度征召,以病辞绝。传见《元史》卷一七一《刘因传》。

【13】杜本:字伯原,其先居京兆,后徙天台,再徙临江之清江,遂为清江人,世称清碧先生。元代著名儒家学者。曾被召至京师,未几归隐武夷山中。后元文宗即位,又加以征召,不应征。传见《元史》卷一九九《隐逸传》。

【14】萧𣂏:字维斗。奉元(今陕西西安)人。元代著名的关学学者。萧𣂏长期讲学关中,屡辞推荐。传见《元史》卷一八九《儒学传》。

颙昏愚庸陋,懿修固不敢望古人;而绝迹纷华,亦不敢自外于古人。若隐居复出,杜门复开,是负朝廷之深知,翻辱阐幽之盛举,则其为罪大矣!且今上方比隆三五[1],超越百王,岂可使盛世无一石隐以昭风厉乎?颙是以反覆思维,沥血剖心,不厌谆恳之渎,非直为身谋,实所以为国谋也。伏望执事矜颙之苦衷,谅颙之非矫,俯赐保全,力为转覆,则曲成之仁,贤于推毂[2];而颙之顶戴洪慈,更万万矣!

【注释】

【1】比隆三五:与三皇五帝等同。
【2】推毂:推车前进义。喻指推荐人才。

品 读

《与当事论出处》撰写于清康熙十二年(1673)。康熙前期,清廷统治根基尚未牢固,许多明朝遗民仍对清廷抱着不合作的态度。康熙皇帝也清醒地认识到这一点,为了笼络汉族士人、广布德泽,屡令官员推荐硕学鸿儒入仕,从而达到收拢人心、为己所用的目的。在康熙八年(1669),清廷曾诏访隐逸,是时陕西巡抚白清额"闻先生(二曲)名,欲特疏荐扬"。二曲为此致书于好友骆钟麟,托其从中力回旋而未被上报。康熙十二年(1673),清廷再次诏访,陕西总督鄂善与巡抚阿席熙联名推荐二曲,云其为"一代真儒,三秦佳士。学术经济,实旷世之遗才;道德文章,洵盛朝之伟器。负姿英特,操履醇良,环堵萧然。一编闲适,经百折而不回,历千迍而愈励;刊行绪论,咸洞源达本之谈;教授生徒,悉明体适用之务。远宗孔孟,近绍程朱。"(《历年纪略》"康熙十二年"条)二曲得知此事后,先后数次去信与鄂善辞谢。诸如,信中云"自拜辞抵家,即染寒疾,历久不瘥,遂至右足不仁,艰于步履。夫荐贤者,国家之大典,岂容以废疾之人,滥膺宸命哉?况今接对宾客,皆倚杖而行,犹或颠踬,其必不能舞蹈丹墀也,不待问而可知矣。伏乞明公格外施仁,代为题覆,使病废之人,得以终安畎亩,则始之终之,其恩皆出于明公矣","况仆草野愚蒙,本无学术;即使之应对殿廷,亦且言无伦次,群起而非之,殆不可以屈指计矣!"(《上鄂制台》)二曲以身患风寒,久未瘥愈,以致右脚麻痹,行走艰难,以及本无学术,不堪应对殿廷等理由拒绝推荐,坚决请求鄂善代为回绝。《与当事论出处》文,亦是撰写于此时。

在该文中,二曲又补充了四条辞征理由,即:一是认为自己是徒有虚名,并无实学,不足以征荐。二是自幼丧父,与母亲相依为命,且其母于寒苦中去世,自己应征而享受荣华,有悖孝道。三是自己已被世人视为隐逸之人,若以隐逸之名而谋官,则助长饰伪之风,引领风俗败坏;四是自己长期在民间讲学劝善,有助于社会道德风化。此外,二曲又遍举古代圣贤君王体贴隐逸,嘉奖恬退的典型例子,期以说明朝廷保全遗民隐逸志向,有助于平息贪竞、激励廉耻、端正风化等。值得注意处,有二:

一是在上述四条理由中,最具说服力的当是第二条"养亲"与"事君"问题。从传统儒家治理思想来看,"孝"与"忠"是对士人伦常的道德要求,"事父母能竭其力"方能"事君能致其身",事君则是养亲的延续,故以孝为先不仅是清廷教化治理的重要内容,也成为明遗民拒绝征荐的共同诉求。诸如,二曲友人李因笃虽被迫应征,但坚持上疏陈情,乞归养亲,情词恳恻,最终获得康熙同意。

二是出处涉及安身立命问题。据史料记载,二曲在撰写《与当事论出处》前曾到华阴与好友王弘撰"论为学出处"五日。(《砥斋集》卷5《刘四冲传》)可见,作为明遗民的二曲,不愿在个人出处问题上丧失志节,这也是明末清初诸多遗民学者共同面对的安身立命的问题。对于坚守志节的明遗民们来说,早已不存在外在的出仕途径,但他们往往又不能做出愚忠愚信的誓死报效亡明的行为,因此可做的或隐逸守志,以儒家君子自处;或以讲学为己任,延续文化命脉,期以达到个体安身立命的目的。二曲也不例外。

概言之,《与当事论出处》展现了二曲对征荐的无奈和选择,这也是清初遗民行为的重要缩影。但无法回避的是,作为渺小的遗民个体在清廷官吏各种逼挟手段的强迫之下,意志薄弱者往往无法持节守志。从这个方面讲,二曲最终得以全节,乃在于其坚韧卓绝的意志,而非其各类辞征理由。

匡时要务

　　大丈夫无心于斯世则已,苟有心斯世,须从大根本、大肯綮[1]处下手,则事半而功倍,不劳而易举。夫天下之大根本,莫过于人心;天下之大肯綮,莫过于提醒天下之人心。然欲醒人心,惟在明学术,此在今日为匡时[2]第一。谨次其概,以俟有心斯世者鉴焉。

【注释】

　　[1]肯綮:指筋骨结合的地方。比喻要害或关键处。
　　[2]匡时:匡正时世,挽救时局。

　　经书垂训[1],所以维持人心也;学校之设,所以联群会讲,切劘[2]人心也。自陵夷[3],父兄之所督、师友之所导、当事之所鼓舞、子弟之所习尚,举不越乎词章[4]名利;此外,茫不知学校为何设?读书为何事?呜呼!学术之晦,至是而极矣;人心陷溺之深,至今日而不忍言矣。昔墨氏之学[5],志于仁者也,视天下为一家、万物为一体,慈悯利济,唯恐一夫失所。杨氏之学[6],志于义者也,一介不取、一介不与;从其学者,人人一介不取、一介不与。此其为学,视后世词章、名利之习,相去何啻天渊!孟子犹以为"爱无差等"、"理乱不关",辞而辟之,至目为"无父无君",比之"洪水猛兽",盖虑其以学术杀天下后世也。夫以履仁蹈义[7]为事,其源少偏,犹不能无弊。矧[8]所习惟在于词章,所志惟在于名利,其源已非,流弊又何所底止?此其以学术杀天下后世尤酷!比之"洪水猛兽",尤为何如也?

【注释】

【1】垂训:垂示教训。
【2】切劘:切磋相正。
【3】陵夷:衰落、衰败。
【4】词章:同"辞章"。诗文的总称。
【5】墨氏之学:墨子的学说。墨子,名翟,战国初期著名的思想家,墨家学派的创始人。提出"兼爱""非攻""尚贤""尚同""天志""明鬼""非命""非乐""节葬""节用"等观点。
【6】杨氏之学:杨朱的学说。杨朱为战国初期著名的思想家。主张"贵己""重生""人人不损一毫,人人不利天下,天下治矣"等思想。
【7】履仁蹈义:履、蹈,执行义。指实行仁义之道。
【8】矧:况且。

洪水猛兽,其为害也,止于其身。学术不明,其为害也,根于其心。身害人犹易避,心害则醉生梦死,不自知觉,发政[1]害事,为患无穷,是心害酷于身害万万也!非大有为之君子,以担当世道、主持名教[2]为己任,则学术何自而明?心害何自而拯?

【注释】

【1】发政:发布政令,施行政治措施。
【2】名教:指以儒家定名分与伦常道德为准则的礼法教化制度。

天下之治乱,由人心之邪正;人心之邪正,由学术之明晦;学术之明晦,由当事之好尚:所好在正学[1]则正学明,正学明则人心正,人心正则治化淳;所好在词章则正学晦,正学晦则人心不正,人心不正则治化不兴。盖上之所好,下即成俗;感应之机,捷于影响。

【注释】

【1】正学:合乎正道的学说,喻指儒学。

近世士大夫,欲兴起文教,命题课士,名曰"观风",此其举非不称美。若论有补于风化,则犹未也。善乎!吕中丞新吾[1]之言曰:"有司[2]岂无所汲汲皇皇[3],而学校独不加意;有加意者,不过会课[4]、改文、供馔[5]、给赏而已。砥德砺行,引而出之迷途,则全不在念。"噫!弊也久矣。

【注释】

【1】吕中丞新吾:吕坤,字叔简,号新吾,河南宁陵(今河南商丘)人。明代著名的思想家、政治家。著有《呻吟语》《实政录》《四礼疑》等。传见《明史》卷二二六《吕坤传》。
【2】有司:主管某部门的官吏。
【3】汲汲皇皇:急切匆忙。
【4】会课:古代考核官吏成绩或学校考课。
【5】供馔:陈设祭祀食品。

民之于仁,甚于水火。人或可以一日无水火,必不可一日无学;不可一日无学,则不可一日不讲。讲则人知所向,日淘月汰,天理常存,而人心不死;不讲则贸贸焉[1]莫知所之,率意冥行[2],不免任气滋欲,随俗驰逐而已。

【注释】

【1】贸贸焉:昏庸糊涂。
【2】冥行:盲目行事。

立人达人,全在讲学;移风易俗,全在讲学;拨乱返治,全在讲学;旋乾转坤[1],全在讲学。为上为德,为下为民,莫不由此。此生人之命脉、宇宙之元气,不可一日息焉者也。息则元气索,而生机漓矣!

【注释】

【1】旋乾转坤:比喻从根本上改变社会面貌或已成的局面。

随人开发,转相觉导,由一人以至千万人,由一方以至多方,使生机在在流贯,此便是"为天地立心,为生民立命"[1]。

【注释】

【1】为天地立心,为生民立命:张载语。较早见于文天祥《文文山集》卷上《对策》所援引:"圣人出而为天地立心、为生民立命、为往圣继绝学、为万世开太平、亦不过以一不息之心充之。"

真正豪杰,方能无待而兴,其余则全赖有位之人,劳来匡直,多方鼓舞。阳明先生[1]自为驿丞,以至宰庐陵,抚江西,总督四省,所在以讲学为务,挺身号召,远迩云从。当秉钺[2]临戎,而犹讲筵[3]大启,指挥军令,与弟子答问齐宣[4],直指人心一念独知[5]之微,以为是王霸[6]、义利、人鬼关也,闻者莫不戚戚然[7]有动于中。是时,士习蔑[8]裂于辞章记诵,安以为学。自先生倡,而天下始知立本于求心,始信人性之皆善,而尧舜之皆可为也。于是,雨化风行,云蒸豹变,一时学术,如日中天。

【注释】

【1】阳明先生:王守仁,字伯安,自号阳明子、阳明山人,世称阳明先生,浙江余姚人。明代著名的哲学家,阳明心学的创始人。著有《传习录》《阳明先生文录》等。传见《明史》卷一九五《王守仁传》。
【2】秉钺:持斧。借指掌握兵权。
【3】讲筵:讲经、讲学的处所。

【4】齐宣：指《孟子·梁惠王章句下》中《齐宣王见孟子》文。齐宣王为战国齐国国君。该文主要讲述孟子向齐宣王阐述如何实施仁政，更好地治理国家的故事。

【5】独知：良知，即人们先天具有的道德观念和道德意识。

【6】王霸：王道与霸道。在儒家学者看来，王道主张实施仁政，霸道主张武力征伐。

【7】戚戚然：忧惧的样子。

【8】蔑：轻视。

少墟先生[1]协理院事，与掌院南皋邹公[2]立会开讲。十三道御史为辟首善书院，以定会期：二八则都中缙绅听讲，四六则举贡生员及军、民、工、商一切杂色人等听讲。是时，边警告急，贼寇纵横，中外交讧，人情震动。或曰："此何时也而讲学？"先生曰："此何时也而可不讲学？讲学者，正讲明其父子君臣之义，提醒其忠君爱国之心，正今日要紧第一着也。"或曰："父子君臣之义，忠君爱国之心，原是人人有的，何必讲？"曰："如是人人没有的，真不该讲，如磨砖求明，磨之何益？如原是人人有的，只被功名势利埋没了，岂可不讲？讲之者，只讲明其所本有，提醒其所本有者也，如磨镜求明，磨何可无。昔吾友陶石篑[3]赴京，一客劝曰：'在仕途且勿讲学。'石篑笑应曰：'仕途更急紧要学使用。'其客大为解颐[4]，余于今日亦云。"

【注释】

【1】少墟先生：冯从吾，字仲好，号少墟，陕西长安(今陕西西安)人。明代著名的思想家，关学杰出代表学者。著有《冯少墟集》。传见《明史》卷二四三《冯从吾传》。

【2】南皋邹公：邹元标，字尔瞻，江西吉水人。明代著名的思想家，东林党首领之一。著有《愿学集》《太平山居疏稿》等。传见《明史》卷二四三《邹元标传》。

【3】陶石篑：陶望龄，字周望，号石篑，浙江会稽(今浙江绍兴)人。明代思想家。著有《歇庵集》《解庄》等。传见《明史》卷二一六《陶望龄传》。

【4】解颐：开颜欢笑。

先生尝上疏于朝曰："窃惟世道之所以常治而不乱者，惟恃有此理学[1]之一脉，亦惟恃有此讲学之一事。讲学创自孔子，而盛于孟子，故孟子以作春秋、辟杨墨[2]为一治。至孟子没，而异端蜂起，列国纷争，祸乱相寻，千有余年,良可浩叹! 至宋儒出,而始有以接孟氏之传,然中兴于宋而禁于宋。是宋之不竞,以禁讲之故,非讲之故也。"

【注释】

【1】理学:宋元明清时期占主流地位的儒家哲学思想,创始于周敦颐、邵雍、张载、程颢、程颐,以天道(天理)、心性为重要哲学范畴,探讨宇宙、人生的根本问题。

【2】杨墨:战国时期的思想家杨朱与墨子。

又疏曰:"臣幼承庭训,即知有讲学一事;比壮岁登朝,即与一时同志如杨起元[1]、孟化鲤[2]、陶望龄诸臣立会讲学。三四年间,寒暑风雨,未尝少辍,世道人心,颇觉可观。自臣壬辰告病归,而京师[3]学会遂废,不讲者三十年。臣昨秋入京,见人心世道,不及曩者:边臣不知忠义,而争先逃走;妖贼不知正道,而大肆猖獗;中外贪肆成风,缙绅奔竞成俗。诸如此类,正坐道学[4]不讲之过。臣因与左都御史邹元标立会讲学,凡同讲诸臣,彼此皆以忠孝大义相劝勉,使人人皆知正道,皆知君亲之大伦,或可以少挽江河狂澜于万一,此正臣与元标风纪大臣之责任也。"

【注释】

【1】杨起元:字贞复,号复所,广东归善(今广东惠阳)人。明代著名的思想家、阳明后学学者。著有《证学篇》《论学存笥稿》等。传见《明史》卷二八三《王畿传》附传。

【2】孟化鲤:字叔龙,号云浦,河南新安人。明代思想家、阳明后学学者。著有《尊闻录》《孟化鲤文集》等。传见《明史》卷二八三《孟化鲤传》。

【3】京师:今北京。

【4】道学:宋明理学的别称,主要见于宋理宗之前,其后逐渐改称为"理学"。

嘉、隆[1]时,江左徽宁[2]之间,经学宪耿天台[3]之倡率,郡守罗近溪[4]之提撕,讲会尤多,兴起尤众。不特缙绅衿士能领略其微诠,而风声鼓舞,习尚蒸陶;即他途小道,亦皆有浑朴不雕之风。似从学问中来,盖俱以无意得之而不知所由。异哉！讲学之风，入人甚神也。假若诸郡邑在在讲贯，在在提撕，大知觉小知，小知觉无知，大觉觉小觉，小觉觉无觉，相与知觉者益众，则人之承流感化者愈多。是故人欲化为天理，则身心太平；小人化为君子，则世运太平。人皆可以为尧舜，世岂不可以为唐虞[5]？昔罗近溪以外吏入觐[6]，遇缙绅，即谆谆告以留意正学，又数劝首揆徐文贞公[7]曰："相公当启主上以正学为务，奈何仅循内阁故事，以塞其职耶？"徐公大以为然，出而叹曰："诸君讲学，只三五巷谈，不足风世。得君相同心斯事，则寰宇受其福矣。"至哉，言乎！仁哉，心乎！此近溪先生之所以为近溪先生也。倘仁人君子以近溪之心为心、近溪之言为言，与当事会晤，非此学不谈，非此学不讲，俾当事晓然知讲学之风所关甚大，倡率鼓舞，极力主张，裨益岂浅鲜哉！

【注释】

【1】嘉、隆：嘉靖和隆庆。嘉靖（1522—1566）为明世宗朱厚熜的年号，隆庆（1567—1572）为明穆宗朱载垕的年号。

【2】徽宁：安徽与南京。

【3】耿天台：耿定向，字在伦，又字子衡，号楚侗，世称天台先生，湖广黄州（今湖北黄州）人。明代著名的思想家、阳明后学学者。著有《耿子庸言》《耿天台文集》等。传见《明史》明史卷二二一《耿定向传》。

【4】罗近溪：罗汝芳，字惟德，号近溪，江西建昌南城（今江西南昌）人。明代著名的思想家、阳明后学学者。著有《一贯篇》《近溪子明道录》等。传见《明史》卷二八三《王畿传》附传。

【5】唐虞：唐尧与虞舜的并称。

【6】入觐：指地方官员入朝进见帝王。

【7】徐文贞公：徐阶，字子升，号少湖，松江华亭（今隶属上海）人。明代著名的政治家，曾在嘉靖后期至隆庆初年担任内阁首辅。著有《世经堂集》《少湖文集》等。传见《明史》卷二一三《徐阶传》。

品　读

《匡时要务》撰于康熙九年（1670）十二月。是时二曲接受时任常州知府的骆钟麟的邀请，赴江南讲学。在二曲讲学期间，骆氏于政暇之际，不时参与听讲,亲自记录了二曲口授的《匡时要务》。骆氏为该文做序,其中云:"先生甫弱冠,即以康济为心,尝著《帝学宏纲》《经筵僭拟》《经世蠡测》《时务急著》诸书。其中天德王道,悲天悯人,凡政体所关,靡不规画。既而,雅意林泉,无复世念,原稿尽付'祖龙',绝口不道;惟阐明学术,救正人心是务。"可见,二曲提出"阐明学术,救正人心"的匡时救世思想是其长期认识发展的结果。二曲早年著有《帝学宏纲》《经筵僭拟》《经世蠡测》《时务急著》等书,就书名看,诸书乃是从"帝学""经筵""时务""政体"的角度阐述治国思想与策略。为何二曲撰述诸书,作为二曲通家兄弟的刘宗泗曾揭示了其中原因:"先生少时慕程伊川上书阙下,邵尧夫慷慨功名,遂有康济斯世之志。"程颐"年十八,上书阙下,欲天子黜世俗之论,以王道为心"(《宋史·程颐传》),"劝仁宗以王道为心,生灵为念,黜世俗之论,期非常之功"(朱熹《伊川先生年谱》)。而邵雍"少时,自雄其才,慷慨欲树功名。于书无所不读,始为学,即坚苦刻厉,寒不炉,暑不扇,夜不就席者数年"(《宋史·邵雍传》)。可见,二曲以"帝学""经筵",甚至以"经世""时务"为书名,不仅包含效法程颐、邵雍等先儒为经世致用之学,亦包含其对社会政治的看法。或许从明亡的教训中,二曲看到君主的清明与否关系到国家安危、社会安泰,故形成撰述诸书的动力。

但是,后来二曲为学的开始了转向,力倡"明体适用""体用全学"的实学,即所谓"明道存心以为体,经世宰物以为用,则'体'为真体,'用'为真用。……苟内不足以明道存心,外不足以经世宰物,则'体'为虚体,'用'为无用"(《二曲集·答顾宁人先生》)。"道德而不见之经济,则有体无用,迂阔而远于事情;经济而不本于道德,则有用无体,苟且而杂乎功利:各居一偏,终非全儒"(《四书反身录·论语上》)。二曲认为,明道存心之道德为"体"与经世宰物之经济为"用",二者相得益彰,便是真体真用;而一味关注道德而忽略经济则是"有体无用",或一味关注经济而忽略道德则是"有用无体",各沦为一偏,非全儒所为。可见,二曲认为的全儒、真儒当具备"明体适用""全体大用"的修为与实践。换句话说,道德修养与经世致用的实践应当具有一致性,内圣与外王应当融为一体。据此,二曲焚毁了上述不能立足于心性道德本体片面追求外在功用的诸书,并形成"醒人心,惟在明学术"的匡时思想。

事实上,在康熙九年(1670)春天时二曲就提出了这一思想,数月后撰写的《匡时要务》文则是对这一思想的系统阐发。据史料记载,是年春天,二曲曾深感时务的纷乱,对友人谈起了治乱、人心与学术三者关系时,云:"治乱生于人心,人心不正,则致治无由;学术不明,则人心不正。故今日急务,莫先于明学术,以提醒天下之人心。"(《二曲集·历年纪略》)二曲认为,天下治乱的根由在于人心的邪正与否,而提倡学术的目的就是要提醒天下之人心,使其去邪归正。正是基于这样的看法,二曲自此之后拒防虚谈经济之事,所谈论者无非为己的匡时之学。因此,在二曲这次江南讲学中,自然而然地明确提出匡时第一要务在于昌明学术,救治人心,移风易俗。即其在《匡时要务》中疾呼:"天下之治乱,由人心之邪正;人心之邪正,由学术之明晦;学术之明晦,由当事之好尚:所好在正学则正学明,正学明则人心正,人心正则治化淳;所好在词章则正学晦,正学晦则人心不正,人心不正则治化不兴。"如何正人心,明学术?二曲进一步认为其途径在于讲学,即所谓"立人达人,全在讲学;移风易俗,全在讲学;拨乱返治,全在讲学;旋乾转坤,全在讲学"。而讲学的主体,二曲认为应是"有为之君子""真正豪杰""有位之人""风纪大臣"等,他们能"以担当世道、主持名教为己任",故其备列吕坤、王阳明、冯从吾、邹元标、陶望龄、杨起元、孟化鲤、耿定向、罗汝芳等前贤讲学事例或言论,以彰明学术,提醒人心,启迪风教。

事实上,二曲上述看法在当时是非常有卓见的。基于明清易代,许多思想家大谈特谈经济之学,大谈如何去重视事功,离开事功就是无用之学,但是真正有系统理论支撑者则寥寥无几。即便像颜元那样的大学者虽然也常常将先秦儒家的一些德目挂在口边,但又不去从根源上、从心灵深处去把握先秦以来,尤其在宋明儒家学者那里挺立出的德性生命。二曲则不同,而是将拯救人心、安顿身心作为社会治乱的根源,这是从内在根源处把握住了时代病症。如果人心正了、身心安顿了,一切的外在事功、外在德目也自然会成就,社会也自然会安定。可见,二曲为世人寻找到一剂身心安顿的良方,这也是其以讲学匡时的目的所在。

(撰稿:张波)

李 柏

　　李柏(1630—1700)，字雪木，本名如泌，自号白山逸人，晚号太白山人，陕西眉县人。清初关学大儒，与李颙(号二曲)、李因笃(号天生)齐名，被并誉为"关中三李"。李柏出生于明崇祯三年(1630)。李柏九岁时，父亡。李柏事母至孝，且少负才气，往往吐语惊人。清顺治三年(1646)，偶阅《小学》，受古贤嘉言懿行的启发，焚去案头时文，不愿习制科举文章，并说"愿学古人，虽死不悔"。顺治十年(1653)，迫于母命，应童试，补博士弟子员。是时陕西学使田心耕擅改其名"如泌"为"如密"，意取唐代李密之名。李柏不耻于李密在《陈情表》中视故国蜀汉为"伪朝"，薄其不忠，易名为"柏"，子雪木。康熙十六年(1677)，时逢清廷延举贡生入太学，李柏怆然说："前为吾师吾母应此役，今岁且近暮，及还故家，犹以为迟，尚又奚恋耶？"遂辞谢不就。此后数十年李柏隐居家乡，潜心理学，博采诸子百家。虽然世逢"兵盗赋役，旁午萧条，四壁饥寒"，"尝一日两粥，或半月无盐"；但是李柏"性能安贫，且好读书，好与客谈山林，好看剑，好吟诗作文，好蒲团静坐，好临水把钓，故终日乐有余，而未尝有戚戚不足之意"，"尝往来太白山中数十年，卧明月，嚼冰雪，读书乐道，屏绝荣利"。又以孔颜为榜样，"蔬菜曲肱，乐在其中，箪食瓢饮不改其乐"；以山中景物为性情依傍，"渔樵以我为师，猿鹿以我为友，清风以我为故交，明月以我为知己，此山家之荣于某，足矣！"且时或出游，饱览各地名胜，交游名流佳士。李柏的足迹广涉陕西眉县、周至、长安、岐山、凤翔、武功、商县、耀县、蓝田、沔(勉)县、汉中、城固、洋县、褒城等地；甚至在康熙二十九年(1690)，六十一岁的李柏，还应好友茹紫庭的邀请，南游汉阳、江夏、洞庭、长沙、衡山、隆中、苍梧、南浦、下邳、商山、襄阳、函谷关等地。李柏所交往之人多是当时名流,除李颙、李因笃外,尚有焦卧云、茹紫庭、禅师憨休、道长任长年、冯海鲲、赵静斋等人,以至时人以与其交友为尚,并论其以"高风逸韵,风动关中",往往使"贤守宰往往折节交下风"。康熙三十七年(1698),李柏应耀州刺史李铨的延请,课教其子于州药王洞。次年以酒醉坠床,病归眉县故里。康熙三十九年(1700),李柏去世,时年七十一岁。

李柏最以诗文显赫于世,其诗"率出自胸臆,不蹈袭前人""声韵与彭泽相近";其文"独出机柚,自成一家"。其哲学思想注重阐述儒释道三教合一,提出"教有三而天则一阳""三教圣人皆以空为欂栌""教有三种,道归一致"等三教论观点,试图从天道本体、圣人观、存心治化等方面融会三教。

李柏的著作主要有《槲叶集》5卷、《南游草》1卷等。此处选文出自《槲叶集》。

花之圣人

周茂叔[1]曰:"菊,花之隐逸者也;莲,花之君子者也;牡丹,花之富贵者也。"渊明[2]爱菊,茂叔爱莲,世人多爱牡丹。李子曰:吾不敢谓牡丹不如菊、莲,即以富贵、隐逸,君子辨之。孔子[3]曰:"不义而富且贵,于我如浮云。"向子平[4]曰:"吾已知富不如贫,贵不如贱。"鲁仲连[5]曰:"与其富贵而屈于人,宁贫贱而轻世肆志焉。"李太白[6]曰:"功名富贵若长在,汉水亦应西北流。"李峤[7]曰:"富贵荣华有几时,山川满目泪沾衣。"方蛟峰[8]曰:"富莫富于蓄道德,贵莫贵于为圣贤。"由此观之,牡丹之富贵安恃乎?世人爱富贵,于花之富贵者多爱之。惟学道之士,不以彼易此,故陶爱菊而周爱莲也。然则爱梅者何人乎?林和靖[9]、张功甫[10]、高太素[11]、宋广平[12]、田丰[13]之徒皆爱梅者也,犹未至也。

【注释】

【1】周茂叔:周敦颐,字茂叔,原名敦实,避宋英宗赵曙旧讳(宗实)改,道州营道(今属湖南道县)人。北宋著名儒家学者,世称濂溪先生。与邵雍、张载、程颢、程颐并称为"北宋五子"。

著有《通书》《太极图说》等。其散文《爱莲说》,推崇莲之高洁品性。传见《宋史》四二七《道学传》。

【2】渊明:陶潜,字渊明,又字元亮,自号"五柳先生",江州浔阳郡(今江西九江)人。东晋著名田园诗人、文学家。曾为州祭酒、镇军、建威参军、彭泽令等,但不堪吏职,解归隐居。著有《归园田居》《桃花源记》等。传见《晋书》卷四九《隐逸传》。

【3】孔子:名丘,字仲尼,鲁国陬邑(今山东曲阜)人。春秋末期著名的思想家、教育家,儒家学派的创始人。传见《史记》卷四七《孔子世家》。

【4】向子平:名长,字子平,河内朝歌(今河南鹤壁)人。隐居不仕,性尚中和,好通《老》《易》。王莽时大司空王邑欲荐其于莽,辞而拒之。传见《后汉书》卷八三《逸民传》。

【5】鲁仲连:战国时齐国人。长于谋略,曾游历赵国,劝说魏国使臣辛垣衍放弃劝赵帝秦,助解邯郸之围。且坚持高节,不肯接受赵国任职请求。传见《史记》卷八三《鲁仲连传》。

【6】李太白:名白,字太白,号青莲居士,又号"谪仙人"。唐代伟大的浪漫主义诗人,被后世誉为"诗仙",与杜甫并称为"李杜"。有逸才,志气宏放,有超世之志。传见《旧唐书》卷一九〇下《文苑传》。

【7】李峤:字巨山,赵州赞皇(今河北赞皇县)人。唐代著名文学家,曾为武则天时期的宰相,与苏味道并称"苏李",又与苏味道、杜审言、崔融合称"文章四友"。传见《旧唐书》卷九四《李峤传》。

【8】方蛟峰:名逢辰,原名梦魁,字君锡,号蛟峰,学者称为蛟峰先生。淳安(今浙江省杭州市辖县)人。南宋文学家、理学家。曾累官至吏部尚书。宋亡后,隐居讲学。元世祖屡召,皆不赴。著有《蛟峰文集》《名物蒙求》等。传见陆心源《宋史翼》卷十七《方逢辰传》。

【9】林和靖:名逋,字君复,谥号和靖先生,杭州钱塘(今浙江杭州)人。北宋著名隐逸诗人。长年隐居西湖孤山,终生不仕不娶,惟喜植梅养鹤,自谓"以梅为妻,以鹤为子"。传见《宋史》卷四五七《隐逸传》。

【10】张功甫:名鎡,字功甫,原字时可,号约斋。因慕郭功甫,故易字功甫。南宋平江府(治今江苏苏州)人,祖籍秦州成纪(今甘肃天水),徙居临安(今浙江杭州)南湖。南宋诗人。著有《南湖集》《仕学规范》等。传见周密《齐东野语》卷二十、《武林旧事》卷十等。

【11】高太素:唐代隐士。曾在山巅结庵养性。宋陶谷《清异录·天文·润骨丹》载:"开元时,高太素隐商山,起六逍遥馆:晴夏晚云,中秋午月,冬日方出,春雪未融,署簟清风,夜阶急雨,各制一铭。"

【12】宋广平:名璟,字广平,邢州南和(今属河北邢台)人,其先徙自广平。唐朝名相。耿介有大节,因刚正不阿著称于世。传见《旧唐书》卷九六《宋璟传》。

【13】田丰:字元皓,钜鹿(今河北巨鹿)人,一说渤海人。东汉末年袁绍部下谋臣,官至冀州别驾。为人刚直,因谏阻袁绍征伐曹操而被袁绍监禁。官渡之战后,被袁绍杀害。事见《后汉书》卷七四上《袁绍传》。

李子曰:梅,花之圣人者也。或曰:"爱菊方以隐逸,爱莲比之君子,可谓至也。子以梅为圣人,过矣。"李子曰:予盖愧天下之名园胜圃,万花烂熳,逞艳斗媚,一旦时移运去,夏日烈,斯凋残矣。秋风起,斯摇落矣。惟梅也,万国飞霜,而独傲霜。四海雨雪,而独凌雪,将向之所谓烨烨灼灼[1]欣欣向荣者,即一叶不保,而梅独喷香舒英于冰霰凛冽之际,骨何劲而质何刚!孟子[2]所谓浩然之气[3]也。譬诸忠臣义士,则西蜀之任永[4],东海之仲连[5]也。拟之节妇烈女,则令女[6]之孤贞,陶婴[7]之高洁也。彼以为清友、奇友、世外佳人、坠楼绿珠[8],皆唐突慢侮,不知梅者也。昔武王[9]克商,天下诸侯朝周者八百国,伯夷[10]独歌《采薇》[11]。孔子以为古贤人,孟子以为圣之清。梅之清,夷之清也。何也?天下皆冬,而梅无冬。与天下皆周而夷无周,同一清也。清之至,圣人之道也。故曰:"梅,花之圣人者也。"以视隐逸之菊,君子之莲,又近而上之矣。若夫牡丹富贵,世人固多爱者,君子则存而不论也。

【注释】

【1】烨烨灼灼:明亮灿烂。

【2】孟子:名轲,邹国(今山东邹城)人。战国时期著名的哲学家、教育家,儒家学派的代表人物之一,与孔子并称"孔孟"。传见《史记》卷七四《孟子荀卿列传》。

【3】浩然之气:在义与道加持下培养出的盛大而刚直的精神境界或道德力量。语出《孟子·公孙丑上》:"(孟子)曰:'我知言,我善养吾浩然之气。'(公孙丑问曰):'敢问何谓浩然之气?'曰:'难言也。其为气也,至大至刚,以直养而无害,则塞于天地之间。其为气也,配义与道;无是,馁也。'"

【4】任永:犍为(今四川乐山)人,东汉时期节义之士。东汉初,公孙述称帝于蜀,征命任永,待以高位,但任永以害青盲眼为推托避辞。

【5】仲连:鲁仲连。

【6】令女:夏侯令女。三国魏曹文叔之妻、夏侯文宁之女。在丈夫曹文叔去世后,家人迫其改嫁,令女截耳断鼻,以明心志。事见《三国志·魏书·诸夏侯曹传》裴松之注引皇甫谧《列女传》。

【7】陶婴:春秋时期鲁国陶门之女。其夫早亡,以纺织抚孤。鲁人闻其少美,皆欲求聘之。陶婴闻而作《黄鹄之歌》以明守节之志。传见刘向《列女传》卷四《贞顺传》。

【8】绿珠:东晋石崇的婢子。容貌美艳,善于吹笛,深受石崇的喜爱。时赵王司马伦专权,其党羽孙秀垂涎绿珠,向石崇索求不遂,后领兵围剿石崇,绿珠被迫坠楼而死。事见《晋书》卷三三《石苞传》附传《石崇传》。

【9】武王:周武王姬发,周文王姬昌次子,岐周(今陕西岐山)人。西周王朝的开国君主。传见《史记》卷四《周本纪》。

【10】伯夷:商朝末年孤竹国君之子。在周武王灭商以后,耻食周粟,隐居于首阳山,采薇而食,以致饿死。传见《史记》卷六一《伯夷列传》。

【11】《采薇》:为伯夷饿死于首阳山前所撰,其辞为:"登彼西山兮,采其薇矣。以暴易暴兮,不知其非矣。神农、虞、夏忽焉没兮,我安适归矣?于嗟徂兮,命之衰矣!"事见《史记》卷六一《伯夷列传》。

品 读

《花之圣人》的撰写时间,史无记载。该文以梅为"花之圣人"而言志,可谓李柏性格孤高、持守节义的生平写照。面对明清易代的巨变,李柏选择了归隐山林。贺瑞麟曾以"二曲理学,天生文学,雪木则高隐"论"关中三李"各自突出的特征,并指出三人"成就虽各不同,要其根本之地,未尝不一"。(贺瑞麟《创修李雪木先生祠堂记》)即就李柏生平文字看,其论修德立言处,理学、文学亦皆备。即便如此,在诗文中,李柏更倾向抒发自己隐逸志向。他说:"宇宙事业有两:曰山林,曰庙廊。庙廊非吾事也。"(《寄张素石》)"柏,山林而儒服者。"(《重修大兴善寺大佛殿碑记》)这些言论充分展示了李柏"山林儒者"的形象。"山林儒者"并非一般的隐者,而是兼具隐者和儒者的双重身份及特征,即将隐者的逸情高韵和儒者的贞风亮节融于一身。在世人看来,陶渊明爱菊而周敦颐爱莲,二人均是品行高洁的"学道之士",已经具备超凡的志趣境界。但是,"爱菊方以隐逸,爱莲比之君子",陶渊明的菊花侧重于山林隐者的逸情高韵,并不能充分展现儒者的贞风亮节;同样,周敦颐的莲花侧重于君子儒者的贞风亮节,也不能充分展现隐者的逸情高韵。据此,李柏认为,圣人之梅"视隐逸之菊,君子之莲,又近而上之矣",即以梅为喻,兼备菊、莲之喻,故"梅,花之圣人者也"。析而言之:

首先,梅具有隐者的逸情高韵。即指隐者追求一种清淡的高尚志趣。李柏说:"清之至,圣人之道也。"清是超凡独特的高韵。在该文中,虽然李柏未及深入描绘这种清之高韵,但是他在其他诗文中刻画了"淡"的境界。他说:

"味何淡乎？而人淡也。人何淡乎？而心淡也。故古之儒者，箪瓢陋巷，不改其乐，非淡何以能乐也。……淡之风，清；淡之韵，高；淡之用，简；淡之致，闲；淡之清，静；淡之气，穆；淡之思，定；淡之操，严；淡之行，廉；淡之量，弘。弘则不忮，廉则不贪，严则不滥，定则不扰，穆则不浮，静则不躁，闲则不劳，简则不烦，高则不俗，清则不污。……盖神淡则无往不淡也。万物一淡，景也。万世一淡，时也。天下一淡，局也。淡之德至矣"(《仲贞张公淡园跋》)。甚至，为了深入说明淡，李柏从子思、邵雍、庄子、诸葛亮等人的言论中寻找淡的渊源与内涵。他说："子思曰：君子之道，淡而不厌。诸葛孔明曰：淡薄足以明志。邵康节曰：元酒味方淡。庄子曰：虚静恬淡；又曰：游心于淡之时，义大矣"(《淡园记》)。淡近清，清则淡。清应如淡一样，是李柏所谓的人生"至德"境界。综览全文，李柏论清，无论是风清气正，还是安贫乐道，都要求人们心灵的安逸平静。从心灵出发，李柏将"清""淡"的境界推至到对隐者身份的认定，对天下事世的认识，反映出他对时局的了然和隐逸情怀。

其次，梅具有儒者的贞风亮节。李柏说："天下有道则见，无道则隐；邦有道则仕，邦无道则可卷而怀之。六则因乎时也"(《六则》)。这些言论展现了他对明清易代的体认，也表明作为儒者对自己出处的选择，即顺时而"隐"，"卷而怀之"。但是，儒者的风骨、儒者持守的忠义等伦理纲常、儒者的浩然之气等不能"隐"，不能"卷怀"。梅的"独傲霜"与"独凌雪"，恰恰喻合了儒者的刚劲亮节。因此，在该文中，李柏择选了任永、鲁仲连、夏侯令女、陶婴、伯夷等忠臣义士或节妇烈女来表达儒者应具有的风骨和节义。此外，类似上述人物的管宁、严子陵等也在李柏其他诗文中被反复被歌咏，诸如他说"达其士有事，穷则士有志。大哉管幼安，瞵然以自异"，"天子友布衣，布衣友天子。大哉严子陵，清风长江水"(《尚友》)。显然，在李柏看来，上述人物在历史上均以气节著称，符合他对儒者风骨的认识。

事实上，李柏以梅为"花之圣人"，选择借梅明志，也在情理之中。他在《易名说》中曾介绍自己易名的原因："语曰：求忠臣必于孝子之门。若李密者,固天下后世共称为孝子顺孙者也。密为孝子,忘君事仇,是谓不忠。彼既不忠,安得谓孝？不忠不孝,春秋之所谓乱臣贼子,人人得而诛之者也。而余名如之,言之不顺,称之不美致,远则泥行,近亦碍,故易名曰柏,字雪木。所以如此者,恐天下后世为人臣者,借蹊李密归晋背汉,而犹得以孝子顺孙闻也"(《易名说》)。可见,李柏坚守儒者的风骨和节义,持守儒家的伦理纲常,易名为柏,字雪木,以寒雪中松柏之孤贞来名志。因此,梅、松当是李柏自喻,是其"抱不可一世之概,志洁行芳,皎然绝俗"(王仙洲《重刻〈槲叶集〉》序)的生平写照。同样,"山林儒者"也反映了明清易代之际儒家知识分子对个人出处的一种探索与定位。

(撰稿:张波)

李因笃

李因笃(1631—1692),字天生,更字孔德,又字子德,陕西富平韩家村人。与李颙、李柏号称"关中三李"。与李颙、王弘撰、孙枝蔚号称"关中四君子"。与嘉兴朱彝尊、苏州潘耒、无锡严绳孙并称"四布衣"。

李因笃的生平与思想发展可分为三个阶段。

第一阶段,积累期,崇祯四年(1631)到顺治十五年(1658)。这段时间,李因笃在关中生活,跟着外祖父读书学习,并与关中学者多有交往切磋。李因笃四岁时父亲去世,从小受到母亲田太孺人比较良好的家庭教育。李因笃的父亲李映林,私淑晚明关中大儒冯从吾,尊礼崇德,乡有贤名。李因笃五岁时,母亲携家人避乱到外祖父田时需家,他便开始跟外祖父读经史及唐宋古文。七岁时,母亲取出其父李映林的藏书,以及冯从吾的小象给他展示,以勉励李因笃努力学习。李因笃深感责任重大,流着眼泪接收父亲的宝贵遗产,越来越发奋学习,苦读经籍,继承父亲的遗志。清顺治元年(1644),李因笃十四岁,准备集结侠客出击塞外,没有实现,于是回家继续闭门研习经学。次年,与理学家王宏撰结交于长安。

第二阶段,精进期,顺治十六年(1659)至康熙十八年(1679)。这一段时期,李因笃开始游学生涯,广泛结交文人豪客、理学名流、达官贵人。顺治十六年,李因笃二十九岁时,外祖父去世。此后,他开始外出游学,广泛结交。三十三岁,和顾炎武结交于山西代州。三十六岁,结交朱彝尊于山西太原,结交屈大均于西安府。四十六岁,为李颙作《隐士庄拟山堂记》。四十八岁至四十九岁,应召博学鸿儒赴京,与阎若璩、魏象枢、汤斌、陆陇其结识。

第三阶段,成熟期,康熙十九年(1680)至康熙三十一年(1692)。这一段时间,李因笃辞官回到关中。他晚年极力推崇张载、提倡关学,宣讲礼学思想。康熙二十三年(1684),李因笃五十四岁,春天,应川陕总督希福、西安知府董公的邀请,主讲关中书院。次年七月,至岐山朝阳书院讲学。

李因笃著述颇多,现在流传下来的有《受祺堂文集》《受祺堂诗集》《仪小经》《汉诗音注》《汉诗评》《古今韵考》,已经遗失的有《九经大全》《四书五删》《诗说》《春秋说》《杜律评语》《朝阳书院会将录》《广韵正》等。现代学者点校整理《李因笃集》,收录《受祺堂文集》《受祺堂诗集》《仪小经》。

李因笃作为清初关学的主要代表之一,虽以诗文名世,但在对关学思想的阐发和弘扬上具有重要贡献。限于文献不足,难以全面深入地研究李因笃的关学思想,但就其文集所载相关文献可知,李因笃早年推崇程朱但不排斥陆王,晚年极力提倡、践行张载礼教之学。其关学思想的特点可以归纳为尊经崇贤,崇礼讲学。

本次选编《乞终养疏》与《重修宋张诚公横渠夫子祠记(节选)》,略加注释,供读者品鉴。

乞终养疏

窃惟幼学而壮行[1]者,人臣之盛节[2];辞荣[3]而乞养[4]者,人子之苦心;故求贤虽有国之经,而教孝实人伦之本。伏蒙皇上敕谕内外诸臣,保举学行兼优之人,比有内阁学士兼礼部侍郎臣项景襄、臣李天馥,大理寺少卿张云翼等,旁采虚声,先后以臣因笃姓名联尘荐牍,获奉俞旨,吏部遵行,陕西督抚促臣应诏赴京。

【注释】

【1】幼学而壮行:幼时努力求学,壮时便可施展抱负。出自《孟子·梁惠王下》:"夫人幼而学之,壮而欲行之。"
【2】盛节:高尚的节操。
【3】辞荣:辞官退隐。
【4】乞养:乞求辞职返里,以便赡养父母。

臣自念臣母年踰七旬,屡岁多病,又缘避寇堕马,左股撞伤,昼夜呻吟,久成废疾,困顿[1]床褥,转侧需人。臣只一弟因材,从幼过继于臣叔曾祖家,分奉小宗之祀。臣年四十有九,母年七十,母子茕茕[2],相依为命,躬亲扶持,跬步难离[3]。随经具呈哀辞,次第移咨吏部。吏部谓咨内三人,其中称亲援病,恐有推诿,一概驳回。

【注释】

【1】困顿:疲困劳累。
【2】荦荦:事理分明的样子。
【3】跬步难离:半步也难以离开。

窃思己病或可诿言[1],亲老岂容假借!臣虽极愚不肖,讵忍籍口所生,指为推卸之端!痛思臣母迟暮之年[2],不幸身婴残疾,臣若贪承恩诏,背母远行,必致倚门倚闾[3],夙疾增剧。况衰龄七十,久困扶床,辇路三千,难通啮指。一旦祷北辰而已远,回西景以无期。万一有人子所不忍言者,则毛义之捧檄[4],不逮其亲;温峤之绝裾[5],自忘其母。风木之悲[6]何及?瓶罍之耻[7]奚偿?即臣永为名教罪人,亏子职而负朝廷,非臣愚之所敢出也。

【注释】

【1】诿言:推托之词。
【2】迟暮之年:指人至老年。
【3】倚门倚闾:指靠在门旁或巷口远望。形容父母或亲长殷切的盼望子女归来。出自《战国策·齐策六》:"女朝出而晚来,则吾倚门而望;女暮出而不还,则吾倚闾而望。"
【4】毛义之捧檄:汉代毛义以孝行著称,政府任命他为安阳守,毛义捧着任命书喜出望外。后有人轻视他因做官而喜悦,等毛义母去世,他便辞官,才知毛义以前的喜悦是因为母亲。
【5】温峤之绝裾:指去意坚决。典故出自南朝宋刘义庆《世说新语·尤悔》:"温公初受,刘司空使劝进,母崔氏固驻之,峤绝裾而去。"
【6】风木之悲:风木同"风树",比喻因父母亡故,不能奉养。指丧父母的悲伤。典故出自明顾大典《青衫记·元白揣摩》:"早年失怙,常怀风木之悲;壮岁鼓盆,久虚琴瑟之乐。"
【7】瓶罍(léi)之耻:出自《诗·小雅·蓼莪》:"瓶之罄矣,维罍之耻。"罍、瓶皆盛水器,罍大而瓶小。罍有水而瓶已空,谓不能分多予寡。后多用以指因未能尽职而心怀愧疚。亦用以比喻与彼方关系密切,若不救助,深以为耻。

皇上方敬事[1]两宫,聿隆孝治[2],细如草木,咸被矜容[3],自能宏锡类[4]

之仁。推之士庶,宁忍孑然,母子饮泣向隅[5],夺其乌鸟私情[6],置之仕路。盖阁臣去臣最远,故以虚誉采臣,而不知臣之有老亲也。臣云翼与臣皆秦人,虽所居里闬[7]非远,知臣有老母而不知其既病且衰,委顿支离[8],至于此极也。即部臣推诿之语,概指臣三人而言,非谓臣当必舍其亲而不之顾也。且臣虽谫陋[9],而同时荐臣者,皆朝廷大臣,其于君亲出处之义,思之熟矣。如臣猎名[10]违母,则其始进已乖[11],不惟渎斁[12]天伦,无颜以对皇上,而循陔[13]负疚[14],躁进贻讥[15],则于荐臣诸臣亦为有腼面目。

【注释】

【1】敬事:恭敬侍候。
【2】孝治:出自《孝经·孝治》:"昔者,明王之以孝治天下也,不敢遗小国之臣,而况于公侯伯子男乎。"后用"孝治"谓以孝道治理国家,教化百姓。
【3】咸被矜容:都显得端庄。
【4】锡类:谓以善施及众人。出自《诗·大雅·既醉》:"孝子不匮,永锡尔类。"郑玄笺注:"孝子之行非有竭极之时,长以与女之族类,谓广之以教导天下也。"
【5】饮泣向隅:面对墙角绝望的哭泣。出自汉刘向《说苑·卷五·贵德》:"今有满堂饮酒者,有一人独索然向隅而泣,则一堂之人皆不乐矣。"
【6】乌鸟私情:相传小乌鸦长成后,会反哺年老无法觅食的老乌鸦,故以乌鸟私情比喻奉养长辈的孝心。出自《文选·李密·陈情表》:"臣密今年四十有四,祖母刘,今年九十有六,是臣尽节于陛下之日长,报养刘之日短也。乌鸟私情,愿乞终养。"
【7】里闬:指家乡。
【8】委顿支离:形容病中体瘦骨露,衰弱无力的样子。
【9】谫陋:浅陋。
【10】猎名:猎取功名,猎取名声。
【11】乖:错误。
【12】渎斁:败坏。
【13】循陔:陔,指《诗经》亡佚的篇名《南陔》。根据《诗序》,《南陔》是孝子相戒以养的诗篇。出自《文选·束皙·补亡诗六首之一》:"循彼南陔,言采其兰。"后比喻事亲。
【14】负疚:感到良心不安,对不起他人。
【15】躁进贻讥:急于求进招致讥讽指责。

去岁,台司郡邑络绎遣人,催臣长行,急若风火。臣趋朝之限,虽迫于戴星,而问寝之私倍悬于爱日。然呼天莫应,号泣就途,志绪荒迷,如堕云雾,低头转瞬,辄见臣母在前,寝食俱忘,肝肠迸裂,其不可渎官常[1]而干禄位[2]也明矣。况皇上至圣至仁,以尧舜之道治天下,敦伦厚俗,远迈前朝,而臣甘违离老亲,致伤风化,有臣如此,安所用之!

【注释】

【1】官常:官吏的职分、职责。
【2】禄位:俸禄与官位。

乃臣自抵都以来,屡次具呈具疏,九重严邃,情壅上闻。随于三月初一日,扶病考试。蒙皇上拔之前列,奉旨授臣翰林院检讨[1],与臣同官[2]纂修《明史》。闻命悚惶,忝窃非分。念臣衡茅[3]下士,受皇上特达之知,天恩深重,何忍言归!但臣于去秋入京,奄更十月,数接家信。云臣母自臣远离膝下,哀痛弥侵,昼夜思臣,流涕无已,双目昏眊,昏至失明。臣仰图报君,俯迫谂[4]母,欲留不可,欲去未能,瞻望阙庭,进退维谷。乃于五月二十一日具呈吏部,未蒙代题。

【注释】

【1】检讨:职官名。宋有史馆检讨,掌修国史。明、清时隶属翰林院,位次于编修,与修撰编修同称为"史官"。
【2】同官:在同一官署任职的,同僚的意思。
【3】衡茅:简陋的茅屋。
【4】谂:思念。

臣孺切下情,惟哀祈君父,查见行[1]事例:"凡在京官员,门无以次人丁,听其终养。"臣身为独子,与例正符。伏愿皇上特沛恩慈,许臣遄归,扶养其母,叨沐圣泽,以终天年。臣母残病余生,统由再造。不惟臣母子衔环[2]镂骨[3],誓竭毕生而报国方长,策名有日,益图力酬知遇,务展涓埃[4]矣!臣无任激切,待命之至。

【注释】

【1】见行：现在施行的，现在有效的。
【2】衔环：汉时杨宝曾救治遭鸱枭袭击的黄雀，后黄雀伤愈飞走。某夜有黄衣童子赠杨宝白环四枚。典出南朝梁吴均《续齐谐记》。后以衔环比喻报恩。
【3】镂骨：比喻深刻难忘。
【4】涓埃：细流轻尘。比喻微末、微小。

品　读

李因笃《乞终养疏》写于康熙十八年（1679），这年他49岁。此年八月，康熙征召博学宏词，李因笃极力推辞但没有成果，不得以便到京城参加考试。最后名列一等第七名，被选为翰林院检讨，参与编纂《明史》。因为母亲年老且病患缠身，身边没有亲人伺候奉养，李因笃向朝廷上疏37次，请求辞官回家，吏部和通政司都不接纳、允许。最后，他不得以撰写《乞终养疏》，在上朝时直接呈给康熙。康熙鉴于李因笃的至诚孝心，并不追究其违犯规制的罪责，允许其归乡养母。

这篇《乞终养疏》让李因笃名动天下，震惊士林。

刘廷玑在其《园杂志》中说："本朝乙未，诏试博学鸿儒最为盛典。其中人才德业，理学政治、文章词翰、品行事功、无不备悉，洵足表章庙廊，矜式后世，可以无惭鸿博，不负圣明之荐拔，诚一代伟观也，而最恝退者李检讨因笃，于甫受官日，旋陈情终养。"

钮琇《觚剩》中认为，李因笃此次诏试之《陈情表》为本朝文章之冠，"本朝两大文章，叶方伯《映榴绝命疏》与李因笃之《陈情表》也。"

沈德潜《清诗别裁集》中记载："授官后，即以母老辞，不许，表三上乃许，情辞恳恻，比之李令伯之《陈情》又过之。圣主之仁，人之孝子，宇内共称不止,羡其鸿轩凤举也。"

此文以"教孝实人伦之本"起意,标识出孝作为道德根本性与基础性。又通过简述参加博学宏词,表达对康熙及朝廷的感谢。详述其母亲年老多病的状貌,以及无人奉养的悲凉,辅以多次请辞而未果的曲折,使读者深感其一片孝心与不屈的恒心。陈述母亲不能随行入京的原因,坦露对母亲生命的极度担忧。细致入微的心理描摹与引经据典的历史回溯,使人犹如身临其境。同时,表达出忠孝难以两全的尴尬境遇。

接续文章起始,李因笃赞扬康熙的孝心孝行,以为这是仁政与治世的象征。尽量使康熙将种种记忆与心情糅合,产生感同身受的情感共鸣。接着,再次感谢康熙与朝廷的提拔和任命,继续保持谦虚的姿态,表达自己并未因为请辞未果而怨恨臣僚与朝廷。并且,从为臣和为子等方面,替相关的朝臣解释,希望康熙不要处罚任何人。将可能的责任都归咎于自己,并继续陈述自己对母亲的思念与担忧,赞颂康熙的仁德。

文章立意于孝,通达于仁,将个人情感、朝臣责任、国家治理系于一线。历数母亲的孤苦无依与自己的牵肠挂肚。全篇理、事、情相杂而述,力图呈现出有理有据有情的至诚孝心。最后,更是引述朝廷条例来加强自己合理辞归的依据。同时,给予承诺,指出自己并非不愿意在朝为官,只是孝心难泯,希望以后可以报效朝廷。

李因笃赴京入试,本就不得已而为之,其原因既有对清廷的排斥,但更真实的是对母亲的孝心。此篇文章不仅彰显了李因笃的孝心真情,也突出体现了其文章的造诣。离京之时,被文学家龚鼎孳誉为"西京文章领袖"。

重修宋张诚公横渠夫子祠记(节选)

关学之兴,肇端[1]张子。文武、周公而后,吾西土[2]言圣人之道者,莫之能先也。夫子殁而微言绝,七十子丧而大义乖。历七百余年,而始得周元公[3]倡不传之遗绪。河南纯公、正公[4]皆亲受业,拓而大之。而诚公[5]为二程中表[6]尊行[7],首撤皋比[8],力相推挽。徽国[9]继起,遂集大成。盖自是,内圣外王,统合为一。天下之言学者,论地则四[10],论人则五[11]。四海之广,千百世而遥,较然于此心此理之同,循循知所依归。即孔孟复生,不得有异议。何者出乎仁,则入乎不仁,故君子慎之也。

【注释】

【1】肇端:开端,起始。

【2】西土:指关中。

【3】周元公:指周敦颐(1017—1073),又名周元皓,原名周敦实,字茂叔,今湖南省道县人,世称濂溪先生,谥号元公。

【4】河南纯公、正公:指程颢(1032—1085),字伯淳,今河南洛阳人,世称明道先生。程颐(1033—1107),字正叔,河南洛阳人,世称伊川先生。宋宁宗嘉定十三年(1220),赐谥程颢为"纯公",程颐为"正公"。

【5】诚公:指张载。张载去世后,弟子私谥为"诚明夫子",宋宁宗嘉定十三年(1220)赐谥"明公"。赵希弁《郡斋读书志附志》称"诚公"。

【6】中表:古代称父之姐妹所生子女为外兄弟姐妹,称母之姐妹所生子女为内兄弟姐妹。外为表,内为中,合而称之"中表"。

【7】尊行:高尚的行为。

【8】首撤皋比:指张载坐虎皮讲《周易》时,与二程论学后,认为自己有所欠缺,于是撤座罢讲,建议听众向二程请教,充分体现了谦虚好学的品格。皋比:gāo pí,虎皮的座席,后指教师的讲席。

【9】徽国:指朱熹(1130—1200),字元晦,又字仲晦,号晦庵,晚称晦翁,今江西省婺源人,谥文,世称朱文公。宋理宗于绍定三年(1230)追封朱熹为"徽国公"。

【10】论地则四:指理学四大地域学派,濂洛关闽。

【11】论人则五:指周敦颐、张载、程颢、程颐、朱熹。

往嘉靖末,姚江[1]实本鹅湖[2],树帜良知。彼天资既高,危言骇俗,又负大勋于当代,据建瓴之势,号召其徒,开者如饮酒中狂,趋之惟恐不及。而吾秦高陵[3]、三原[4]为经生领袖,独恪守传注不变。于斯时也,关学甲海内。嗣则孙恭介[5]、温恭毅[6],皆比老畯服田[7],弗敢畔于先畴[8]。而耰耨[9]之功,长安冯恭定[10]尤著。溯其源委,以诚公为百世不祧之祖[11],诸贤各绳[12]其小宗,而汇几筵,列俎豆,亦一而已矣。

【注释】

【1】姚江:指王阳明。

【2】鹅湖:指陆九渊。

【3】高陵:指吕柟。

【4】三原:指马理。

【5】孙恭介:指孙丕扬。字叔孝,富平人,明嘉靖三十五年(1556)进士,官至吏部尚书等职,赠太保。天启初,追谥恭介。事迹具《明史》本传。

【6】温恭毅:指温纯。字希文,三原人,明嘉靖乙丑(1565)进士,官至左都御史,赠少保,谥恭毅,事迹具《明史》本传。著有《温恭毅公集》三十卷。

【7】老畯服田:年老的农官,尽心尽责管理耕作。畯:古代掌管农事的官。

【8】畔于先畴:离开先祖所遗留的田地。

【9】耰耨:分别指古代耪土、锄草的农具,喻指耕种。此指梳理学术。

【10】冯恭定:指冯从吾。

【11】不祧之祖:不迁入祧庙的祖先。比喻创立某种事业而受到尊崇的人。祧:指古代帝

王的远祖的祠堂。

【12】自绳：约束自己。

夫诚公之祠，学宫[1]通之天下，西安祀之国，而凤翔又乡祀也。地愈近则愈亲祀之宜专。礼乡大夫之贤，殁而祭于社。况大儒崛起，功在作述者乎？且今之言，陆王[2]者吾惧焉。百家之说，明背圣人，其邪正易知也。周末，杨墨[3]充路，孟子辩之，不遗余力而仅胜之。今援儒入墨，阴剿内典，希微恍惚，莫可究诘，而间摘《语》《孟》中有为而发者，借作门面。揣其意，固自窜于象教；而听其言，仍不离圣贤。程子所谓"弥近理而大乱真"[4]。学术人心，几于涣[5]矣。涣之象曰"格庙"[6]，抚周原之故地，崇关学之大防，以翼以严。俾荡亡返者，闻风而自止，使君知所先务。繇此纳之轨物，即渐复西都之人文非难也。

【注释】

【1】学宫：学校。

【2】陆王：陆九渊与王阳明，喻指陆王心学。

【3】杨墨：指先秦杨朱与墨翟。

【4】弥近理而大乱真：见朱熹《中庸章句序》，指信奉道家和佛家者表面看来好像近乎道理，但实际上是大大的错乱真理了。明顾宪成（1550—1612）《还经录》、仇兆鳌（1638—1717）《明儒学案序》称"程子云"。

【5】涣：涣散。

【6】涣：《易经》第五十九卦。格庙：指"王假有庙"。假：音格，来到。

品　读

《重修宋张诚公横渠夫子祠记》是康熙二十四年（1685），李因笃为重修凤翔府张子祠而写的碑记。此次重修，是时任扶风郡太史曹鼎望主事。

本次节选部分主要是李因笃对关学及理学的分析语评判，充分体现了李因笃的关学道统观与理学立场。

首先,李因笃认为,关学发端于张载。周文王、周武王、周公之后,我们关学阐述圣人大道的,没有能超过横渠先生的。孔夫子去世后,圣人微妙的言语就断绝了,孔子门下七十贤人去世后圣人义理就被曲解了。经过七百多年,周敦颐才获得了这失传的圣人绝学。河南的程颢、程颐兄弟跟随周敦颐学习,继承并发扬圣人的学脉。张载是二程兄弟的表叔,德行高尚,谦虚好学,三人互相勉励,讨论圣人的学问。南宋朱熹在四位先生之后担当起了圣学的传承,汇集并发扬了四先生的学问与志向。从此开始,圣人修身治世的内外之学再次合一,显现在人世间。天下言说学问,很难超出濂洛关闽四大学派、周张程朱五位宗师的范围。圣人的学问,跨越了时空,人人心中跟随宗师的指引学习,必然找到生命的意义。即使孔子和孟子复活过来,也不会反对这一点。坚守仁心,不堕入不仁的困境,君子一定要慎之又慎的修行。

其次,他指出,在明朝嘉靖末的时候,王阳明继承陆九渊的道统,树立起良知学的旗帜。阳明先生天资卓越,经常有骇俗惊世的言辞,而且他又获得了当世很大的功勋,在这两种至高的气势下,他的学问被弟子充分传播,影响极盛。但是,他的弟子中,有的个性极端,引发了很多社会弊端,这是过犹不及。当时,关中则以吕柟、马理为经学领袖,传承传注治学的传统,在当时也是闻名全国。其后,孙丕扬、温纯致力于外王的实事,都是干练且经验丰富的官员,勤勤恳恳践行先贤的学问。长安冯从吾,编写《关学编》,梳理关学学派的道统,极为有功。关中理学家以张载为宗师,坚守他的内圣外王合一的圣学精神,虽各自成一家,但仍是关学学脉。

最后,他强调,张载祭祀遍布全国的学官,西安以国家规格祭祀,凤翔以乡贤祭祀。地方上供奉本地先贤是应该的,应该大力提倡,尤其要专门建祠祭祀那些宗师层次的乡贤。现在,陆王的弊端依旧在流传。百家的学问,与圣人之学相违背,其弊端也是很明显的。当年孟子辨析杨朱、墨翟的学说不遗余力,但仅是取得了微弱的胜利。我们现在的形势也很严峻,学术和人心多涣散,邪说披着真理的外衣迷惑人们。我们应该继承孟子的遗志,发扬周公、张载的精神,矫正现实的弊端,引导大家走向正轨。祠堂与学宫是学脉道统的阵地,是学脉传承的道场,祠堂的存续可以防止人心的涣散。此次对张子祠的重修,有助于振兴关学学脉,复兴关中往日的文化繁荣的盛况。

通过此篇的节选文字可知,李因笃是一位坚守程朱立场的关学家、理学家,他对陆王心学有很高的警惕,但并不从根本上排斥。其中,也可以明显感觉到他对"明学术,正人心"的觉悟,这正是他晚年致力于讲学,阐发张载"变化气质,知礼成性"的原因所在。这一点,在其《正学隅见序》《创建朝阳书院序》《答李隐君书》等文献中,又可以互相发明,读者可以按图索骥阅读《李因笃集》,深入了解。

(撰稿:刘泉)

王心敬

王心敬(1656—1738),字尔缉,号丰川,陕西鄠县(今西安市鄠邑区)人,清代著名理学家和教育家,著作有《丰川易说》10卷、《江汉书院讲义》10卷、《尚书质疑》8卷、《春秋原经》16卷、《礼记汇编》8卷、《丰川诗说》20卷、《关学汇编》6卷、《丰川全集正编》28卷、《丰川全集续编》22卷、《丰川全集外编》5卷、《丰川续集》34卷。其中,部分著作被刘宗镐和苏鹏点校整理为《王心敬集》。

丰川出生在一个清贫的农民家庭,十岁丧父,其家道更加贫寒。康熙九年(1670),十五岁的丰川在其伯父王惪的资助下,师从鄠县的制艺名师王巘学习时文。就学之初,他就树立了"三十时,当使学业充实光辉;四十时,当使道明德立"的远大抱负;故而,学习非常刻苦,成绩也相当优异。他不仅因学习成绩优秀被增为廪生,还因文章写得好而一时颇有"文名"。康熙十六年(1677),丰川参加岁试,因提督学政"遇之不以礼",他愤愤不平地说:"昔陶令公不为五斗米折腰,我岂恋一青衿乎!"言罢,扬长而去。从此,丰川结束了他长达八年之久的专门从事科举学习的历程。

康熙十九年(1680),丰川的"稷、契、周、召之志,勃勃不能自已",再兼其母亲李氏鼓励他"人生当要以圣贤为期,科第固所借以进身,德业尤所本以立身",于是他徒步赶往盩厔(今陕西周至),拜访有"当世儒宗"之誉的李二曲先生。在亲切地感受到二曲其人"壁立如山,有凤翔千仞之概",其学"有体有用,不愧真理学"之后,不禁为这位"海内真儒"所倾倒,遂纳贽拜师,且不无自豪地说:"每恨此生知学之晚,独喜此生得师之明。"

自从游学周至后,丰川学习格外刻苦,"朝夕执侍,一意暗修"。虽然过着"煮糜以食"的贫苦生活,但他怡然自得,丝毫不肯放松学习。他清苦自修的行为引起了二曲的重视和认可,在二曲来看,"此子智圆行方,躬修允蹈,心若青天白日,品犹野鹤孤云,气魄宏毅,将来可望以任重致远",遂对之格外关注。二曲不仅鞭策丰川"心上用功",而且督促其"反身实践",甚至不无以道相托的嘱咐:"汝聪明过人,吾安得不喜,竭生平所蕴而传授之,舍汝其谁?"在二曲的谆谆教诲下,丰川"学于鳌屋十年",于康熙二十八年(1689)别师返回鄠县。

康熙三十一年(1692),丰川在鄠县知县金廷襄的支持下,于其邑孙家硇创立二曲书院。原任学政高嵩侣题写书院门匾"二曲书院",继任学政陆德元撰写对联"继横渠道统,承二曲心传"。康熙四十六年(1707),在丰川的推荐下,泾阳王承烈被鄠县知县张世勋聘请来主讲二曲书院。王承烈是陕西乡试的"五经"解元,为书院吸引来了众多士子,从而使二曲书院成了鄠县的知名书院。主讲二曲书院之暇,丰川还应邀讲学江南:康熙五十年(1711),他应湖北巡抚陈诜之邀,主讲建立在武昌的江汉书院;康熙五十三年(1714),又应江苏巡抚张伯行之邀,主讲坐落在苏州的紫阳书院。丰川的江南讲学,一时"执经北面者,履满余庭",被江南士人"诧为江左百年来未有之盛事"。清末著名学者唐鉴说:"关中之学,二曲倡之,丰川继起而振之,与东南学者相应相求,俱不失切近笃实之旨焉。"足见,丰川的江南讲学扩大了关学的影响。

随着讲学活动影响的扩大,丰川的声名日著,引起了朝廷的关注。康熙五十三年(1714)武昌讲学之际,由于湖广总督额仑特以"山林隐逸"推荐,朝廷下旨征召,丰川以伤寒病坚辞。康熙六十年(1721),年羹尧任川陕总督,"以礼招",丰川闻其"骄纵不法,避而不见"。雍正元年(1723),由于都察院左都御史朱轼的推荐,朝廷再次下旨征召,丰川以双耳失聪为由力辞。雍正八年(1730),丰川次子王功陛见,雍正帝称赞"名儒子果不凡"。雍正十年(1732),时任三边经略的鄂尔泰赴陕甘督师,就战事询问丰川。雍正十二年

(1734),果亲王爱新觉罗·允礼因西藏战事过陕西,派人慰问丰川。乾隆元年(1736),朝廷以又以"孝廉方正"征召,丰川借故老病难行而坚辞。乾隆二年(1737),陕西巡抚崔纪下车伊始,派人咨询丰川抚陕事宜。乾隆三年(1738)三月,丰川病逝,被清廷诰封为"中宪大夫",生平事迹著录《国史·儒林传》。乾隆五年(1740),太子太保文渊阁大学士陈世倌题写"大清理学名儒丰川王先生之墓"墓碑。乾隆九年(1744),经陕西巡抚陈宏谋提请,朝廷批准丰川入鄠县乡贤祠。

丰川治学主张"即行可以验学",故而非常重视实践。重视对德性所知的实践,使他成为"有德之士";重视对见闻之知的实践,使他成为"经济之才"。丰川重视实践、学行一致的作风,赢得了其身后关学关学的普遍敬仰和称颂。乾隆年间,张秉直赞扬丰川"学行兼优,名播当世";道光之世,李元春称颂丰川"有志有节",同治年间,杨树椿歌颂丰川"制行高风世所钦";光绪之时,贺瑞麟推崇丰川之学为"实学";民国之初,温恭推举丰川其人为"三秦师表"。

丰川在关学史上具有相当重要的地位。他在世时,不只被视为"二曲真传",更是对关学有"继起而振之"的贡献。他去世后,关学学者孙景烈认为关学"薪火岌岌不续";周元鼎甚至认为,"自丰川先生而后,吾关中之学其绝响矣"。

明 学

入门之要

学者不知立心效法圣贤,只是此志不立;若是立起有为若是之志,苟且怠慢之念自然不肯出,苟且怠肆之行自然不肯为矣。然辨不清自己起念是公是私、是义是利,纵振勉奋发如囊萤映雪[1]、刺股悬梁[2]之勤敏,只成就得好高骛[3]胜、自私自利之念耳,故立志须立正志。而要成就得正志,须先从立心起念处辨明义利公私,然后脉理不差,彻底澄清。朱子[4]生平教人,莫先辨志;而象山[5]教及门,亦谆谆[6]以辨义利之志为第一事,皆此义也。盖在常人则仅知致辨于此志之立不立、大与小,而在吾儒则务辨于此志之真不真、正不正耳。

【注释】

【1】囊萤映雪:晋朝的车胤家贫,夜间用袋子装萤火虫来聚光读书;晋朝的孙康家贫,夜间

借助雪的反光读书;泛指贫苦读书。

【2】刺股悬梁:战国的苏秦读书欲睡,以锥刺股,继续读书;东汉的孙敬读书犯困,以绳系头于梁,继续读书;泛指刻苦读书。

【3】鹜:通"务",追求。

【4】朱子:对南宋理学家朱熹的尊称。

【5】象山:南宋理学家陆九渊的号。

【6】谆谆:恳切。

《戴记》[1]曰"离经辨志"[2],而孔子则曰"志于道"[3],孟子言尚志而曰仁义[4]。可见,尚志先须辨志,而所谓辨志,亦辨其所尚在道不在道、在仁义不在仁义而已。

【注释】

【1】《戴记》:《礼记》。

【2】语出《礼记·学记》"一年视离经辨志。"

【3】语出《论语·述而》"子曰:'志于道,据于德,依于仁,游于艺。'"

【4】语出《孟子·尽心上》:"王子垫问曰:'士何事?'孟子曰:'尚志。'曰:'何谓尚志?'曰:'仁义而已矣。杀一无罪,非仁也;非其有而取之,非义也。居恶在?仁是也;路恶在?义是也。居仁由义,大人之事备矣。'"

志之为字,从士从心。而孔子论士曰"士志于道"[1],曾子论士曰仁为己任[2],濂溪论士曰希贤希圣希天[3]。可见,士不可不以圣贤为志,而这志亦必是出于希圣希贤、仁为己任的正道理、正念头,然后算得士之本心,始叫得个志。故志之从起,不可不辨。

【注释】

【1】语出《论语·里仁》"子曰:'士志于道,而耻恶衣恶食者,未足与议也。'"

【2】语出《论语·述而》"曾子曰:'士不可以不弘毅,任重而道远。仁以为己任,不亦重乎?死而后已,不亦远乎?'"

【3】语出周敦颐《通书·志学》:"圣希天,贤希圣,士希贤。"

学者甘心小就[1]，人以为无志，吾以为是无识。若是真知得宇宙万古千秋之远，我才有此一生，苟且因循，固混过一生；纵使自立，而不能臻于大成[2]之域，亦为未满人量[3]。虽欲不矢[4]希贤希圣之志，而自不容已矣。

【注释】

【1】小就：小的成就。
【2】大成：大的成就。
【3】人量：人的分量。
【4】矢：同"誓"，发誓。

　　自立在志，辨志在识，盖学者一生人品学问之成就视乎志，至于其成就之大小偏全则全视乎识。即如世间无志之人，本不足成就事业，然亦有尽能立志，不肯甘心汩没[1]流俗，而卒之[2]所就止于一善一长者，则智不足以知其大且全，遂以小者偏者为可安，而甘心就之耳。故真欲立志者，须讲明真路途乃可；若急不能辨别大小偏全，却须慎择师友开发其正知正见也。

【注释】

【1】汩没：埋没。
【2】卒之：终于。

　　圣修[1]原重在实行，然真知则是点化实行的丹头[2]。若识不足以知圆满中正的准绳，极一生功力，只就其所见而止。即如伯夷、伊尹、柳下惠三圣人，其力行岂不到得圣人田地，只以智不若孔子之中正圆满，故极其所就止清、任、和之一偏，未能如孔子之时中。[3]况当圣远言湮[4]之余，非真有高出千古之识，何能于流俗驰骋之日，见大识远力造其域耶？故在后世与有志者言学，必先开发其识，要使先辨得是非偏全乃不至于迷于所趋。

【注释】

【1】圣修:圣人的修养。
【2】丹头:本指道教的丹药,比喻促成事物变化的主要因素。
【3】语出《孟子·万章下》:"孟子曰:'伯夷,圣之清者也;伊尹,圣之任者也;柳下惠,圣之和者也;孔子,圣之时者也。孔子之谓集大成。'"
【4】湮:埋没。

《五经》《四子》[1]原相表里,但《五经》《论》《孟》虽无非《大学》明、新、止善之旨,然却是分条晰理,散见特出。《大学》则孔子折衷[2]千古学术,括《四子》《五经》头脑,而揭为学程[3],以示万世者也。故《大学》一书,凡做人的"全体大用,真体实功"[4]无不具此。学者读《五经》《四子》,若不能辨得学术路途,更若不能得明师良友亲切指示,能长寻味《大学》,究其宗传[5],自可渐明学术大小偏全之概。

【注释】

【1】《五经》:《诗经》《尚书》《礼记》《周易》《春秋》;《四子》,即《四书》:《论语》《孟子》《大学》《中庸》。
【2】折衷:折中。
【3】学程:学习历程。
【4】全体大用,真体实功:也写作"全体大用,真体实工"。
【5】宗传:犹嫡传,即嫡派相传。

《大学》所以言圣学[1]规模,而以为得止必由知止,近道必本知所先后。欲明明德于天下,必先于格致[2],无非以知为始事。可见,辨明路途乃圣学第一事。而至于欲明明德于天下,而递推[3]所先必始格致,则尤是立志先以辨志为要之明证。盖欲明明德于天下,乃古大人之志,而功则始于格物以致知,则立志之必先辨志抑又昭然分明。从此着眼寻求古人致知脉路,自当有见大识真时也。

【注释】

【1】圣学:孔子之学,即儒学。
【2】格致:格物致知。
【3】递推:进而类推。

更若看《大学》天德王道一贯[1]路途心信不及,又当原始要终[2],反复参证。原始如何?《大学》之规模,固孔子折衷千古学术以成此篇,实是祖述[3]尧舜道法[4]而立此宗。且以《大学》上印诸帝典[5],看《大学》格、致、诚、正、修、齐、治、平曾与帝尧明德、亲族、平章、协和弘规有异旨否?若能参照得明白,亦自可知千古圣学无非以天德王道一贯为要归;不如此,便非宇宙经常之大道。要归如何?孔子之道,一传为曾子,再传为子思,三传为孟子,原一脉相承。今观曾子既奉此为学宗;而子思则前后反复推演,如性、道、教之一贯,中和、位育之一贯,达道、达德、九经之一贯,明、诚之一贯,尽性、尽人物、参天地一贯,德性、学问之一贯,无非与《大学》明、新、止善一贯之旨相表里;至孟子,善信之必至美大圣神而后全,深造自得之相因,推心行仁之相因,亦无非《大学》"全体大用,真体实工"一贯之旨。当可知,孔门相传原无一不本于《大学》,特不至如后世之言学者,守其立宗语不离口也。能于这里上下千古远征近取,亦自能渐识得学术宗传、做人正路耳。

【注释】

【1】天德:上天好生之德;王道:圣王治世之道。
【2】原始要终:探求原因和结果。
【3】祖述:效法遵循前人的学说或行为。
【4】尧舜道法:上古圣帝唐尧和虞舜治理天下的法则。
【5】帝典:《尚书》中的《尧典》和《舜典》。

又其次更不能明学问宗传、做人路途,宜于《西铭》[1]一书反复推求生人来历、生人分量、生人宜尽之实义,亦可见得《大学》明、新、止善乃吾人切身之矩矱[2]，虽欲不如此，有不可得者。

【注释】

【1】《西铭》：北宋理学家、关学创始人张载教导学生的铭文，见《正蒙·乾称篇》。
【2】矩矱：规矩，法度。

总之，入门之要在于立志，而立志要须辨志。辨志之要则有实工[1]有借资[2]，阙[3]一不可。而实工在于自己大其心胸，勤其居稽[4]，考古证今，悉心体会。借资则莫如《五经》《四子》、明师良友以及诸大儒之精论名言，而无以滥交[5]泛览[6]自乱其识，乃得当耳。然以去圣既远，师学少传，师友既非易言，先儒之学亦各从其性之所近，故既须资以印证，又须以师友之教、先儒之论，自己潜心，印证诸《五经》《四子》，而以《大学》作准绳，庶几[7]"真体实工，全体大用"会极归极[8]，无歧路之差耳。

【注释】

【1】实工：即实功，实作工夫。
【2】借资：借助。
【3】阙：同"缺"，缺少。
【4】居稽：居于今世而求合于古代。
【5】滥交：随意交友。
【6】泛览：广泛阅读。
【7】庶几：差不多，近似。
【8】会极、归极：都是归结的意思。

致功之实

志既辨清，却须实下定力[1]，昼为宵得，瞬存息养[2]，动静皆有考程[3]，然后厥修乃来[4]，道积厥躬，最不可迁于异说，不可挠[5]于他谋，更不可间于作辍因循[6]。

【注释】

【1】定力：意志力。
【2】昼为宵得，瞬存息养：语出张载《正蒙·有德篇》"言有教，动有法；昼有为，宵有得；息有养，瞬有存。"
【3】考程：考核的标准。
【4】厥修乃来：经过努力的修养一定能体会到道。
【5】挠：扰乱，阻止。
【6】作辍：时作时歇；因循：拖延。

周、程[1]以前，未尝专言静中之动。其实工夫多在动时用，而振基[2]原在静中立，盖这静时，首则吾明德善性之本体可于此见，可于此明，可于此复。于这里能实下存养体认之功，则天心来复，非几不生。既还其虚灵不昧之体，以立泛应曲当[3]之基；亦且动中所行皆可于此体勘[4]，动中所学皆可于此温习；亦不至动中所为全不知返，动中所学全不知思，而茫无实得也：故静中之功最为要务。

【注释】

【1】周、程：周，指北宋理学家周敦颐；程，指北宋理学家程颢和程颐。
【2】振基：相当于奠基。
【3】泛应：广泛应接；曲当：致曲得当。
【4】体勘：体认，体会。

静中有涵养、省察二法，孔子为樊迟论仁，首在居处恭。《中庸》明君子不动而敬，不言而信，此涵养法也。曾子之三省，君子之九思，此省察法也。《易》之君子思不出其位，濂溪之主静立极，此涵养、省察一贯之法也。盖艮之《象》曰"艮，止也"，止其所也，"动静不失其时，其道光明"。思不出位，固动静不失其时之道。而濂溪主静之旨，亦兼贯乎动静之中，为涵养、省察真血脉耳。然其实涵养中之精明即省察,省察中之保任即涵养,非截然两项工夫也。不知其分则必有笼统不举之处,不知其合亦必有支离偏废之弊,故静中审几[1]欲明,而用心欲密。

【注释】

【1】审几:省察事机。

静中省察,细心者能之,惟是静中涵养,最未易言。盖初学未见性体[1]时,不知作何体段,作何保任。无主则涉于茫然,有倚亦着于方所,故惟体认喜怒哀乐未发一法,最为的实。但莫溺静耽虚,习成巢窟[2],误入禅宗耳。

【注释】

【1】性体:性之体段,即性的本然状态。
【2】巢窟:本指敌人或盗贼盘踞之地,这里指禅宗思想。

士君子即甚精明,日用酬酢[1]万变,安得一一检点俱善?故动中所为必从静中虚心平心体察一番,然后不至有过不知,有失莫补;且有时动中不能见得,而一旦亦有,新得之益也。

【注释】

【1】酬酢:交际应酬。

日间读书考古[1],岂易即便明通?即能明通,岂易即便精熟?故遇读书不能明了时,即合静中体认,务期得心;遇读书未能精熟时,即令静中温习,务期成诵浃洽[2]:庶几动中所为所学益觉得力。

【注释】

【1】考古：考究古籍。
【2】浃洽：贯通，融洽。

静工[1]，首为立学问根基，次为可以自考[2]动中得失，熟复动中习业，所谓当其静则便，宜于静中用工也。非是谓学问宜专在静中用，如所谓静宜多动宜少之谓耳。故当其动，则自有动之宜勉之功。

【注释】

【1】静工：静中工夫。
【2】自考：自我考察。

伦常交接，正人生尽分之地，故遇亲则宜孝，遇兄则宜弟[1]，遇君则宜忠，遇友则宜信，待人接物则宜信宜慈，此孔子之论教弟子所以首重孝弟、谨信、爱众、亲仁。而朱子白鹿学规[2]，亦以明伦行恕[3]始终教法也。且静中涵养、省察者，正为动中主宰分明，识力坚定，宜孝则孝，而必实尽其孝，宜忠则忠，而必实尽其忠，以无愧于人伦日用耳。今若人伦日用之地分不能尽，尽不能诚，即所谓静中得力者，亦只二氏[4]一点清虚之机，何与吾儒立本之学乎？故人伦日用宜尽分尽诚，为立身实义，动中实履，以终动静一贯之旨。

【注释】

【1】弟：通"悌"，指弟弟顺从兄长。
【2】白鹿学规：朱熹撰写的《白鹿书院教规》。
【3】明伦：阐明伦常；行恕：成己成人。
【4】二氏：佛道二教。

动中交接不踰[1]伦物，而枢机[2]则在言行。须言则必信，而非法不言，行则必谨，而非道不行，然后贯乎人伦日用之中者乃少过差，而一切所言所行亦寡愆尤[3]。故于两字上须处处点检,时时堤防[4],乃能理顺心安,天人交孚[5],邦家无怨。

【注释】

【1】踰:同"逾",越过。
【2】枢机:相当于关键。
【3】愆尤:过失。
【4】堤防:提防。
【5】交孚:互相信任。

立诚在于实行,而考圣贤之成法、识事理之当然则在学问,故学问不可不正,不可不实也。正者,读正当书,非圣之书不必读。即欲博观以尽其变,亦须见明识定之后始宜为之。然即所博涉者,亦正须会归于《五经》《四子》之正旨、先儒之宗传,而无为不醇不全之说所摇夺[1],则读尽天下书无不足供我取资之用,而亦更无不正之诱矣。实者,前古圣贤之嘉言懿行[2],无非本精神心术之运,以为后世之模范,必读一句即寻其正旨,乃足见古人立言制行之本心,而在我得所视效[3];又必读一章即反上身来,切实理会,乃能于心有真见实证之益,而心理不至扞格[4]不入,然这终是致知边事,纵明得尽,画饼何足充饥?非我学古有获实功也,必是于其言明德言尽性,即实依其法以明德尽性;言新民言尽人物之性,即实依其言以新民,以尽人物之性;言止善言无倚,必实依其言以至于止善无何之地。知务如古人之知,行务如古人之行,而不合不已。然后学不为徒学,获乃为实获,我之静存动察,人伦日用乃中规中程尔。

【注释】

【1】摇夺:动摇并进而改变。
【2】嘉言懿行:好的言语和行为。
【3】视效:看其效验。

【4】扞格:相互抵触。

古人所幼学者,即其壮行之具;坐言者,乃其起行之实。学问动静交修,古今兼资[1]。要是为穷则独善其身,达则可以兼善天下耳。故伊尹有莘之耕,即裕尧舜君民之具[2];傅说傅岩之筑,即抱舟楫盐梅之资[3]。若终身学问而不足以康济[4]斯世,必其所学者未能靠得实,并未能自得于心也。故学期于天人兼通,物我相贯。

【注释】

【1】资:凭借。
【2】伊尹:夏末商初著名政治家和军事家,辅佐成汤灭夏建商,相传其早年曾耕种于有莘国;尧舜君民:尧舜治理天下。
【3】傅说:殷商时期著名政治家和军事家,传说其本为傅岩筑墙的奴隶;舟楫盐梅:亦作盐梅舟楫,食和梅调和、身和楫配合,后比喻辅佐的贤臣。
【4】康济:安民济世。

意见溺[1]人,贤者不免,就正有道,最所宜先。古人言学必言问,正谓考之古训,尤必问之先觉也,大抵后贤或不及古人之高深。在我则与其讽诵古人遗言,读书论世而难得其真;终不如亲承音旨之面命耳提,易于开悟。故孔子论好学于安饱无求,敏事审言之后,孜孜乎以就正为务也。且见先觉亦易发策勉[2]心,故居邦事贤,自是进修实事,有必不可忽者。

【注释】

【1】溺:沉迷。
【2】策勉:鞭策勉力。

学业在自己奋勉,却是要朋友观摩切磋,如同行得伴人,岂代我而行?要是鼓舞鞭策,长途可不寂寞,得所傍依耳。故孔子为子贡言仁,事贤之外,友仁亦为仁之利器。不得借口"为仁由己",不知亲仁也。

大抵此事必动静有程,知行并懋[1],古今交资,乃本末、精粗、内外、人己无不贯不实之弊,而要其机缄[2]则全在改过迁善,日新又新。盖学问能迁善改过,则未至者可几于[3]至,而已至者可亦进于未至。此孔子以颜子之不善必知,知不复行为庶乎。以从义为崇德,而以不善不知、闻义不从为深忧也。故希圣之修——博学、审问、慎思、明辨、笃行之功,不可一端或缺,而机缄则管于改过迁善一念,此念必真必切,即吾学乃能脉脉日进,不至其极不止尔。

【注释】

【1】懋:努力。
【2】机缄:关键。
【3】几于:近于,几乎。

得力之验

吾儒进修,止期日进实工,初不计较效验,然考验得力之意,自不可无。故必于内而身、心、意、知,自考其能实尽致、诚、正、修之功与否?外而家、国、天下,自考其能实尽齐、治、平之功与否?其考验时,务体认其尽之出于疏密如何?出于安勉[1]如何?但觉其疏,即不远而复于密;但觉其勉,即悉意以图安。过而即知,知即不行,然后可见其平日工夫之切实、省克之深熟。不然,即恐自己有瞒昧托大[2],弗自知觉之弊耳。

【注释】

【1】安:安而行之,即出于本愿而从容不迫地做;勉:勉而行之,即非出于本愿而勉强地做。
【2】瞒昧:隐瞒欺骗;托大:大意,疏忽。

学问到积累后,见闻多,阅历久,不愁无知识。然其得力之实际,则却在遇理便能彻底通达,更无滞碍;遇事便能类推始末,烛照不远[1];遇人便能得其梗概,隐情可见。即不然而可欺以其方[2],难罔[3]以非其道,然后验见理之明通。

【注释】

【1】烛照:明察,洞悉;不远:眼前的事物。
【2】方:方法。
【3】罔:欺骗。

无事时见明守定,固足验其学力[1],然尚非难事。惟当毁誉得失,遇盘错[2]利害,前此疑惑者,至此能不疑惑,前此怆惶者,至此能不怆惶,前此恐惧者,至此能不恐惧,然后见平日涵养之得力。

【注释】

【1】学力:为学功力。
【2】盘错:盘绕交错。

学无人我,无内外,无止境,要之原为修己身,达己道,期于得志则泽加于民而成物,不得志则修身见于世而成己耳。然而遇合[1]何定?舍之则藏,必能使隐居求志之功不懈于草茅伏处之日,而遁世无闷[2]之意仍盎溢于世。不我知之时,处则有守之操无非穷居不损之天,乃见分定于穷居之日;不然,便属学不得力。

【注释】

【1】遇合:相遇而彼此投合。
【2】遁世无闷:逃离世俗而心无烦恼。

穷有穷分[1],达有达分,穷宜隐居求志,达即行宜达道。达而无可行之道,必其隐居时所求之志原非,又必其隐居所求之志原虚,而非得志则加泽于民之道;且使即有可行之道,而得意则惊[2],功成自满,亦必其心之不泰,而私之未化耳。故必兼善天下与大行不加之意合同而化,乃见分定于大行之日;不然,便属学不得力。

【注释】

【1】穷:不得志,不显贵,与"达"相对。
【2】惊:惊喜。

道无止境,学无止法。古之大人匪[1]独旧染污俗之日,日新又新之功不懈于神明,既德盛化神之时,正刻刻不忘戒慎恐惧之念。盖真见道者,乃见道之无穷,而时廑[2]望道未见之思;真好学者,乃知学之难已,而时凛缉熙敬止之功[3]。尧舜之兢业[4]、大禹之祗台[5]、成汤之圣敬日跻[6]与孔子之何有[7]、不能,皆此物此志也。若稍有一点满假,不特见心行之渗漏,亦是这兢惕之功未能纯而不已。故学问得力之验,于此更为实征耳。

【注释】

【1】匪:同"非",不是。
【2】廑:通"勤",尽力多做。
【3】缉熙敬止之功:语出《诗经·文王》"穆穆文王,于缉熙敬止。"缉熙:光明正大;敬:谨慎;止:语尾助词。
【4】兢业:语出《尚书·皋陶谟》"无教逸欲有邦。兢兢业业,一日二日万几。"兢业,即"兢兢业业"的省语,意思是谨慎戒惧。
【5】祗台:语出《尚书·禹贡》"祗台德先,不距朕行。"祗:敬;台:我;"祗台德先"是倒装句,应作"先祗台德"。
【6】圣敬日跻:语出《诗经·长发》"汤降不迟,圣敬日跻。"圣:聪明;敬:谨慎;日跻:天天向上。
【7】孔子之何有:语出《论语·述而》"子曰:'默而识之,学而不厌,诲人不倦,何有于我哉?'"《论语·子罕》"子曰:'出则事公卿,入则事父兄,丧事不敢不勉,不为酒困,何有于我哉?'"

人生道德功业以学问为血脉,而学问则会归于吾之性命,故学问必到尽性至命之地,乃为实诣[1],乃止至善。然尽性至命以何为符验[2]?必如得意时真能不惊,失意时真能不忧,则利害得失乃见其不撄[3]我素定之天。然这些去处最为难能,而见大知命者尚能至之。最是生死夭寿之间,易于忧惶贰心[4],必使到得夭寿生死之际,亦能不贰其心,而但修身以俟,如曾子得正而毙[5]、《论语》之朝闻夕可也[6],乃见天之常定、养之独深,而平日学问真得力也。盖吾儒不计生死,而以语仁为己任之意。所以,立命之旨则必以征诸死而后已、夭寿不二之地然后存顺没宁。浩然来者乃完完全全浩然还诸天地耳,则验得力者,亦必于此一息尚存之时,有此志不敢少懈之心,而后见其自强不息,与天地同运也。

【注释】

【1】实诣:实际造诣。

【2】符验:符合应验。

【3】撄:扰乱。

【4】贰心:异心,这里指丧失本心。

【5】得正而毙:语出《礼记·檀弓上》:"曾子寝疾,病。乐正子春坐于床下,曾元、曾申坐于足,童子隅坐而执烛。童子曰:'华而睆,大夫之箦与?'子春曰:'止!'曾子闻之,瞿然曰:'呼!'曰:'华而睆,大夫之箦与?'曾子曰:'然,斯季孙之赐也,我未之能易也,元,起易箦。'曾元曰:'夫子之病革矣,不可以变,幸而至于旦,请敬易之。'曾子曰:'尔之爱我也不如彼。君子之爱人也以德,细人之爱人也以姑息。吾何求哉?吾得正而毙焉斯已矣。'"举扶而易之。反席未安而没。"

【6】朝闻夕可也:语出《论语·里仁》"子曰:'朝闻道,夕死可矣。'"

品　读

　　《明学》选自《丰川全集正编》卷十四,具体撰写年份不详。《丰川全集正编》刊刻于康熙五十五年(1716),那么该文至迟也应作于斯年。可见,《明学》属于丰川早期的作品。《明学》的主旨在于阐明丰川所谓的真正的儒学,而目的在于教导学子学习真正的儒学。全文围绕三个基本问题而展开:第一个问题,何谓真正的儒学? 第二个问题,如何学习真正的儒学? 第三个问题,学习真正的儒学有何用? 对第一个问题的回答,构成《明学》中的"入门之要";对第二个问题的回答,构成《明学》中的"致力之实";对第三个问题的回答,构成《明学》中的"得力之验"。

"明学"意谓阐明"正学",所谓正学,是指真正的儒学。何谓真正的儒学? 这是《明学》拟回答的第一个问题。在考察丰川对这个问题的具体回答之前,有必要先来分析他为何会提出这样的问题,这就需要关注丰川所处时代的儒学现状。丰川将他生活之时代的儒学区分为三种:俗学,伪学,正学。他认为只有正学才是真正的儒学,是"圣人之学",是"孔孟之道";而伪学和俗学则不然。何谓伪学? 何谓俗学? 他说:"纵学圣人之学,而心不真便是伪学。但有同乎流俗之心,便是俗学"(《丰川全集正编》卷三《语录》)。伪学和俗学并不是儒学的理论形态,而是儒学在学习中表现出的实践形式。俗学,是由科考士子学习而表现出的儒学,其特点是儒学当成"口耳记诵之学"。科考士子学习的典籍虽然是儒家的"四书"和"五经",但他们学习儒学之初就"心存富贵,志在高官",仅利用儒学来攫取功名而已。就学习方法而言,科考士子大都背诵"四书""五经"中的格言,用作撰写八股文的资料;而不重视将圣贤之言践之于行,进而成就自己的德性和德行。伪学,主要是由政治投机分子学习而表现出的儒学,其特点是儒学尤其是理学被这类人作糟蹋成"假道学"。当朱子学被定为官学之后,出现了大批"不读朱子书"而只"以善骂陆王为尊朱崇正之计"的朱子学者。在丰川来看,这类人是"假道学之公名,以自饰其名利之私心者",是实实在在的"窃冒之学者"。总而言之,无论是伪学,还是俗学,都是"口诵而身不行,言是而学则非"(《丰川全集正编》卷八《侍侧纪闻》),而非真正的儒学。

同时,丰川生活的时代,就理学内部而言,是程朱理学与陆王心学激烈争斗的时代。其时的斗争情况是"尊王者依然攻朱,尊朱者依然攻王。一门之内,兄弟阋墙;一堂之上,僚友操戈。值兹一道同风之盛时,为畛争门竞户之陋习也。"(《丰川续集》卷一《示及门》)理学内部的争斗导致其发展江河日下,即丰川所谓的"门户争而大道隐"和"门户兴而真儒穷"。直面这种内讧,丰川产生了学绝道丧的危机感和振兴儒学的使命感。再者,作为李二曲的衣钵真传,他深悉其师"晚年谆谆折衷此学,每欲一消门户之偏私"的苦衷。所以,他自觉地以对"师门宗传遵而循之"的方式来消弭理学内部的朱王之争,进而达到对"千古道统护而持之"的目的。要消弭理学内部的朱王之争,首先需要探明其纷争的原因。就学理来看,朱王之争主要修养方法存在分歧:朱子学工夫笃实,但不免重工夫而轻本体;阳明学工夫简捷,但不免重本体而轻工夫。这种理论上的分歧导致"重言工夫者,往往攻击本体之说;重言本体者,往往攻击实用工夫之说"(《丰川全集正编》卷一八《答友人折衷学术书》)。那么,消弭二者的纷争"取长补短斯公道",具体而言,"救门户者,岂能外直奉先师孔子以为准,直遵《大学》全体大用,真体实功,一贯不偏之为会归?譬之指迷途者,值其荡析离居而无所复之,则引而归之正路,更进而归之安宅者。固理势之当然也"(《丰川续集》卷一三《复逊功弟》)。基于这种认知,丰川提倡理学应以"全体大用,真体实功"为宗旨。

"全体大用,真体实功"是丰川理学的旨趣,他对之有比较详明的说明:"全体大用:对举而言,则有全体不可无大用;有大用不可无全体。若论脉络,则有全体乃有大用;有大用乃有全体。真知实行:对举而言,则有真知不可无实行;有实行不可无真知。若论脉络,则有真知乃有实行;有实行乃有真知。正一体相成,初无轻重也。全体大用,真知实行:论条理,则体用为本体,知行为工夫,有本体不可无工夫;有工夫不可无本体。论脉络,则工夫所以全本体,故必真知实践而后全体大用;本体所以主工夫,故必所知者体全用大,而后为真知;所行者体全用大,而后为实行。本体工夫,正自一贯"(《丰川全集正编》卷七《侍侧纪闻》)。简而言之,"全体大用"是说:儒者既要有道德素养,又要有功业建树,但功业应当建立在道德基础之上;"真体实工"是说:儒者对德性的体验要真切,对德性的践履要扎实。

丰川理学以"全体大用,真体实功"为宗旨,能够和俗学、伪学、异学相区别。他说:"窃以为学术不会归'全体大用,真体实工'于一贯,有不可者。盖学而不知全体,俗儒、霸儒之学,亦异端之学也。不知大用,俗儒、异端之学也,亦霸儒之学也。不知真体,闻见凑泊之学,口耳记诵之学,亦异端寂灭之学也。不知实功,章句文辞之学,揣摩意见之学,亦异端虚无之学也。所以然者,全体者,大用之体,故谓之全体耳。俗儒、霸儒固不知有全体,即异端离用之体,亦体其所体,而非全体也。大用者,全体之用,故谓之大用耳。俗儒、异端故不知有大用,即霸儒无体之用,亦用其所用,而非大用也。真体者,所以主此实工,故体曰真耳。俗儒见闻口耳之学,故不知归着本体,即异端不用实工之本体,亦体其所体,而非吾儒所云之真体也。实工者,所以全此本体,故工曰实耳。俗儒辞章揣摩之学,虽勤敏而工原不实,即异端入山坐用之精专,而不知体用一源之工夫,亦工其所工,而非实工也"(《丰川全集正编》卷一九《答友人论体用工夫书》)。可见,以"全体大用,真体实功"为宗旨的理学才是真正的儒学,即丰川所谓的"正学"。正学是以"全体大用,真体实功"为宗旨的理学;那么,学者学习理学就应当立志学习以"全体大用,真体实功"为主旨的理学,这就是"入门之要"。

探明何为正学之后,接着就是第二个问题:如何学习真正的儒学?这涉及宋明理学的工夫论。工夫论探讨的是道德修养方法,丰川强调工夫要扎实,所以称为"致功之实"。《明学》提出"涵养"和"省察"两种工夫;就丰川的理学思想来看,工夫有两种"收心"和"养心"。其实,"涵养"相当于"收心",而"省察"相当于"养心"。

"收心",丰川有时用孟子的"求放心"表述。这种工夫的特点是主体意识到自己的本心迷失,然后自觉地运用一定的修养工夫来自复本心,归回自我。详言之,收心通过一定的方法去追认本心:就工夫进路来看,是由外向内的追寻;就内容来看,是由明心而见性,由制人欲而彰天理;就主体性来看,就是由迷而转悟;就形式来看,表现为"勉强""拘牵"。收心工夫如何具体落实?考察本心的迷失,无不是在主体接触外物时,自身的欲念情思纷起,本心为欲牵引,被情役使,悄无声息地溜走。所以,收心就需要首先将主体从纷繁的物事中隔离出来,然后再考虑做功夫。基于这种认识,丰川提倡"主静",具体说来,他认为收心的方法,"朱子'半日读书,半日静坐'之法最善"(《丰川全集续编》卷四《侍侧纪闻》)。

半日读书,读什么书?丰川规定"读正当书,非圣之书不必读",具体看来,除"四书""五经"外,主要是宋明以来诸儒语录。丰川认为:"读经不知读宋明诸儒语录,训诂执泥之弊所不免;喜读诸儒语录,不喜读经,门户偏泥之弊亦所不免"(《丰川全集正编》卷一《语录》)。所以,他将读经与读语录结合起来。他认为这样既可以培养生徒以宋明儒之心眼发掘经中所寓的道理,又可以培养生徒将心中理会的道理求证于经。作为收心工夫的读书,如何阅读?丰川说:"(读书)急缓固不得,若心意太急,惟知上前赶着,记诵无悠游涵咏、心理融浃之意,不惟书理无得;即心思亦彷徨纷扰,无收敛宁帖之趣,反是养心者还心矣。必如先儒所谓优悠餍饫,理顺心得,然后克符其旨"(《丰川全集续编》卷四《侍侧纪闻》)。可见,作为收心工夫的读书,是在悠闲恬静的阅读中仔细体会,悠然自得,淡然自足。就读书的目的来看,是要将已经丧失的本心收敛得安宁妥帖。

收心工夫就是收回放心,收敛本心。在丰川看来,"收敛是初学下手边事",即工夫的初级阶段。当放心被收回,本心澄明,还需要做更高层次的养心工夫。因为遗失的本心被召回后,就需要用养心工夫来护持本心。

"养心"就是涵养本心或保养本心,即保持本心不昧杂念蒙蔽,保持无滞无染的澄明状态。就工夫进路来看,是由内向外的彰显;就内容来看,是由性显而心明,由理存而无欲;就主体性来看,本自恒悟故不迷;就形式来看,表现为"自然""洒然"。可见,收心工夫是比较高级的工夫。如何养心?丰川说:

"大抵养心之道,养之于无事而静存时,并养之于有时而动用时。"简言之,就是"无事时,静摄;有事时,煅炼"(《丰川全集正编》卷一二《正心录》)。

静摄,就是闲暇时,时时存养,保持本心不失。需要说明的是,静摄与以静坐体认未发不同。静坐体认未发是"提醒收摄,还他本心"。就是说昏迷的本心醒悟,恢复了主宰作用;或者说迷失的本心回来了,归位主人翁地位。然而静摄是"收拾此心,令不散乱"。就是说维持本心的灵明,继续发挥其主宰作用,妄欲不生,私情不起,心体自然清宁。前者是本心已丧而对之追讨,后者是本心自在而对之保护,工夫层次自有高低之别。

锻炼,即对境炼心。如何对境炼心?丰川以应酬认识为例说:"若酬应人事时,能达得这人事是难却难。己之应酬,但莫更生厌恶,只以平心恕心,及过去不追,未来莫逆处之,即人事纷扰中不失行云流水之机,万变中本体仍自常虚常静,炯炯不昧耳"(《丰川续集》卷一三《答韩城张绅公中允》)。可见,在处事中煅炼本心,就是对待事情要平心处理,不能带有情绪或偏见。事情处理完之后,就将之抛之脑后,不能有与事情相关的念虑缠绕。尤其处理纷扰的事情,本心不可被事情折腾得烦厌。因为一旦有情绪的干扰和杂念的纠缠,本心的灵明便会被蒙蔽。总之,在纷繁杂乱的人事中,本心就如同行云经天,流水过地,自然运行;但不被杂念充塞,不被欲望牵引,自灵自明,无滞无染。

但无论是做收心功夫,还是做养心工夫,都是本心自己的活动。收心是心要除去已生的妄念,养心是心要妄念不生。其实是主体对内在意念的把捉、考察和取舍。但由于养心要煅炼于日常生活,所以做功夫又不能不对日用伦常循规蹈矩。基于此,丰川将工夫的特点概括为"起念处考察,制行上点检"。

第三个问题:学习真正的儒学有何用?丰川的"得力之验"对之做了明确的回答。境界是工夫修养的"效验",丰川认为对一个理学修习者来说,境界"固足验其学力"。他甚至在认为,对一个理学学者造诣的评定,境界的考察不可或缺,即他所谓的"考验得力之意自不可无"。那么,他在理学学说建构时,必然会设置境界论域。"内外两忘"是丰川提倡的境界论,他说:"只无欲,便澄然无事,内外两忘。能内外两忘,亦便心中无欲"(《丰川全集续编》卷四《侍侧纪闻》)。这是说主体在对本心的涵养中消解了物我之别,臻于物我两忘。

"物我两忘"的最高层次是生死两忘。所谓生死两忘,就是直面死亡时,泰然处之,心体依然如明镜止水,无丝毫紊乱之象。丰川生死两忘的境界说,若远溯其源,看似沿袭孟子的"殀寿不二,修身以俟之";就"存顺没宁"来看,也似对张载"存,吾顺事;没,吾宁也"的继承。但本质地看,他吸收了《庄子》的"死生亦大矣,而无变乎己"观点。"内外两忘"的境界臻至生死两忘,似乎已经达到至高境域。但是丰川并不认为这就是最终的境界,因为"学无人我,无内外,无止境"。

"得力之验"不只验证于境界,还要验证于事业。就丰川的成就而言,除了理学外;农田水利方面的成绩非常突出。水利方面,丰川有《井利说》被陕西大吏在陕西普遍推广,影响很大。井利指"取井之水"灌溉农田,从而获得更大的农业收益。乾隆二年(1737)至三年(1738),时任陕西巡抚崔纪将丰川的《井利说》付诸实践,倡导陕西百姓凿井二万五千余眼,在干旱中收效十分显著;乾隆九年(1744)担任陕西巡抚的陈宏谋,自觉地继承陕西凿井灌溉的工程,他在抚陕的十余年中,倡导老百姓先后凿井二万八千余眼,并制造了大量的水车;大大推动了陕西的农业生产。道光二十七年(1847),陕西巡抚林则徐考虑兴修关中水利时,陕西乡绅张鹏飞的建言中就有"王丰川有救荒凿井说",可以用来解决干旱难题。足见,丰川有关井利之论说对陕西影响深远。

丰川的《区田法》对陕西农业的影响也非常大。区田法是把田地挖成窝状之小坑来种植庄稼的一种耕作方法或技术。不过,丰川的区田法被著名农学史家王毓瑚称为"一种独创的耕作方法"。崔纪率先在陕西提倡百姓采用区田法耕种，收效显著；乾隆三年（1738）崔纪被调离后，陕西布政使帅念祖继续推广区田法；乾隆九年（1744）帅念祖离任后，陕西巡抚陈宏继续大力推广区田法；直至咸丰七年（1857）年曾望颜出任陕西巡抚，仍有士人将《区田法》作为治陕宝典推荐。

《明学》充分体现了丰川之学的特色——"道德经济，一贯之旨"。"道德"指道德品行；"经济"指经世济民，前者要求士人具有高尚的道德品质，后者要求士人具有服务社会的知识技能。丰川说"学者所以学为人"：就成人而言，理想之人应当是"道德经济，一以贯之"的"完人"；就学问而言，理想之学应当是"道德经济，一以贯之"的"正学"。丰川之学之所以具有"道德经济，一贯之旨"的特色，是因为其学以"全体大用，真体实功"为宗旨。

丰川主张"即行可以验学"；故而，"全体大用，真体实功"被他自觉地践之于行，从而将自己塑造成一位"道德经济，一以贯之"的"通儒"。作为儒者，丰川不只是一位"守身若处子，护心如护镜"的"有德之士"，而且是一位"学问渊博，有康济之志"的"经济之才"。所以，除儒学外；他在政治、教育、农业、军事和社会救济诸领域都有一定的建树。他这些方面的有关论述，诚如乾隆年间任陕西巡抚的陈宏谋所说，"有当时已行而效者，有未及行而验之十数年之后无不符合者"；特别是其中的《区田说》和《井利说》被陕西巡抚崔纪和陈宏谋先后在三秦大地普遍推广，极大地推动了陕西农业的发展。

丰川是一个自觉地以儒家圣贤之言规范自己的行为、以自己的行为体现儒家圣贤之言的儒者，是一个真正实践了"知行合一"的学人。就学术思想而言，他不只是一位"继横渠道统，承二曲心传"的关学宗师，更是一位"与东南学者相应相求"的"海内真儒"；就道德修养而言，他不只是一位"硁硁独造"的"有德之士"，更是一位"德业传后"的"三秦师表"。

（撰稿：刘宗镐）

李元春

李元春(1769—1854)，陕西朝邑(今陕西大荔)人，字仲仁，又字又育，号时斋。生于清乾隆三十四年(1769)，卒于清咸丰四年(1854)，享年八十六岁。李元春幼时家贫，入学后仍半日读书，半日负薪，然日夜勤苦，于书无所不读于嘉庆三年(1798)中举，任大理寺评事，继后九上春官不第，遂绝意仕进，归家教授，曾先后主讲于潼川、华原等书院。李元春之学归本于程朱，以诚敬为本而笃于躬行，其教生徒以程朱之学为主而不废举业，故门下多士，造就颇众，学者称桐阁先生。咸丰六年(1856)，陕西巡抚吴振棫奏请入祀乡贤祠。光绪元年(1875)，陕甘学政吴大澂奏请宣付国史馆，列入《儒林传》。

李元春为清代中晚期关学代表人物，著作甚富，计有《诸经绪说》《经传摭余》《益闻散录》《教家约言》《闲居镜语》《授徒闲笔》《桐窗呓说》《病床日札》《夕照编》等共百数十卷。此外，李元春还选编《七种古文》《关中两朝文钞》《关中两朝文钞补》《关中两朝诗钞》《关中两朝赋抄》《西河古文录》《关中三先生要语录》《关中道脉四种书》等，在继承、传播关学，整理关学文献方面，起到了重要作用。

桐阁[1]重刻关学编序

李元春

《关学编》[2]，冯少墟先生[3]所辑，以章吾关学，即以振[4]吾关学者也。先是，吾邑[5]赵廷璧先生[6]尝重刻之，而学师[7]中卫刘先生得炯即以少墟补入，又入吾邑王仲复先生[8]，意皆勤矣。然此编人皆知之，而后学犹未能尽见。予不敏，未能自振[9]，顾恒欲人之胥[10]振于正学。往与同志订《文庙备考》一书，邑中雷氏刻之，思此编亦不可不家置一册，因与及门共订补入七人，续入十二人。既成，邮寄江西，质于同学赣州郡守霍子松轩[11]，松轩以为此不可不公于人，而吾乡蒙君竟取付梓。

【注释】

【1】桐阁：即李元春。李元春名其学舍为桐阁，讲学其中，学者称桐阁先生。清代关中学者对《关学编》一书代有补续。1830年，李元春《增订关学编》，补入游师雄、王巡泰等二十一人。

【2】《关学编》：明代冯从吾编撰的一部关学学术史著作。该书以人物为线索，共收入上迄北宋张载下迄明代王之士的关学学者三十三人。其体例大致为先勾勒传主生平事迹，再简述其思想要旨，最后记载其可见的理学著作。

【3】冯少墟：冯从吾（1557—1627），字仲好，号少墟，陕西长安（今西安）人，学者称少墟

先生。

【4】振：起也。

【5】吾邑：家乡。邑一般指县。

【6】赵廷璧：赵蒲，朝邑人，为陇县知县时捐金刊刻《关学编》。

【7】学师：府、州、县学官又称学师。中卫人刘得炯时为朝邑学官。

【8】蒙君：指蒙天麻，陕西朝邑（今大荔县）人。

【9】王仲复：即王建常（1615—1701），字仲复，号复斋，明末清初陕西朝邑（今大荔县）人，关学学者。著有《大学直解》《诗经会编》《尚书要义》《思诚录》《复斋录》等。

【10】胥：皆也。

【11】霍子松轩：即霍松轩（1770—1839），陕西朝邑（今大荔县）人，嘉庆壬戌进士，历任镇原县令、南昌同知，署理赣州知府，故称"赣州郡守"。

有止予者，谓将有僭妄[1]之讥，予不以为然。夫学为圣贤，人人事也。学之，即不能为圣为贤，其可不以圣贤自勉乎？自勉于圣贤，即奈何不以圣贤为师乎？师圣贤，又安能已于向慕之心，不急急扬前人之为圣为贤者乎？世之人惟自阻曰："我岂为圣为贤之人？"人或又有阻者曰："汝岂为圣为贤之人？"而亦因以自阻，斯世遂终无圣贤。况吾不能为圣为贤，岂敢谓人之不能为圣为贤？则又何嫌于以不能为圣为贤之人望人之皆为圣贤也！止者又谓："所补所续，使学问行谊，一毫不符，即恐有玷[2]。"此论固然，然圣门弟子材不一科，品不一等，圣人有予[3]有斥，有未及论列，而既以圣人为师，承其传者，皆不可谓非圣人之学也。

【注释】

【1】僭妄：超越本分。

【2】玷：玉上的瑕斑，引申为缺点、污点。

【3】予：赞许。

此编有待补续，少墟固自言之矣。赵氏之刻补少墟并及仲复，诚当；而论者犹以未入家二曲[1]为歉。予正为续二曲，遂广搜罗，凡所得，皆取之史志，又数十年博访乡论，确然见为正学者，夫何疑于入此编中？如游师雄[2]，受业横渠，载之《宋史》，学术几为事功掩，然事功孰不自学术来？此疑少墟所遗也。他若在少墟前者,或未及盖棺,或与少墟同时同学及诸门人,少墟所不能入,又刘学师所未暇采也。至与仲复同时,二曲且漏,宜其漏者尚多,是皆乌得不补不续,而后之宜续者又乌能已耶?呜乎,前人为圣贤之学皆无名心,而后之人不可不章其名。章前人之名,以励后学,补缀遗编,与刊刻者同一心也。世之人不以为妄,亦或以"好名"议之,为所不当,为而避其名可也;为所当为,而避"好名"之名,天下之以"好名"败人自立为善者多矣!避之而诿诸他人,俟之后人,人尽如我,其又何望哉?

【注释】

【1】二曲:即李颙(1627—1705),字中孚,号二曲,明末清初大儒,陕西盩厔(今周至县)人,所著有《四书反身录》《悔过自新说》等,后人辑为《二曲集》。
【2】游师雄:游师雄,字景叔(1037—1097),陕西武功(今武功县)人,张载弟子,宋治平元年(1064)中进士,历官仪州司户参军、德顺军判官、宗正寺主簿、军器监丞等。

二曲少欲为圣学,乡人多阻挠之,甚有以为妖者。予自十四五,即有志程、朱[1],迄无所成。今年过六十,刻此编,犹愿与同志共勉于二曲少时之所为耳矣。编中,二曲以前补续者,予所录辑也;二曲及王丰川[2]传,令及门王生维戊为之者也;马相九[3]系马生先登[4]之先,与同学诸人皆年过二曲,老始延二曲为师,一时皆称"夫子",其学可知,即令先登为之传;孙酉峰[5]、王零川[6],近已皆入乡贤祠,则令吾儿来南为之传。

道光庚寅七月,朝邑李元春时斋甫题于桐阁学舍

【注释】

【1】程、朱:二程(程颢、程颐)与朱熹,代指理学。
【2】王丰川:即王心敬(1658—1738),字尔缉,号丰川,陕西鄠县(今西安鄠邑区)人,李颙弟子。著有《丰川全集》二十八卷,《续集》三十四卷。
【3】马相九:即马𫐄𡈶,字相九,陕西同州(今大荔县)人,李颙弟子,明末清初关学学者。著有《白楼存草》《卷石斋诗》等。

【4】马先登:即马先登(1807—1876),字伯岸,号龙坊,陕西朝邑(今大荔县)人,李元春弟子,长于经史。道光丙午中举,次年中进士,历官知县、知府,晚年汇刊其先世遗著为《马氏丛书》。

【5】孙酉峰:即孙景烈(1706—1782),字孟扬,陕西武功(今武功县)人,学者称酉峰先生,著有《四书讲义》《关中书院课解》《兰山书院课解》《西麓山启稿》《酉麓山房存稿》《滋树堂存稿》等。

【6】王零川:即王巡泰,字岱宗,临潼人,自号零川,受学于孙景烈,著有《四书日记》《解梁讲义》《格致内编》《齐家四则》《零川日记》等。

品 读

儒学发展到宋代,出现了濂、洛、关、闽等学派。张载是关学的创立者,也是理学的奠基者之一,但张载去世后,其弟子不少投入二程门下,关学几乎中绝。明代陕西著名学者冯从吾编撰《关学编》,共收入从北宋张载到明代王之士共三十三位关学学者,记述了他们的生平、事迹以及代表性著作。《关学编》在关学史研究方面具有奠基性的作用,对后人了解宋明时期关学传承发展的脉络起到了重要作用,同时又扩大了关学的影响力。

《关学编》在明代收录于《冯少墟集》中,并无单刻本,流传不广。冯从吾之后,清代关学学人多次重刻该书,并加以续补。道光庚寅(1830)年,李元春在乾隆年间赵蒲刊本基础上重订《关学编》,并续入七人,由朝邑(今大荔县)人蒙天麻出资刊行。李元春此序除了简单回顾《关学编》的撰著、流传及此次刊刻缘起外,重点放在对续补的说明方面。

《关学编》有待续补,也应该有人续补,这点冯从吾已言之。问题是应该由谁来续补?《关学编》并非一部单纯的人物传记合集,它记载和梳理了关学传承发展的脉络,可以说是关学学派的学谱,是关学学人精神上的家谱。如同家族的家谱一样,个人的名字、事迹能够载入家谱不但意味着他作为家族子孙的身份得到确认,而且意味着其自身价值和对家族的贡献得到承认。对关学学人而言,名字、事迹载入《关学编》,意味其作为关学传人的身份得到承认,其对关学传承发展做出的贡献得到肯定。对所有关学学人而言,这是一种重要性甚至超越现世财富、权力等的万世之名。因此,并不是任何人都有资格续补《关学编》,续补时稍有不慎,还可能引发学界的激烈批评。

李元春对上述问题显然不无考虑,但他没有纠缠这一问题,也没有正面予以回应,而是将重点放在《关学编》续补的必要性方面。宋明理学认为,人皆可为圣贤,所谓学本质上是学为圣贤。不承认人的这一可能性,是自我贬低,甚至自暴自弃。学为圣贤的途径则是学习往圣前贤的著作、言行和为人,因此,像《关学编》这类记载往圣前贤的言行、事迹和著作的著作便成了儒学传承的重要载体,不断续补之也成为了必要。从这一意义上讲,只要是关学学人,便都应该自觉承担续补《关学编》的义务。事实上,李元春并不是《关学编》的首个续补者。李二曲的弟子王心敬基于完整构建关学道统宗源的目的,除了续入冯从吾等七人之外,还重点对张载之前的关中道统人物做了补传。王心敬之后,三原人周元鼎将冯从吾的《关学编》和王心敬的《续编》合刊,并为王心敬作传,将其补入《关学续编》中。朝邑赵蒲刊本《关学编》亦续入冯从吾、王建常二人。至于哪些人应当补入,哪些人不应当补入,李元春采取了一种相对开放包容的态度,他认为只要是关学的传人,都可以补入,尽管他们的具体思想倾向有不一致的地方,但都属于圣人之门,不必强分彼此。

此序最后,李元春再度表明心迹,他之续补《关学编》完全出于作为关学学人的高度使命感和责任感,并非为了名利。在科举时代,虽然"书中自有黄金屋,书中自有千钟粟",但这些并不能给读书人以精神上的满足,能给读书人以精神上的满足的是圣贤之学。另一方面,读书人对圣贤之学的追求往往并不能带来科举上的成功,也不会带来世间的名利。李元春本人就是一个很好的例子,他虽是清代中晚期关学的代表人物,门下弟子颇众,但只中过举人,多次参加会试却都名落孙山。不过,百年之后,当年和李元春一起参加会试而中进士者已多无人记得,李元春却因此而被后人铭记。

原　命

吾生也天定之，天有时而不定者也，非天不定也，天之定因乎人者也。天因乎人，则天为无权，而天岂无权也？呜乎！斯可以知命矣。

命在天而予于人有二焉：曰理，曰数。有理而乃有数，理也，数也，一而已矣。数有定者也，理无定者也，抑亦皆有定，皆无定也？有定者在吾生之初，无定者在吾生之后。生而善恶不易，则富贵、贫贱、穷通、得丧亦不易，此所谓有定者也。然富贵、贫贱、穷通、得丧，可听其不易，而善恶不可听其不易，此所谓数有定而理无定者也。且使由善而恶则福转为祸矣，如由恶而善则祸转为福矣，此又所谓皆无定者也。伯夷[1]之饿也，仲尼[2]之穷也，颜子[3]之夭也，数也，非理也。或曰："未尝非理也。理之变，数之变也。"然而仲尼以圣称，伯夷、颜子以仁著，荣遇不在一时而在万世，德之厚者收名也远，当前之富贵、贫贱、穷通、得丧非所论也。此未尝非理之常，数之常也。要之，圣贤者惟知尽其理耳，数则何计哉？

【注释】

【1】伯夷:商末孤竹国君之长子。孤竹君欲以第三子叔齐为继承人。孤竹国君死,叔齐让位于伯夷。伯夷以父命为尊,不肯立而逃之,而叔齐亦不肯立,亦逃之。伯夷、叔齐同往西岐,恰遇周武王讨伐纣王,二人叩马谏曰:"父死不葬,爰及干戈,可谓孝乎?以臣弑君,可谓仁乎?"左右欲杀,姜子牙曰:"此二人义人也,扶而去之。"后天下宗周,伯夷、叔齐耻食周粟,饿死首阳山。

【2】仲尼:孔子字仲尼。

【3】颜子:即颜渊,是孔子最得意的弟子,于鲁哀公十四年先孔子而去世,时年四十,故称"夭"。

今人而不自修其德,于富贵通达则喜之,于贫贱穷阨则戚[1]之,是谓昧命[2]。业知有命,犹妄意富贵通达而思逃贫贱穷阨,汲汲焉如不终日,是谓贪命。知富贵、贫贱、穷通、得丧之出于一定,因而不自修其德,一切听之于天,是谓诿命。子曰:"不知命,无以为君子也。"[3]知命则必安之,安之则必立之,能立命故命在天而还在人。至于学成而行修,彼苍[4]自思所以位置之,而君子岂必容心于其间也?余半生绝无佳况,累试礼部[5]不第,因家贫亲老,时亦不免怼忧,因不恤背夫子罕言之意作原命以自解。

【注释】

【1】戚:忧愁,悲哀。

【2】昧:昏暗,不明。

【3】不知命,无以为君子也。《论语·尧曰》:"不知命,无以为君子;不知礼,无以立也;不知言,无以知人也。"

【4】苍:青黑色。天之色苍,古人又以苍代指天。

【5】试礼部:明清两代科举考试中的会试一般由礼部主持,故参加会试又称"试礼部"。会试一般在三月举行,故又称"春闱"。李元春于嘉庆三年(1798)中举后,九次参加会试不第,故有此言。

品 读

十九年前,我在华东师范大学攻读博士学位的时候,经常在图书馆坐到晚上关门。数年间,图书馆晚上关门前的提醒音乐似乎从没变过,就是那曲《一生何求》。在音乐中走出图书馆,我有时候也会思考:人这一生究竟应该追求什么?为什么会"寻遍了却偏失去,未盼却在手"?哪些东西是我们"求则得之,舍则失之"的?哪些东西又是我们"寻遍了却偏失去,未盼却在手"的呢?。这些问题其实都和命相关。李元春《原命》一篇没有泛泛地谈论命,而是试图通过"原命",即对命的推本究底式的探讨,来回答上述问题。

不同的人对命有不同的理解,大致可以把他们分为宿命论者和非宿命论者。宿命论者一般认为,人的一生早已注定,后天的所作所为不能改变什么,因此人也就不必刻意去追求什么,顺其自然即可。非宿命论者则认为,没有什么是天注定,爱拼才会赢,因此人这一生必须要有所求,有求才有得。人如果皆为宿命论者,人人皆处于无所求的状态,则人类的文明发展将无从谈起。但非宿命论者也需要回答现实提出的问题:为什么自己努力却没有结果,有人却坐享其成?为什么有德者遭逢坎坷,无德者享尽世间福报?凭什么"好人不长命,祸害遗千年"?

李元春不否定命由天定之说,但不认为人的一生事事皆为其注定。他认为,人的一生中有定,有不定:数有定,理无定;人出生之前有定,人出生之后无定。数有定,指的是人生的富贵、贫贱、穷通、得丧等外在之物是上天注定的,在人出生之前就已经确定不移。人在后天的行为不会对此有所改变,也就不必去刻意追求,得不必喜,失亦不必悲。理无定,指善恶等内在的道德品质,不是上天注定而取决于后天的人为,是求则得之的东西,人应该立志为善去恶,成为一个道德高尚的人。李元春此说代表了宋明理学在命这一问题上的基本立场。关学创始人张载就曾提出过命可分为"理命"和"气命"两个层次。其"理命"相当于李元春所谓理,"气命"则相当于李元春据说的数。从其对命的理解出发,李元春批判了三种对命的错误态度。其一,不致力于修德,却因为外在的财富、权势、声名等的得失而或喜或悲,这是不明于命者。其二,知道有命,却还汲汲于追求外在的财富、权势、声名,这是贪于命者。其三,知道外在的财富、权势、声名皆有定数,因而不自修其德,任意妄为,这是诿过于命者。

李元春及宋明理学对命的理解回答了上面我们提到的非宿命论者需要回答的现实提出的问题。即所谓的财富、寿命、穷通得丧皆属于数或者是"气命",是早就注定的,个人毋须过于关心,只需注重内在的道德修养,冥冥之中自有定数。

完整的儒学应该是内圣外王之学,二者之间存在紧密的联系,但如果把内圣之学仅仅理解为道德上自我修证、自我成就的学问,则内圣之学不必然能开出外王之学。宋明理学(包括李元春)对命的理解,一方面,激励着儒者关注内在的道德修养,并将此内在的道德人格表现为外在的道德行为;但另一方面,如果个人内在道德修养之外的一切皆为命中注定不可改变,人不必汲汲于事功,又不免有重内遗外之憾。

管宁[1]挥金不顾论

财利之际,圣贤之所审[2]也。孔子曰"见利思义"[3],义不当得,君子宜有确乎不拔[4]之操。若当取而不取,则是有私意于其间,而亦不可以为义,不可以为义即利也。何也?以有近名之心也,名与利,一也。

【注释】

【1】管宁:管宁(158—241),字幼安,北海郡朱虚县(今山东省安丘、临朐东南)人,东汉末年至三国时期著名隐士,《三国志》有传。
【2】审:慎重。
【3】见利思义:此语出自《论语·宪问》"见利思义,见危授命,久要不忘平生之言,亦可以为成人矣"。意为:见到财利就想到是否符合义的要求,见到危险能够奋不顾身,长期处于穷困之中能够不忘平日的诺言,这样的人也可以称之为人格健全的人了。
【4】确乎不拔:《周易·乾》:"乐则行之,忧则违之,确乎其不可拔。"确,坚定、坚决;不拔,不移易,不动摇。确乎不拔,意为坚定不可动摇。

管宁与华歆[1]共锄地,得金,宁挥金不顾,歆捉而掷之,人以此知其优劣。余以为幼安直未见金耳,幼安中心无欲,且志在于道,金在前不一入于目,故挥之。以为既见而又挥之不顾则不免近名矣。不然,亦未审于义利之说也。

夫锄地得金与不义迥殊,当此时如歆之见利而动,复矫情于一掷,其心迹固不待辨。挥金不顾特视捉而掷者,稍为镇静尔,能谓其心无计较之私哉?

【注释】

【1】华歆:字子鱼,平原郡高唐县人(今山东省高唐县)。汉灵帝时举孝廉,历任郎中、尚书郎、豫章太守、尚书令等。曹魏建立后,历任司徒、太尉,封博平侯。华歆和邴原、管宁并称"一龙",华歆为龙首为龙首,邴原为龙身,而管宁为龙尾。

"货恶其弃于地也"[1],幼安诚不爱金,不需金,使携金而归,散诸乡里之贫者,如宋刘凝之受衡阳王饷钱之事[2],于义谁曰不可,而必挥之以明己之廉乎?欲明己之廉则是矫廉而已矣。原思为宰[3],与之粟九百,思辞其多。子曰:"毋,以与尔邻里乡党。"处财利之际,当如圣人之所折衷于义。如挥金不顾之事,视原思之辞粟,更为不近人情也。故余直断以为幼安必未尝见金。

【注释】

【1】货恶其弃于地也:厌恶财货丢弃在地上这种现象。《礼记·礼运》:"货恶其弃于地也,不必藏于己。"
【2】宋刘凝之受衡阳王饷钱之事:宋,指南朝宋。刘凝之字志安,小名长年,南郡枝江人也,是当时著名隐士。《宋书·隐逸》:"荆州年饥,义季虑凝之馁毙,饷钱十万。凝之大喜,将钱至市门,观有饥色者,悉分与之,俄顷立尽。"义季即刘义季,时为衡阳王。
【3】原思为宰:原思,即原宪,字思。孔子为鲁司寇,以原宪为家邑宰,与之粟九百斗,原思辞让不受。孔子认为这是禄法所当受,禁止其辞让,告诉他,如果认为多,可以分给邻里乡党。《论语·雍也》:"原思之为宰,与之粟九百,辞。子曰:'毋!以与尔邻里乡党乎!'"

考《汉史》,幼安为人在徐穉[1]、申屠蟠[2]等以上。观其避地辽东,与公孙度[3]谈论惟及经义,还山专讲诗书,习俎豆[4],又尝戒邴原[5]潜龙[6]当以不见为德,固非有意近名,抑亦必邃[7]于学矣。或当世高其志,传闻其事而甚言之,作史者因以取焉,是未可知。顾后之论者,何不闻以其事之不合于中而辨之?曰:"君子自守,宁过于廉,毋过于贪,此固可使见利而忘义如华歆辈者愧也。"

【注释】

【1】徐穉：字孺子，豫章南昌（今江西南昌）人，《后汉书》有传。徐穉家贫，常自耕稼，非其力不食。恭俭义让，所居服其德，隐居不仕。史载陈蕃为南昌太守时不接待宾客，只有徐穉来了才特设一榻，徐穉走后又悬挂起来。王勃《滕王阁序》"徐孺下陈蕃之榻"即指此事。

【2】申屠蟠：字子龙，陈留外黄（今河南民权西北）人，东汉桓、灵时人物。申屠蟠九岁丧父，家贫，为漆工，不愿出任，隐居治学，博贯《五经》，兼治图纬，为郭泰、蔡邕等所重。时当汉末，名士少有全者，申屠蟠能够始终保全高志，避祸全身。

【3】公孙度：字升济，辽东襄平（今辽宁辽阳）人，初平元年为辽东太守，后割据辽东，建安九年（204年）病逝。

【4】俎豆：古代祭祀、飨宴时盛食物的两种器皿，泛指礼器。习俎豆指习礼。《论语·卫灵公》："卫灵公问陈于孔子。孔子对曰：'俎豆之事，则尝闻之矣；军旅之事，未之学也。'"

【5】邴原：字根矩，北海朱虚（今山东临朐东）人，东汉末年名士。邴原家贫，早孤，初为北海相孔融所举，历任司空掾、丞相征事、五官将长史之职，后随曹操征吴，于途中去世。

【6】潜龙：《傅子》："邴原性刚直，清议以格物，度己心不安之。宁谓原曰：'潜龙以不见成德，言非其时，皆招祸之道也。'"

【7】邃：深。

品 读

汉代以察举制简选官吏，社会上逐渐形成了品评人物的风气。这一风气在汉魏六朝时期最为盛行，最能符合当时品评人物标准的人往往成为当时的大名士。然而世有真名士，亦有假名士。真名士是有真实内在操守的人，至于内在的操守能否带来名士之名，又能否因名士之名而获取功名利禄，他们并不在意。假名士的言行往往同于真名士，但其言行不是内在操守的外在表现，而是为了猎取名士之名而刻意为之，是为了以名士之名为进身之阶而勉强为之。面对利益的诱惑，应该如何抉择，这往往成为真假名士的试金石。

管宁是汉末三国时人，曾与华歆、邴原一起游学，关系非常好。时人将三人合称为一龙，华歆为龙头、邴原为龙身、管宁为龙尾。管宁挥金之事不见于正史。晋裴启《语林》:"管宁尝与华子鱼少相亲,共园中锄菜,见地有片金,挥锄如故,与瓦石无异。华捉而掷去。"《世说新语·德行》:"管宁、华歆共园中锄菜,见地有片金,管挥锄与瓦石不异,华捉而掷去之。又尝同席读书,有乘轩冕过门者,宁读如故,歆废书出看。宁割席分坐曰:'子非吾友也。'"管宁、华歆二人对财富、权势的不同态度,成为人们品评二人品行之高下的依据。管宁挥锄不顾,视金钱如粪土,既是其高洁品行的象征,也在后世获得极高的赞誉。

李元春此论的观点颇有些与众不同。他认为,管宁根本就没有看到地里的金子,所以才锄地不辍。当然,李元春此论并非历史考证,而是基于人之常情和儒家义利观而做出的推论。儒家义利观的总体倾向是见利思义、重义轻利,但儒家并不要求人们对利益完全闭口不谈,不追求任何个人利益。相反,儒家所谓义的一个非常重要的内容就是合理分配利益。对个人而言,合理地追求个人利益,并不违反义的原则。管宁固然可以对地里的金子视若无睹,一点都不动心。但其不动心只有在金子是不义之财,不当取而不取的前提下才具有道德上的意义。那么,地里的这块金子是否不义之财呢?金子本身并无义与不义的区别,金子的获得、使用途径才可言义与不义。管宁、华歆二人锄地得金,即使二人拿了这块金子,从获得途径上说,亦不为不义。如果管宁拿了这块金子,不是据为己有,而是用以周济穷乏,则这一行为不但不为不义,而是义行。

李元春举两事以说明之。其一,是宋刘凝之受衡阳王饷钱之事。刘凝之是南朝宋时人,高尚不仕,自食其力,不慕荣华,在当时有高士之名。但当荆州发生饥荒,衡阳王刘义季担心其饿死,送钱十万给他时,他没有像一般所谓高士那样拒绝接受,而是"大喜"受之。当然,刘凝之的"大喜"不是为自己得钱,可免于饥饿而喜。史载,他"将钱至市门,观有饥色者,悉分与之,俄顷立尽"。刘凝之的"大喜"是因为他有了这十万钱,可以帮助他人,使更多的人免于饥饿,至于接受衡阳王赠送的这十万钱是否有损于其高士之名,并不在他的考虑计算之内。其二,是孔子予原思粟九百之事。原思作为孔子的弟子又担任孔子的家邑宰,孔子给他九百斗粟作为俸禄。原思觉得九百斗太多,不愿意接受。孔子告诉他,如果觉得多,可以分给邻里乡党。

在上述两事中,如果说孔子告原宪之语代表了儒家的义利观,刘凝之受钱而喜则代表了真正的高士、名士对钱财的态度。在李元春看来,如果管宁真的看到了金子,他也应该和刘凝之一样,把金子送给穷乏之人,而不是挥锄不顾。因此,他得出结论,管宁之挥锄不顾其实是没有看到金子。如果管宁见金却又挥锄不顾,那他和华歆就不过是五十步和一百步的区别了。

华歆捡起金子,说明他知道那是金子,但知其为金子而"掷之"是不符合人之常情的。"捉而掷之"四字虽短却非常形象,我们可以想见,华歆是经过一番思想斗争后才"掷之"的。思想斗争的结果是,取之虽获小利但损己之高名,故只能"掷之"。捉、掷之间,华歆思虑计较的皆是自身的利益,利是利,名也是利。管宁、刘凝之是真名士,华歆是假名士。真名士和假名士的区别就在于,真名士弃利亦可弃名,假名士求名终是求利。

(撰稿:王海成)

柏景伟

柏景伟(1830—1891),字子俊,号忍庵,晚号沣西老农。陕西长安人,晚清著名学者,关学代表人物之一。清咸丰五年(1855)乙卯科举人,后屡应进士未第。同治初年,以举人二等授定边县训导,未赴任。同治八年(1869),带父母避乱,隐居于终南山南五台竹林寺闭户读书。父母去世后,受长安县令旨意,柏景伟操办地方团练。后随陕西提督傅宗生前往湖北募勇,被延聘入幕府。左宗棠率师西征,柏景伟献计多被采纳,深得左宗棠器重。左宗棠保举柏景伟为知县,分陕西省补用,并加州同衔。由于政令不通,加之柏景伟本人亦不愿随波逐流,于是在光绪二年(1876)愤而辞职,返回故里。此后受聘于泾干书院、味经书院,以专办教育为职事。光绪三年(1877),关中发生饥荒。柏景伟除出面请巡抚发放仓存粮食救济灾民外,还在家乡创办私塾学稼园,免费收教贫寒子弟。

光绪十一年(1885),柏景伟又受陕西学使之约,移讲关中书院,任山长。关中书院是明万历年间的关学大儒冯从吾在与阉党作坚决斗争、被馋罢官后倾心于著作讲学而创立的,是继张载之后,力倡关学的学术重镇。光绪十四年(1888),柏景伟主讲关中书院时,深感冯从吾去世日久,著述思想日被淡忘。为了振兴关学,教化来者,他遂同长安县令焦雨田相商,官捐千金,其他耆老邑绅各捐巨金,由柏景伟主持,选青门学舍旧址(今西安西门外市第四十二中校址),重建冯恭定公祠,修斋房40余间,归属于少墟书院,这地方遂成为西安西郊童子读书的好场所。

与此同时,柏景伟还积极发展地方文化教育事业。他虽然经常咯血,但当接到陕西维新学派首领刘古愚约他筹办"求友斋"时,当即表示"虽不能为座上菩萨,仰或可为堂下护法"。眼见西夷日强,恃水战踞我沿海各口,讲求陆战以窥内地,柏景伟深感祸患已深,传统科举取士的学习内容难以挽回危局,而非"实学""新学"不可,故亲撰《求友斋课启》。在《课启》中,他将士子研学范围拓展为经史、道、政事、天文、舆地、掌故、算学等,日与士子相讲习,受到社会各方的支持。三原胡砺廉观察出千金以为斋费,泾阳寡妇吴周氏以两千金益之,兼刻有用书籍。除此之外,柏景伟又刊印了冯从吾的关学著作和其他许多实用书籍,建立了味经书院刊书处。经他倡导,在陕西设立了官办书局。他还发起建立少墟书院、崇化文会等,为发展陕西文化事业尽力。在"求友斋"和关中书院"志学斋"影响下,陕西学风大变。

光绪十五年(1889),柏景伟因病由关中书院辞归,但他仍不忘家乡教育事业。在冯村东门外半里许,修建学舍,此后,这里成为附近童子读书的场所。柏景伟的一些朋友、中举的学生在此设坛讲课,讲席中有蓝田的牛兆濂、三原的贺伯箴、周至举人宫秉南。光绪十七年(1891)中秋,为进一步弘扬关学,柏景伟邀请三原贺瑞麟、咸阳刘古愚两位关学大儒,将冯从吾创制、王心敬、李元春、贺瑞麟等人先后补续完成的关学史著作《关学编》重新厘订刊刻,此书后来成为关学史重要的谱系文献结集。因柏景伟在地方教育文化建设上的贡献,陕西巡抚和陕西学政于当年向清廷推荐柏入朝做官,慈禧太后批下部议。就在此时他因病而卒,享年60岁。光绪二十五年(1899),陕西巡抚上奏清廷获准,将柏载入国史馆《儒林传》。柏景伟先生去世后,他的门人、学生把其文稿、诗稿整理编印成《沣西草堂集》《柏沣西先生遗集》等。

柏景伟一生献身教育,发展教育。在教育中他相当重视学生的品德教育,曾说:"士所贵者,品德为最;品不能治,虽才如卢陵,学如斑马,掇魏科,莅显位,人多訾之;行果无亏,居乡可为纯儒,如官可为纯臣,末世犹有余芳"。他告诫学生,要有把纱帽提在手上、应掷去时即掷去的勇气和精神。他勉励门下宋伯鲁(礼泉人,光绪年间任副督察御使)不要随波逐流,不能只做官不干事。又告诫赵舒翘(光绪时任刑部尚书)对成绩不可矜张,做"好官",做

"清官"。在他的精心培育下,关中书院门人中举者50多人,一时传为佳话。柏景伟因此获"经师""人师"之美誉。

除教育外,柏景伟还为解除群众疾苦、稳定社会秩序而呼号奔走。光绪三年(1877),柏景伟讲学于泾干书院。时陕西大旱,渭北尤甚。他禀呈陕西巡抚停征官粮,并致函左宗棠、刘蓉等军政大员,获捐银8万两,赈济省内灾民。后又受咸长两县知县林馥庵、俞昆岩敦请,总理咸宁长安两县赈务,筹资12万两白银,解救两县饥民。光绪九年(1883),柏景伟征得长安县令同意,在冯村修义仓。义仓位于村子中间,坐西面东,建四椽三间粮仓两座,西边是冯籍廒义仓,俗称后仓;东边是村仓,俗称前仓。几年时间积存粮食1000多石,解救数百户贫困户者之春荒。同年,为了防治天花对婴儿的危害,柏景伟又禀奏长安县令并带头捐资,委托其弟柏景俾经办,在冯村创办长安牛痘局。长安牛痘局前后为儿童种牛痘三四十年,保护了长安西部和户县、咸阳附近方圆十里孩童的健康,这算得上是长安历史上民办公助的慈善事业。

柏景伟一生禀性好爽,为人正直,关心地方。乐善好施,人多敬之畏之。他去世以后,其弟子和邑人修建祠堂来纪念他。其友人刘古愚在《柏景伟墓志铭》中写道:"先生貌魁梧,望而懔然;处事接物不扰以私,进退必归于义,性抗爽,剖别是非不妪煦作长厚态,赴人之急如谋其身,友教四方善启发,其规过必直抉根,而示以所能改,劝善则诱掖,奖借必使欣欣自奋不能自已,故当时虽多畏忌先生。及卒,则同声悼且无异词也。"这正是对柏景伟先生的理想、人格、作风最恰当的评价。

校刻关学编序

冯恭定公《关学编》，首圣门四贤，卷一宋横渠张子九人，卷二金、元杨君美先生十二人，卷三明段容思先生九人，卷四吕泾野先生十三人。公序其前，而岐阳张鸡山[1]序其后，此原编也。丰川续之，则自少墟以及二曲门下诸子，周勉斋[2]即续丰川于其后。桐阁又续之，则于宋补游景叔[3]，于明补刘宜川[4]诸人，以及国朝之王零川[5]。贺复斋又续七人，即列桐阁于其中。为续编三卷。丰川编远及羲、文、周公，下及关西夫子[6]而下，非恭定所编例，去之。

【注释】

【1】张鸡山：即张舜典，人称鸡山先生。冯从吾《关学编》有传。
【2】周勉斋：即周元鼎。将王心敬续入《关学编》并刊刻其《关学汇编》者。
【3】游景叔：即游师雄。李元春将其补入《关学编》。
【4】刘宜川：即刘玺，冯从吾外祖父，李元春将其补入《关学编》。
【5】王零川：即临潼王巡泰，号零川，史调、酉峰门人。李元春令其子来南续入《关学编》者。
【6】关西夫子：此指汉代杨震。

刻既竟,乃书其后曰:自周公集三代学术,备于官师,见于《七略》,道学之统,自关中始。成、康[1]而后,世教陵夷,遂至春秋,大圣首出东鲁,微言所被,关中为略。降及战国,秦遂灭学。汉、唐诸儒,训诂笺注,循流而昧其源,逐末而亡其本。自宋横渠张子出,与濂、洛鼎立,独尊礼教,王而农[2]诸儒谓为"尼山的传,可驾濂、洛而上"。然道学初起,无所谓门户也,关中人士多及程子之门。宋既南渡,金谿兄弟[3]与朱子并时而生,其说始合终离,而朱子之传特广。关中沦于金、元,许鲁斋[4]衍朱子之绪,一时奉天、高陵诸儒[5]与相唱和,皆朱子学也。明则段容思起于皋兰,吕泾野振于高陵,先后王平川、韩苑洛,其学又微别。而阳明崛起东南,渭南南元善传其说以归,是为关中有王学之始。越数十年,王学特盛,恭定立朝,与东林诸君子声气相应,而邹南皋[6]、高景逸[7]又其同志,故于"天泉证道"[8]之语不稍假借[9],而极服膺"致良知"三字。盖统程、朱、陆、王而一之,集关学之大成者,则冯恭定公也。于是二曲、丰川超卓特立,而说近陆、王;桐阁博大刚毅,而确守程、朱。今刊恭定所编关学,即继以二家之续,盖皆导源于恭定,而不能出其范围者也。

柏景伟

【注释】

【1】成、康:指西周初、的出现的治世。中国西周时周成王姬诵、周康王姬钊相继在位统治期间。成康时期,国力强盛,经济繁荣,文化昌盛,社会安定,是周最为强盛的阶段,故有"成康之治"的赞誉。

【2】王而农:即王夫之,字而农,号姜斋、又号夕堂,湖广衡州府衡阳县(今湖南衡阳)人。他与顾炎武、黄宗羲并称明清之际三大思想家。著有《周易外传》《黄书》《尚书引义》《永历实录》《春秋世论》《噩梦》《读通鉴论》《宋论》等书。

【3】金谿兄弟:指陆九渊、九韶、九龄诸兄弟,因其家居江西金溪,故称"金谿兄弟",陆氏兄弟以倡导心学著称,故其与朱子之学同出儒门而微别。

【4】许鲁斋:即元代许衡。蒙元之时,许衡执教于陕,倡导朱子学。

【5】奉天、高陵诸儒:指金、元陕西诸儒。奉天,即乾县,指奉天杨奂;高陵,指高陵杨天德、杨恭懿父子。

【6】邹南皋:即邹元标(1551—1624),字尔瞻,号南皋,江西吉水人。明学者、教育家,万历进士。

【7】高景逸:即高攀龙(1562—1626),字存之,又字云从,江苏无锡人,世称"景逸先生"。明朝政治家、思想家,东林党领袖,"东林八君子"之一。

【8】天泉证道:亦称"天泉证悟"。指明王守仁在浙江会稽天泉桥上与大弟子钱德洪、王畿就"四句教"的师徒对话。

【9】不稍假借:假借:宽容。没有一点宽容。

窃论之:同此性命,同此身心,同此伦常,同此家、国、天下,道未异,学何可异也?于词章禄利之中,决然有志圣贤之为,此其非贤即智。贤,则有所为也;智,则有所知也。为衣食之事,未有不知粟帛者也;知粟帛之美,未有不为衣食者也。故"理一分殊"之旨,与"主静立人极""体认天理"之说,学者不以为异,而其所持究未尝同也。然则"主静穷理"与"先立乎大""致良知"之说,得其所以同,亦何害其为异也。明自神宗倦勤,公道不彰,朝议纷然。东林诸儒,以清议持于下,讲肆林立,极丰而蔽,盖有目无古今,胸无经史,侈谈性命者矣。纪纲渐坏,中原鼎沸,诸儒目经乱离,痛心疾首,遂谓明不亡于流贼而亡于心学,于是矫之以确守程、朱,矫之以博通经史,矫之以坚苦自立。承平既久,而汉学大炽,以训诂笺注之为,加于格致诚正之上,不惟陆、王为禅,即程、朱亦逊,其记丑而博,亦何异蜀、朔角立,而章、蔡承其后也。

某少失学,三十后始获读刘念台[1]先生书,幸生恭定公乡,近又谬膺[2]关中讲席,为恭定讲学之地,乃与同志重葺恭定公祠,而以其左右为少墟书院,因刊恭定所编关学而并及丰川、桐阁、复斋之续,凡以恭定之学为吾乡人期也。窃谓士必严于义利之辨,范之以礼而能不自欺其心,则张子所谓"礼教"与圣门"克己复礼"、成周官礼,未必不同条共贯,是即人皆可为尧、舜之实,而纷纭之说均可以息,亦何人不可以自勉哉?呜呼!是恭定望人之苦心,亦刊恭定遗编者之苦心也。

光绪辛卯中秋,长安柏景伟谨识

【注释】

【1】刘念台:即刘宗周(1578—1645),字起东,别号念台,明朝绍兴府山阴(今浙江绍兴)人,因讲学于山阴蕺山,学者称蕺山先生。

【2】谬膺:谬,错误的,不合情理的。膺,接受,承当。谬膺,谦辞。

品　读

柏景伟的这篇《校刻关学编序》是光绪十七年(辛卯,1891)中秋,柏景伟病重,不能执笔作序,故口述己意,而由咸阳刘古愚代作的,故而这篇序文在柏景伟《沣西草堂集》卷四和刘古愚的《烟霞草堂文集》卷二均有收录(《烟霞草堂文集》题作"重刻关学编前序")。即便如此,我们也要认识到这篇序文虽然出自刘古愚之手,但其思想观点则完全是柏景伟的,代表了柏景伟对关学的基本认识,以及他重订《关学编》之体例缘起。

《关学编》是关学历史最重要的人物谱系文献。其最早创制,是明万历年间关中大儒冯从吾(1556—1627)。入清之后,《关学编》起先在关中得到两次补续刊刻。先是,鄠县王心敬在雍正年间对《关学编》进行了一次补续(泾阳王承烈亦参与其事)。他在对冯从吾《关学编》原本进行订正的基础上,续入了冯从吾、清代李二曲及其同时讲学者、门人弟子数十人,同时将孔子之前的伏羲、泰伯、仲雍、文、武、周公六圣,两汉的董仲舒、杨四知二人补入。嘉庆年间,三原周元鼎在此基础上又续入王心敬并将该本刊刻。另外,朝邑学师中卫人刘得炯担心冯从吾的《关学编》"虽间有旧本,而版籍无存",于是约定仪陇县知县赵廷璧(名蒲,朝邑人)共同捐资刊刻之,并将冯从吾续入。同治年间,朝邑大儒李元春为了"章吾关学""振吾关学",故而召集弟子并亲自参与主持,为《关学编》补入明代部分四人,续入冯从吾之后十九人。此后,李元春的弟子三原贺瑞麟,又在乃师的基础上续入七人。但值得注意的是,由于刘得炯、李元春补续《关学编》的时候并未见到王心敬补续、周元鼎刊刻的本子,加上两人在补续中的旨意宗旨不同、认识范围不同等因素的影响,所以《关学编》的补续部分,就出现了两个不同的系列。到晚清,由于两个版本《关学编》都已经刊刻面世,所以就出现了如何在冯从吾原编的基础上,对后来这两系《关学编》补续进行整合的问题。而这一任务,就是由柏景伟召集当时的关中大儒贺瑞麟和刘古愚共同完成的。而柏景伟,则是这一重大事件的主持者。《关学编》修订完成之后,由他来介绍这次修订《关学编》的缘起体例以及主要思想,也是他义不容辞的责任和义务。但由于柏景伟当时已经病重,只能又刘古愚来执笔代他立言,这就是这篇序文产生的由来。

在该序文中,柏景伟首先在保证《关学编》冯从吾原编的基础上,根据王心敬、李元春二家补续"皆导源于恭定,而不能出其范围者也"的基本原则,对王、李二家的补续做了取舍删定。他的基本原则是,凡是王心敬在冯从吾《原编》的基础上已经续入了的,则舍弃李元春的所续入;王心敬没有续入的,则据李元春的续补入。同时,对于李元春补入明代部分则选入,对于王心敬所补入的先秦六圣和汉代二贤,则认为其不合冯从吾《关学编》的体例,一并删去。由此可见柏景伟以冯从吾《关学编》为依据的修订原则。在陈述了这一编订体例之后,柏景伟则进一步阐述了自己对关学发展源流的基本认识,而其大略有五。

首先,柏景伟阐述了关学出现的文化渊源。柏景伟指出:关学的出现,有其特定的历史渊源。他说:"自周公集三代学术,备于官师,见于《七略》,道学之统,自关中始。"由此奠定了关中在"道统"中的起始地位。然后柏景伟简略的陈述了周代成、康之后,社会教化日益陵夷,而后至春秋而孔子首出东鲁,微言所被,关中为略的概况。乃至秦遂灭学,汉唐诸儒守经注不变而鲜于明理笃行,以至于"循流而昧其源,逐末而亡其本",由此引入关学的崛起与发展流变特点。

其二,柏景伟辨析了北宋关学的基本特点。柏景伟认为,张载之学为

"尼山的传"与,由此可见横渠直接孔氏,为道统正传,与少墟以横渠诸君子折衷孔氏之意相同,今人不可以讲关学而割断其与孔学渊源,意尊横渠而忽孔子也。而关学在张载之时,即已独立成派,"与濂、洛鼎立",而其特点在于"独尊礼教",其地位"可驾濂、洛而上"。由此可见柏景伟对张载的认同和关学的推崇。对于张载关学与二程洛学的关系,今人有多种说法,其中一种观点认为关学并没有独立性,而是出于洛学。对此,柏景伟辩驳说,当时"道学初起,无所谓门户也",所以"关中人士多及程子之门"。柏景伟的这一判断是符合历史事实的。当时道学初起,都以弘扬斯道自期互勉,虽所见不同,然其心则一,所谓"天下殊途而同归,一致而百虑"也。故而就关学和洛学的实际情况而言,两者并所谓门户之见,而是相互推服、相互切磋、共同交流、一起进步的。柏景伟对北宋关学的卓识,对今天认识关学具有重要的价值。

其三,柏景伟揭示了元代关学的主要特征。柏景伟指出,南宋时期,朱子理学与陆氏心学同时并生,而后朱子学的传播特广。后来朱子学北传关中,在陕西提学副使许衡的推重下,关中奉天杨奂、高陵杨天德、杨恭懿父子以及奉元萧𣀌、同恕、韩择等诸儒,"与相唱和,皆朱子学也"。蒙元关中诸儒,所学近承朱子,朴实无华,不敢越规矩一步,故柏先生称其皆朱子学也。然朱子之学,又承张、程等人而来,对朱子学的传承,实际上也自然的包含了对张载之学的传承。特别是在当时的社会背景下,关学诸儒普遍皆博学泛观,重视礼教,崇尚气节,注重笃行,守持善道,又高尚其事,不事王侯,表现出关中士人特有的风骨,故而不可谓金、元关中诸儒承朱子而与张子无关。其重礼尚行、与时俱进之风气,正隐然承自张子也。

其四,柏景伟梳理了明代关学发展流变。柏景伟首先说,明代的关学,"段容思起于皋兰,吕泾野振于高陵,先后王平川、韩苑洛,其学又微别",这已经点明明代中期关中理学,即有以段坚发端、吕柟为代表的河东关中之传,以及王承裕代表的三原之学、韩邦奇为代表的朝邑之学。显然,柏景伟对明代中期关学内部流派的这种区分,比黄宗羲《明儒学案》将明代关学划分为河东之学和三原之学的说法更符合实际。接着柏景伟说,而后则有阳明之学崛起于东南,而渭南南大吉兄弟善传其说以归,"是为关中有王学之始"。约数十年,王学特盛,而冯从吾慨然立朝,与东林诸君子声气相应,而能拒绝批评阳明"无善无恶心之体"之说而接受服膺其"致良知"之说,表现出以关学的立场抉择异地理学的理性思辨色彩,故而他说:"盖统程、朱、陆、王而一之,集关学之大成者,则冯恭定公(冯从吾)也。"这是他对冯从吾的高度评价和历史地位。

最后,柏景伟总结了清代关学的学术倾向。柏景伟特别推崇二曲与桐阁学派。他盛赞"二曲、丰川超卓特立,而说近陆、王;桐阁博大刚毅,而确守程、朱",这可以说是对两派特点的精当概括。然而,二曲、丰川说近陆、王而未必不尊程、朱;桐阁确守程、朱而未必不摄取陆、王。窃以为,柏景伟所言,实际上以关学大抵以横渠宗风为宗旨,而以少墟集大成。譬而言之,程、朱、陆、王,皆水也,而舀此水之具,则横渠也。关学各人禀赋天资各异,立言不同,故于程朱陆王取舍不同。然而学者不可拘泥门户之见,以二曲等同于陆、王,桐阁等同于程朱也。在这种认识下,柏景伟对《关学编》的重订,才以"二家之续,盖皆导源于恭定,而不能出其范围者也"。

在对关学发展源流梳理的基础上,柏景伟进而论述了理学发展流变的大势。在他看来,天下"同此性命,同此身心,同此伦常,同此家、国、天下,道未异,学何可异也"?天下之道为一,贤、智之别不同,贤,则有所为也;智,则有所知也。然而,所为必然包含所知,所知也必然寓于所为,故而对于程朱理学与陆王心学,学者不应将其对立而应该将其统合起来,"得其所以同,亦何害其为异也"。窃以为,尊德行与道问学,本自一贯,后学愚妄,固执一端,柏子俊先生见得程朱与陆王异同贯穿处,真有卓识! 柏景伟在此基础上批评了晚明到近世的学术流变,他说"明自神宗倦勤,公道不彰,朝议纷然。东林诸儒,以清议持于下,讲肆林立"。然而这种情况"极丰而蔽",也产生了"有目无古今,胸无经史,侈谈性命"的弊端,而后"纪纲渐壤,中原鼎沸,诸儒目经乱离,痛心疾首",产生了"明不亡于流贼而亡于心学"的说法。到清初,针对心学流弊出现了"矫之以确守程、朱,矫之以博通经史,矫之以坚苦自立"的多种现象,随后"承平既久,而汉学大炽,以训诂笺注之为,加于格致诚正之上"。如此则"不惟陆、王为禅,即程、朱亦逊,其记丑而博,亦何异蜀、朔角立,而章、蔡承其后也"!柏景伟的此一节论述,自明末心学流弊而及清初朱学之复兴,自朱学之兴起而及汉学之崛起,正是此一时期学术流变之大概,然吾关中自有确守理学之传而不为流俗世风裹挟者,此正关学风骨。如柏景伟、贺瑞麟、刘古愚三先生,亦可见一斑也。

在该序文的结尾,柏景伟还点明了他继承弘扬关学的志向和期望。先生言,他少年失学,三十岁之后才读到刘宗周的著作,又有幸出生在冯从吾故乡,主持关中书院,其与同志重葺恭定公祠、置少墟书院,刊订《关学编》,凡此种种,都是"以恭定之学为吾乡人期也"!由此可见柏景伟关注现实的用心所在。在柏景伟先生看来,"士必严于义利之辨,范之以礼而能不自欺其心",正是一切为学的目标。若人人都能如此,则张载所重的"礼教"与孔子的"克己复礼"、成周官礼等都能贯通起来,"是即人皆可为尧、舜之实,而纷纭之说均可以息,亦何人不可以自勉哉"?而这,不仅是冯从吾对寄托给世人的苦心,也是他之所以刊订冯从吾《关学编》的苦心,其遥追周孔之教,承续横渠、少墟之传,以振兴关学的殷殷期望,油然跃于纸上。

(撰稿:魏冬)

贺瑞麟

贺瑞麟(1824—1893),名均,字角生,号复斋,陕西三原县人。少年时读《泾野子内篇》,慨然发奋,后肄业宏道书院。弱冠问道朝邑(陕西大荔县)李元春,见圣学大略。曾自述此时"泛滥于有明以来诸讲学之书,书愈多、讲愈烦,而心愈无主"。后取《小学》《近思录》读,始窥门庭户牖、喜得入圣阶梯、转入关学道。乡试接连失利后,经七昼夜,痛思"学当为己,此外无他",科举乃携文以求售,遂决仕进之意。曾与人论:古之圣贤不求人,也不教人求人,而科举使士子"弊于八比""陷溺词章",携文求售,有违圣贤明体达用之实、行义达道之期。即他所谓:"古之学者为己,为青紫而明经,为科举而业文,去圣人之道远矣"。从此,贺瑞麟潜心理学,终生奉程朱为圭臬。晚年曾语人:"河南之教'涵养须用敬,进学则在致知',此是一定途辙。秦汉以来,无人说得如此分明确地,朱子一生工夫全是就此做到极处。"

咸丰初年,贺瑞麟先后结识大荔杨树椿(1819—1874)、山西芮城薛于瑛(1816—1878),三人志同道合,东来西往,为终身挚友,共以程朱性理之学讲论砥砺,以立志、居敬、穷理、反身为职志,史称"关中三学正"。贺瑞麟曾与薛于瑛论:"吾恐吾志不立,将不得望孔孟程朱之门,岂徒为大言?吾恐吾敬不居,将有负于天地父母之身,岂敢不小心?吾恐吾理未穷,则无以格物致知而有尽心知性知天之乐,又安可不勤学?吾恐吾身未反,则无以为诚正修齐治平,而德、功、言皆有不立之忧,又安可不慎修?"

同治元年(1862),陕甘回民起义爆发,关中一时战火四起。贺瑞麟携家东渡黄河,寓居山西绛州。其间,与薛于瑛、杨树椿等朝夕聚讲,刻书授徒,结伴游历。同治三年(1864),回乡帮助地方官乱后重建,丈量地亩、摸排民情、散给牛种、救助疾苦、重修方志等，认真负责，殚精竭虑。同治四年(1865)到同治八年(1869)，贺瑞麟主讲三原学古书院，立学规六条，以圣贤之学为宗。立学要六条，以明道学之宗。他总结：道统之传，自尧、舜、禹、汤、文、武、周公、孔子递相授受，孟子殁后其传中断，历千五百年，周、程、张、朱数子出，"斯道大明如日中天"。因此，学者不欲学圣人则已，如欲学圣人，则圣贤相传之渊源，必以此为标准、为归宿。进而强调"学术一差即道统莫属，虽殚精竭思，穷年矻矻，欲有以续夫千古盛传之统，必不能也"。讲学之余，贺瑞麟克勤克俭，为书院建藏书楼，"购经史子集一千四五百卷，然皆正学之编，无以偏驳猥俗之籍"。

贺瑞麟道继横渠、学尊程朱，一生将正学、异学、程朱、陆王之辨发挥到极致。在他看来，宋元以来门户分歧，明代尤甚，对此如果不加辨析，必使学者误入歧途。因此，他总览学人讲学文集，为之分门派别，究极异同。以程朱一派为孔孟真脉，是程朱即是孔孟，非程朱即非孔孟。他认为，"如陆象山之'顿悟'，王阳明之'致良知'、'无善无恶'，高、顾之'恶动求静''潜神默坐''呈露面目'"，此诸虽以圣贤自命，实则是对圣贤的悖逆。为学如果不明此理，舍程朱而他务，结果必然不为俗儒记诵词章，即为异端虚无寂灭，既不然而阳儒阴释。反之，贺瑞麟时常强调，为学要由《小学》《近思录》入手，以达于四书、六经，如此则途径不差。继而，只要恪遵居敬穷理之教，实致其力，自然会有实得。在贺瑞麟看来，程朱的居敬穷理是儒家传统文化的集中代表，"虞廷之精一、孔孟之博约，与程朱之居敬穷礼一脉相传"。以是之故他强调，唯有居敬穷理，才能学有所得，"学者果能于敬字认的真，做的实，则百病皆去"。

同治九年(1870)，贺瑞麟在三原创办清麓精舍，于此讲学、授徒近20年，成就斐然。期间，他多次于宏道书院等地讲习乡约礼，"环而听者，堂舍几不能容。"讲学之余，贺瑞麟充分利用各种资源，竭力刊刻理学典籍，"清麓精舍之成，而关中文献之传寄于是矣"，"北省刻正学书，莫盛于斯"，对已陷低沉的清末理学,颇有重振之功。贺瑞麟终身以振兴关学为志业,为此他四处奔波,成功推动清代关学学人王建常、张秉直、李元春、杨树椿等位列先贤祠崇祀,并为其刻碑立石、刊刻著作,使其余绪不坠。在清廷为编《儒林》访查地方之际,贺瑞麟将王建常等关中名儒十四人学行,翔实完备地汇编成册、整理上报,为关中文脉的历史传承起到了重要作用,被后世赞誉"数百年湮没不彰之举,至先生而一发其幽。集关学之大成,非先生其与谁归"。

光绪十九年(1893),贺瑞麟谢世,享年70岁。生前讲学论答、书信手札、墓表酬答之种种,门弟子集为《清麓文集》《清麓答问》《清麓遗语》,手书有《清麓日记》等。其学行及影响,左宗棠曾评价:"学术纯粹,真朱子的派。"四川臬司牛树梅称其:"实践躬行,力绍关学。"陕西巡抚刘蓉称其:"学尊程朱,三秦魁杰之士。"亲炙弟子孙乃琨总结道:"其生平向道之勇、辨道之精、体道之实、卫道之严,真不愧关中之学统,海内之儒宗,开西北之风气,绍前圣之心源。张子谓'为天地立心,为生民立命,为千圣继绝学,为万世开太平',惟先师足以当之。"

重刻关学编序

贺瑞麟

关中其地土厚水深,其人厚重质直,而其士风亦多尚气节而励廉耻,故有志圣贤之学者,大率以是为根本。三代圣人具见于经,不待言也。秦汉及唐,圣学湮塞,知德者鲜。宋兴,明公张子崛起横渠,绍孔孟之传,与周、程、朱子主盟斯道。早悦孙、吴[1],年十八欲结客取洮西之地,慨然以功名自许。及其撤皋比[2],弃异学,任道之勇,造道之淳,学古力行,卓为关中先觉,此少墟先生[3]关学编独推先生首出,而为吾道之大宗也欤!后之闻风兴起,代不乏人,莫不以先生为景仰,故一续再续,深书大刻,岂非以先生之学恳恳然属望于吾关中人士者哉?

【注释】

【1】孙、吴:即孙武、吴起。张载年少时与邠州(今陕西彬州市)焦寅交好,跟随焦寅学习兵法。

【2】皋比:虎皮,讲席上铺的坐垫。

【3】少墟,即冯从吾(1557—1627),字仲好,号少墟,晚明西安府长安(今陕西西安)人。

吾友长安柏君子俊[1]，少喜谈兵，欲有为于天下，大类横渠。其强毅果敢有足以担荷斯道风力，卒之志不得伸。近岁大宪[2]延聘教授关中、味经各书院，三秦之士靡然从之。又倡议创立少墟专祠，盖思以少墟之学教人，并思以少墟所编诸人及续编诸人之学教人，谓非重刻诸编不可。刻既竣，君病日亟，手授门人，犹欲商订于余，且属为序，其用意关学如此。胡君竟不起疾也，悲夫！

【注释】

【1】子俊：柏景伟（1831—1891），字子俊，陕西长安冯村人。
【2】大宪：古代官吏对上司的称呼。

惟君生平重事功，勤博览，其论学以不分门户为主，似乎程、朱、陆、王皆可一视，虑开攻诘之习，心良厚矣！夫学为己者也，攻诘不可也，然不辨门户且如失途之客，贸贸焉莫知所之，率然望门投止，其于高大美富，将终不得其门而入矣，可乎哉？是非颠倒，黑白混淆，道之不明，惧莫甚焉。学以孔孟为门户者也，程朱是孔孟门户，陆王非孔孟门户，夫人而知之矣。先儒谓不当另辟门户，专守孔孟如程朱可也。孟子夷、惠不由而愿学孔子，岂孟子亦存门户见乎？余尝三四见君，知其意不可遽[1]屈，硁硁[2]之守老亦弥笃，意与君益各勉学，或他日庶有合焉，而今已矣。不意君犹见信，辄以关学相托，复取私录诸人而亦刻焉。窃恨当时卒未获痛论极辨，徒抱此耿耿于无穷也，吾乌能已于怀哉！学术非一家私事，因序此编而并序余之有不尽心于君者。倘不以余言为谬，或于读是编也，亦不为无助云。

光绪壬辰孟秋，三原贺瑞麟谨识

【注释】

【1】遽：立刻。

【2】硁硁：固执。

品　读

《重刻关学编序》是清末关学代表人物贺瑞麟，为柏景伟和他二人合作补编、整合、刊刻冯从吾《关学编》及历代续编完成之际所作的序言。在开篇处，贺瑞麟对张载创立关学的时代和思想背景，即传统儒学历经汉唐佛教的冲击逐渐在意识形态领域被边缘化的情形，做了简要介绍，以此突出张载及其所创立的关学对儒家思想在宋代振兴，换句话说，对儒家道统在宋代的挺立，具有不朽之功。

关学在金元沉寂后，到明代以吕柟和冯从吾为代表，分别在明中期和晚期迎来两次发展高潮。这一时期，关学与程朱理学和阳明心学的发展同频共振，一直秉持开放的心态汲取各家学说，作为丰富和发展自身理论的思想资源，所以明代关学主要呈现出程朱化和心学化两条发展路向。正是以此为基础，冯从吾作《关学编》时，才有条件站在新的历史制高点上，对所选诸人不分门户，以"统程朱陆王而一之"为入编标准，体现出关学的包容和气度。可以说，冯从吾既对以往的关学史进行了总结和集大成，又为关学的未来发展奠定了恢弘的基调。

明清易鼎，清王朝作为新的统治者，虽然内心排斥程朱理学，但是依然秉持"夷狄为诸夏则诸夏之"的观念，以尊崇程朱理学、抑阳明心学为文化策略。根源在于，兴起于明代中晚期的阳明心学，通过"良知"说，强调"满街都是圣人"，提倡人人平等，本身就是对程朱理学为代表的正统和权威的挑战。作为新的统治者，清王朝必然要对阳明心学的思想挑战进行严防和打压。另外，清初学者在总结明王朝覆灭的原因时，有一股强烈的声音认为，心学末流的空谈之风应该为此承担不可推卸的历史责任。综合所致，清代关学未能沿着冯从吾开创的整合路向继续前进。相反，仍然延续程朱化和心学化两条路向。前者以王建常、张秉直、李元春、贺瑞麟等为代表;后者以李颙、王心敬、柏景伟、刘古愚等为代表。不容忽视的是,清代的程朱化关学与以往相较,对陆王心学的拒斥更加严厉,对所谓正学、道统的维护更是竭尽全力。同样,清代心学化的关学与以往相比积极主动的与程朱学调和,貌似是对冯从吾的承继,实际上是对现实和权威的妥协和退守。

当然,无论是程朱化还是心学化,清代关学始终坚持"学政不二""崇实致用"等关学基本精神和历史传统。程朱化的关学反对陆王心学及其末流的空疏之风,强调传统儒学的为己精神,力倡躬行实践、实修实行,以实现对传统关学精神的坚守和确证。可以说这种学风到贺瑞麟时达到极致。心学化的关学同样反对空疏之风,但是他们更多的是反对将程朱理学道学化、口耳化、辞章化,强调实行、实干,因此积极投身于现实社会的建设之中,以实现对传统关学精神的落实和发扬,到清末时,柏景伟堪称代表。总之,清代关学家从不同的面向对张载所开创的关学及其精神一次又一次地回望和拓展。以是之故,对《关学编》的刊刻,不仅是文献和学术的保存与传承,更是精神和灵魂的洗礼与朝拜。冯从吾之后,《关学编》"一续再续,深书大刻",其中最后一次补编,就是柏景伟和贺瑞麟两位笃定的关学大儒合作实现的。

关学发轫于张载,但对自身学术史的自觉,则始于晚明冯从吾,冯氏著《关学编》作为关学史自我建构的集成,开关学史研究先河。冯氏身后,《关学编》代有刊刻和补续。清初李二曲门人王心敬有感于代移世易,百年间关学史传记断缺,"后之征考文献者,将无所取证",因此增补冯从吾、李二曲及弟子等七人入《关学编》,书成于1726年。之后周元鼎于嘉庆七年(1802)在此基础上将王心敬续入。此外,刘得炯学署朝邑(陕西大荔县)期间,有慨于年代久远,冯从吾《关学编》版籍散佚,"恐迟之又久,澌灭殆尽",遂在乾隆二十一年(1756)与仪陇知县朝邑籍赵蒲共同出资刊刻,"以昭来兹,示典型",补入冯从吾和王建常二人。之后李元春评价刘、赵此举"诚当"。为振兴关学,李元春广泛搜罗,积十年之功于道光十年(1830)"订补入七人、续入十二人"。

继王心敬、李元春后,贺瑞麟再次补编、刊刻《关学编》。分前后两次,初次在同治七年(1868),继承乃师李元春振兴关学为己任的心志,心系关学道脉的传承。在赵本基础上将李元春所补续内容增列,同时为李元春作传,一并补入,力求"完璧"。他强调,此举乃"为所当为于以振兴关学,延斯道于勿坠"。贺瑞麟对《关学编》第二次补编在光绪十八年(1892),源于柏景伟任关中书院讲席期间,因感怀书院乃冯从吾讲学旧地,且冯从吾对振兴关学有不朽之功,而冯从吾祠早已毁废。因此,柏景伟上下奔走,力倡重建冯从吾专祠、立少墟书院。且拟定刊刻其关学史名著《关学编》,并将诸家续补内容合刻为一。柏氏自序,此举是"以恭定之学为吾乡人期也"。不料功未竣,柏景伟病重卧榻,遂将此事托付给贺瑞麟。二人就冯、王二编的得失,如何整合冯、王、李三编的内容,人物的选择等多方讨论。序文所记,正是此间详情。

在此,贺瑞麟既有对柏景伟德行的高度赞扬,又有对他心系关学、力振关学的敬佩。但更重要的是对他治学合程朱陆王于一体、不辨门户表示遗憾"是非颠倒,黑白混淆,道之不明,惧莫甚焉。"可见,二人分歧的核心正在对陆王心学的态度上。柏景伟提倡为学要打破门户之见,强调学者同此身心性命、同此家国天下,"道未尝异,学何可异?"对此,贺瑞麟则表示坚决反对。甚至因为未能在柏景伟生前将此问题辨析透彻,促其立场改变而感到万分遗憾,"窃恨当时卒未获痛论极辨,徒抱此耿耿于无穷也"。

究其原因,贺瑞麟学尊程朱、道继横渠,强调为学要以成孔孟圣贤为志。他总结道:"圣贤之学,一复性尽之。"此性,即孟子所讲人性善。并强调,人性善是孔孟道统的精髓,从天命源头处揭示了儒家学说的本质,"至善是事理当然之极,事理当然之极即从天命之性来,吾儒所以本天亦此理也"。在他看来,此"事理当然之极",便为现实的人和社会确立了最高的、最后的、超越的道德本原,"天下道理皆一性字贯之""圣贤之学,性、理二字尽之"。因此,儒家学说无非发明此理,使人知"性"而全之、知"道"而求之,由工夫以达本体,变化气质以明善复初。

贺瑞麟认为,孔孟后儒学不彰,唯"此性不明"。直到周、程、张、朱出,尤其是朱子集诸家大成,以"性即理""理一分殊"说贯通本体与工夫,孔孟之道才得以豁显。他指出,"理""性"高扬了超越的大本大原、永恒的宇宙大道,是包括人在内的世间万物之所以存在的逻辑依据,"气如卒徒,理如元帅,天地之间,只这一气莽莽荡荡,若不是理做主宰,安得不胡乱起来"。当然,理气有别而理在气中,"初非别为一物,所谓一而二,二而一者也"。所以,贺瑞麟格外青睐朱子的"理一分殊"说和张载的"心统性情"说,主张在此基础上,以敬贯动静,变化气质,存心养性,最终实现尽心、知性、知天。

相应地,贺瑞麟指出佛、道二氏及陆王学说的最大问题在于,无视宇宙和世间的超越之根本,无视性、理、道的存在,"金溪、姚江虽各有所主,然皆师心自用,其不知性则一也","阳明之病一言以蔽之,只是认心为性"。他强调,儒家所谓心为身之主宰,为万事万物之主宰,关键就在于此心中挺立有超越卓然之理,"所以为之主宰者,以其具是理而已"。换句话说,所谓心为主宰其本质仍然是理为主宰。而佛教和陆王的"心即理"直接将贯穿在心里面的超越之理消解掉了,所谓心只是无理之心,是悠悠荡荡之心,以其"谓身与事物之主宰,岂可哉"?所以他指出,真儒之说"本天",陆王异端"本心",此是二者的根本分际,"本天、本心二语便是判断吾儒与异端之要领。陆王一派亦只以'心即理也'"。同样地,他批评佛教不明白"心"要以"性"为前提,则所谓心只能是气,如此则"识心见性"注定流于口耳、陷于空疏。一句话,"本天"是真儒,"本心"是异端。

以是之故,贺瑞麟严黜二氏异端之说、辨程朱陆王之学。他认为,辨学是趋向圣贤的前提,不然则"误入荆棘","学术一毫假借不得,毫厘之差千里之谬"。而辨学的核心自然是尊程朱、斥陆王:"学以孔孟为门户者也,程朱是孔孟门户,陆王非孔孟门户。"因为,陆王师心自用,弃六经、乱圣道,"真万世蟊贼"。贺瑞麟辨学不可谓不严,正如他的弟子孙乃琨所论,凡宋以后学者

"必为之分派别支,究极异同。不使稍有驳杂,致误趋向"。他的另一弟子马鉴源也明确指出,即便是贺瑞麟认同的学者,但凡对陆王学说略显宽容,同样会受到他的严厉批评,"即于吕泾野有讲学最切实之慕,亦疵其抵牾朱子。李榕村甚为有功于程朱,因《大学》刻古本,辙訾之。汤文正之笃挚、孙夏峰之节概俱声震寰宇,殊病不脱姚江藩,二曲高风奋百世为流,于禅特黜"。

因此则不难理解,为何贺瑞麟因为没有和柏景伟将程朱、陆王之学辨析透彻而抱憾。同样也能理解,贺瑞麟在接手《关学续编》后,所补刘鸣珂、王承烈、张秉直、史调、李元春、郑士范、杨树椿诸学人,无一例外,皆以尊程朱、辨陆王为治学原则。

刘鸣珂(1666—1727),字伯容,号诚斋,陕西蒲城人。为学"潜心程朱"。曾将朱子对道学的贡献与大禹比肩,"晦翁格物一传,至精至当,有功圣学不在禹下"。视陆王为"异端"而多有批评,时人评价其学"尊程朱,辟姚江,不肯稍误"。贺瑞麟强调:"伯容先生之学恪守程、朱者也。"

王承烈(1666—1729)字逊功,号复庵,陕西泾阳人。王徵曾孙。他认为朱子"集诸儒之大成,而得统于孔孟"。甚至认为,天不可升,是因为无升天之阶,程朱提倡的居敬穷理"为万世示以升天之阶";而阳明为一代大人物,"奈学出于禅",因此,批判阳明学"姚江之谬真不待辨"。

张秉直(1695—1761),字舍中,号萝谷,陕西澄城人。终生"潜心理学,确守程朱",平生精力尽在《四书集疏》。另有理学名著《开知录》,贺瑞麟曾评价:"于性道之体统,学问之渊源,异端之偏邪,……靡有或遗。"对陆王之学严加破斥,视其为"理之魔障"、"吾儒之异端"。

史调(1697—1757),字匀五,号复斋,陕西华阴人。少年受王建常著作影响,用功程朱之学,强调"理学书要常在心目上过"。为学主张"存心利物",认为"主敬是存心工夫",提倡事事务为躬行实践。批评阳明《古本大学》"祸后世不浅,真圣门罪人",斥责禅宗认心为性是"冥行妄作,大乖人伦"。

李元春(1769—1854),字仲仁,号时斋,人称桐阁先生,陕西大荔人。少即立志圣贤,"其学恪守程朱、辨陆王"。贺瑞麟强调,李元春对清代关学的发展居功厥伟,关键就在于他对程朱正学的提倡、对陆王心学的拒斥:"自先生倡道关中,学者咸晓然知异学、杂学、俗学之非学,而程朱之为吾学正途,……先生今日之功于关学岂小补哉?"

郑士范(1795—1873),字伯法,又字冶亭。自幼"潜心正学,躬行实践。"教人读书"尝令读《朱子全书》《小学》《近思录》等",孜孜不倦。他认为,程朱之学为洙泗真传:"我辈宜终身研究,身体力行者也。"贺瑞麟多次序其著作,并称赞:"先生生平学以朱子为主。"

杨树椿(1819—1874),子仁甫,号损斋,陕西大荔人。贺瑞麟评价他,"学一本程朱"。曾论"阳明之学烘动于明,而乱明天下"。贺瑞麟认为,李元春后唯有杨树椿堪称大儒,"关中之学,国朝自朝邑王仲复先生恪守程朱,躬行实践,为不愧大儒,百余年而桐阁先生继之,又数十年而君继之"。

从刘鸣珂到杨树椿,贺瑞麟学尊程朱、力辨陆王的立场贯穿始终,以此为原则,他不惜将自己熟知,虽然有功于关学,但治学以陆王为主、或者主张会通程朱和陆王的周元鼎和祝垲等,一概排除在外,这自然使《关学续编》实际上未能反映清代关学的全貌。

贺瑞麟不遗余力、坚定不移地批判陆王心学,与冯从吾、王心敬甚至包括李元春已俨然不同。冯从吾"学虽有宗,然于新建亦极笃信",曾"曰'致良知'三字,泄千载圣学之秘,有功吾道甚大",当然对阳明心学他是批判地包容。因此,"统程朱陆王而一之,集关学之大成"。王心敬学尊李二曲,《关学续编》载,当时学者竞相辟陆王以尊程朱,其子建议他心存陆王而讳言以息纷争,遭到他严词痛斥,"小子言何鄙也",违心以取悦世儒,"心何安乎?"即便是李元春这样坚定的程朱学者,对陆王心学也持相对的宽容,提倡应识其正而斥其非,甚至认为"朱子宗性善,阳明宗良知,一也"。前后比较可知,冯从吾提倡程朱、陆王兼容并包、反对固守门户的治学风气,至贺瑞麟已彻底狭隘化。所以,《关学续编》势必带上深刻的辨学烙印。

当然,贺瑞麟力主程朱、陆王之辨,实际上在当时的关学群体内部并未取得共识。或者说,诸人合力刊刻《关学编》及《续编》的同时,对关学、关学史的认识意见难齐。无独有偶,清末亦有学人对王心敬所续《关学续编》将李柏(1630—1700,字雪木)排斥在外,表示质疑。宣统年间高赓恩提出,李柏被称誉"羽翼六经,发蒙振聩",作为有清一代关辅名流,天下名集无不著录,"而独佚于关学之编",此举匪夷所思、令人震撼,甚至"欲起先儒而问之"。最后他揭示:李柏为学不以程朱为准的,而王心敬续补正为"攻其稍异于程朱者,以张吾道之门户",遂"不许为名儒,而屏之关学之外"。一语道破是书的立场和局限。可见,不管是会通程朱还是互联陆王,关学史建构过程中的"界别"意识并非孤例。

总之,借此序言可见,贺瑞麟在关学史自我确证的历史延长线上对周、程、张、朱等诸儒先贤所勾勒的光明时代的回归,以正人心、匡世道、兴关学。他的努力,尤其以"本天""本心"之分严辨程朱、陆王之学,为在"以礼为教"、"崇实致用"等现有基础上,深化对关学内涵的认识,以及彰显关学对宋明儒学的普遍贡献方面具有重要意义。但是他的"界别"意识,毫无疑问,在建构关学史的同时,对关学的发展也造成了妨碍。因此说,这不失为认识清末关学的流变及理学发展的复杂面向,提供了有效的观察窗口。当然,其"门户之见",前人已存省察之心,今之学者在使用诸《关学续编》时,理应更加留意。

(撰稿:刘峰)

刘光蕡

刘光蕡(1843—1903)，字焕唐，号古愚，陕西咸阳人，清末著名思想家和教育家。古愚的著作被其门徒王典章等整理结集成《烟霞草堂遗书》《刘古愚先生全集》，经武占江点校整理为《刘光蕡集》，其生平事迹由其弟子张鹏一编撰成《刘古愚年谱》。

古愚出生在一个贫寒的农民家庭。咸丰七年(1857)，古愚十五岁，始入乡塾读书。十六七岁，母亲和父亲相继病逝，家境愈加贫寒。同治三年(1864)，童试获冠军，增为府学生员，就读关中书院。时黄彭年主讲关中书院"讲明实学，广置书籍"。黄彭年非常器重古愚，教以明体达用之学。在书院就读期间，古愚先后与咸阳李寅和长安柏景伟结交，二人"博学任侠，有经世才"，且都学尊阳明心学。受二人影响，古愚研读阳明著作"始服膺阳明之学"。光绪元年(1875)，古愚乡试中举。读书期间，为了维持生计，古愚曾先后于西安王益农家塾、渭南贺象贤家塾、咸阳李寅家塾教学。

光绪二年(1876)，古愚往北京参加会试，落第。返回陕西途中，与以终养告归的翰林院编修李寅，同往河北保定拜访主讲莲池书院的黄彭年。黄公"谈及西洋各国与中国事事有关，西洋事不可不知"，古愚自此留心西洋学术和政治。由于在北京参加会试期间，目睹清政府的腐败，古愚决意放弃科举。

光绪十二年(1886)，古愚主讲泾阳县的泾干书院。翌年，经柏景伟推荐，古愚被学政聘请主讲陕甘味经书院。他担任味经山长之始，就主张"穷经致用"，在教授科举时文外，"以经史、舆地、算法为提倡，士风丕变"。光绪十六年(1890)，在继任学政柯逢时的支持下，古愚在味经书院制晷造仪，命诸生学习天文学并带领书院优秀学生，在陕西布政使陶公模的领导下绘制陕西测绘图。翌年,古愚又在柯逢时的支持下,在味经书院建立刊书处,刊刻了大量书籍尤其是西学书籍,督促陕西士人开眼看世界。同在此年,经柯逢时推荐,古愚以"经明行修"被清廷加赏国子监学正衔。

光绪二十一年(1895)五月,在继任学政赵惟熙的支持下,古愚在味经书院设立时务斋,专门培养"识时达务"之才,为将来创建新式高等学堂作准备。由于时务斋教学明确提倡学西学,古愚之学被时人误认为是"洋学",其人也被讥讽为"西儒"。斯年十一月,古愚弟子时任工部主事的李岳瑞(李寅之子)将康有为的著作寄给古愚,古愚读后感到"深得我心",遂在书院讲学中传播维新思想。光绪二十三年(1897)十月,在学政赵惟熙的支持下,陕西的新式高等学堂——陕甘崇实书院建成,古愚兼任山长。古愚主掌下的崇实书院教学尤重西学,开设有微积分和英文课程。同在此年,古愚与康有为、梁启超书信论救国之术,并在陕西积极响应康梁变法,其弟子陈涛和张鹏一等人加入了康有为领导的强学会。因此,古愚成了陕西的维新领袖,一时与康有为有"南康北刘"之称。

维新变法失败后,古愚被目为"康党"。但他依然坚持维新主张,"不避康党之目"。味经书院和崇实书院师生被清廷遣散,他被迫辞去讲席。弟子们为了铭记师训,制"教思无穷"匾额悬于"味经"讲堂,然后目送古愚离开味经书院。光绪二十五年(1889)至二十八年(1902),古愚隐居于礼泉县九嵕山麓的烟霞草堂,由于有学子负笈来学,隐居期间仍然不废讲学。光绪二十九年(1903)二月,古愚应甘肃总督崧蕃之邀主讲甘肃大学堂,"总教一月,学风丕变"。七月,他积劳成疾,但仍不辍讲学。门人劝阻,则曰:"千里来此,胡为乎? 我乐此,不觉苦也。"八月十三日,古愚病逝于兰州。甘肃弟子感念师恩,于光绪三十一年(1905)在兰州城东门外建立教思碑,来"念我先生,其各自励"。

古愚不只是位学者,更是位爱国者。甲午战败,中日《马关条约》签订,他"忧伤涕零,时湿衣襟"。维新变法失败,他被视为"康党"而有被捕之虞,弟子力劝避祸,他却道:"国事如此,吾死国难,幸何如之?何言逃也?"古愚爱国情执,救国心切,诚如康有为所说"劬躬而焦思,忧中国之危"。古愚思考认为:"中国之时势岌岌矣,孰为之?中国自为之也。"原因是当时中国"民智之不开",更根本的原因则是中国人"不学"。基于这种认知,他主张"兴学"救国:一方面兴办"乡学",普及教育来"开民智",另一方面兴办"实学",教导国人为"富强之事"。因见"西人之学"既"有智存焉",又"皆归实用",遂主张士子学习现代西学尤其是科技,并主持味经书院刊书处刊刻大量西方著作,积极传播西学。自此始,西北士人睁眼看世界,并通过世界看中国。故而,古愚被陈三立称为"旷世之通儒"。

古愚被誉为关学的"百代真儒",在关学史上有十分重要的历史地位。一方面,如钱穆所说"古愚承数百年关学传统",继承了关学;另一方面,如陈澹然所说,古愚使"关学廓然一变",发展了关学。其实,古愚不只是关学史上的"百代真儒",就整个陕西文化而言,诚如张舜徽所说:"百年以来关中学者,要必以光蕡为巨擘焉"。古愚其人其学对陕西的影响至广至深,学贯中西的吴宓在"追溯师承渊源"时,都不能不感叹"则于古愚太夫子不敢不首致其诚敬"。

时务斋学规

刘光蕡

予承乏[1]味经[2]有年矣,愧无实德足以感发诸生志气,振奋有为。而时变日棘[3],非人人卧薪尝胆,不足以御外侮[4]而辑[5]中夏[6]。古谓四郊多垒为卿大夫之辱,地广大、荒而不治亦士之辱。今以中国之大,不能御一日本[7],割地赔费,无辱不有,非地广大、荒而不治之实乎?吾辈腆颜为士,不引以为辱,无论无以对朝廷也,试思外祸又发,天下之大,何处藏身?各有父母,各有子孙,读书无科举之路,经商无贸易之途,工无所用其巧,农不免税其身[8],中国之患尚堪设想耶?欲救此患,必自士子自奋于学始。人才辈出,不臻[9]富强者,无是理也。今与诸生约:各存自励之心,力除积习,勉为真才,日夜有沦胥[10]异类之惧,以自警惕于心目,则学问日新月异,皆成有用之才,岂惟余有厚望,亦吾陕之幸,天下之幸也!谨条列其端于后。

【注释】

【1】承乏:暂任某职,是任职的谦辞。
【2】味经:味经书院,地址在泾阳县姚家巷。

【3】日棘：日益严峻。
【4】外侮：列强侵略，后文"外祸"亦同此义。
【5】辑：本义是编辑，这里引申为整顿。
【6】中夏：中国。
【7】御一日本：抵御日本侵略，此处特指中日甲午(1894)战争。
【8】农不免税其身：农民终生不免为缴纳田税而辛苦劳作。
【9】臻：到达。
【10】沦胥：沦陷、沦丧。

一厉耻[1]。今日士子孰不读书，而终无用者，非书无用也。经史如天之雨露，然其灌溉人心与养草木之苗无异：由善念而读书，则成良才；由俗念而读书，则为恶卉[2]。人心皆良而非恶，一念之歧[3]，终于千里，孟子所谓"善利舜跖"是也，吾辈用功，当从此下手。无论何书，每读时先问读此何用，则心中先有主宰，一线穿去，有条不紊，才识日增，而且易于记忆，此即程子所谓"立志"[4]、朱子所谓"穿钱之索子"[5]也。而吾归之厉耻者，人惟心有所耻，则内若负疚，无时间断，心密气奋，志自专而力自果[6]，则知耻尤立志之本也。今之仕途虽杂，东事[7]之兴，其当大任者，杂途乎？抑曾读书称士子者乎？此日之书无用，当日读之之志非也。读书不立志，愈读愈坏，则皆自不知耻始，吾辈须力戒之。

【注释】

【1】厉耻：厉，同励；厉耻：以耻自励。
【2】恶卉：与"佳卉"相对，意为不美好的花草树木。
【3】歧：歧途。
【4】程子所谓"立志"：北宋理学家程颐所说的"言学便以道为志，言人便以圣为志"。
【5】朱子所谓"穿钱之索子"：南宋理学家朱熹讲解太极与万物关系时，惯用的"如一库散钱，得一条索穿了"比喻。
【6】果：果断，坚决。
【7】东事：中日战事。

一习勤[1]。今日天下之患，惟惰为甚，而惰之患亦惟士为甚。文武分途，弓马之事,士皆不习见,见兵刃则动色,闻炮火则战栗,养成嫩脆之骨,其娇弱甚且同于妇女,全失古人桑蓬之意[2]。前数十年,友人游京师者,谓士夫衣饰全效妇女,将终蹶而不振,今其言验矣。古者士子进身皆以射[3],乡大夫宾[4]贤能,天子选士,泽宫射[5]与礼乐并重。管子处四民[6],所谓有"士乡"[7]者,战士也,即春秋,左氏[8]所记所谓士者,亦多指战士。至战国始有策士[9],以口舌取官者,然则劳力之事,不可谓非士之当为也。夫孟子所谓"劳心者治人,劳力者治于人",似士但当讲习讨论,以益其智,如周公之仰思待旦,孔子之忘寝忘食。然知劳心之人,未有惮于劳力者;惮于劳力之人,未有能劳心者也。孟子谓:当大任必,先"劳其筋骨",劳则坚凝,不劳则脆嫩,以脆嫩之筋骨如何能膺艰钜[10]?五胡乱华[11],陶士行运甓习勤[12],今日之时势何如?可不以士行为法哉?有志之士,其学问当自习勤始。

刘光蕡

【注释】

【1】习勤:学习勤奋。
【2】桑蓬:语出《礼记·内则》"射人以桑弧蓬矢六,射天地四方。"意思是古代男子出生,射人用桑木做弓蓬草做箭来射天地四方,寓意其志向远大。
【3】射:射箭,乃古代六艺(礼、乐、射、御、书、数)之一。
【4】宾:贵客,"宾贤能"中的"宾"是名词的以动用法,即以贤能之人为贵客。
【5】泽宫射:语出《礼记·射义》"天子将祭,必将习射于泽。泽者,所以择士也。已射于泽,而后射于射宫。"这是说:古时天子选择助祭之士时,先习射于泽宫,再射于射宫,射中者,可选作助祭之士。
【6】管子处四民:《管子·小匡》"士农工商四民者,国之石民也。"
【7】士乡:士民居住的地方。
【8】左氏:左丘明,相传为《春秋左传》的作者。
【9】策士:战国时期游说诸侯的纵横之士。
【10】膺:承当;坚钜:同"艰巨",困难而繁重。
【11】五胡乱华:指西晋时期匈奴、鲜卑、羯、羌、氐五个胡人大部落趁西晋内乱,陆续在北方建立与南方汉人政权对峙的政权。
【12】陶士行运甓习勤:典故"陶公运甓",据《晋书·陶侃传》记载:"(陶)侃在州无事,辄朝运百甓于斋外,暮运于斋内。人问其故,答曰:'吾方致力中原,过尔优逸,恐不堪事。'其励志勤力,皆此类也。"

一求实[1]。外人谋富强,中国言仁义。岂吾圣人垂训不能富强,而以仁义贫弱天下哉?外国之富强有实事,中国之仁义托空谈。故中国不敌外洋,非仁义不敌富强,空谈不敌实事,其弊亦自士子读书始。束发[2]受学,但知读书为作八股之资,不惟与世事无涉,并与自家身心无涉。故读道德之言,亦知圣贤谈理之精;读经济[3]之言,亦知名世论事之切,发之八股,何尝不言之有物,持之有故?而技止于此,举圣贤所遗之经、史、子、集,不过为一大兔园册子[4],一旦身列仕途,问以家国天下之事,皆欲索之仓卒,而毫未预为之计,天下事安得不坏?故士非士、吏非吏、官非官、兵非兵、工非工、刑非刑[5],一切用人行政,均以八股之技从事。代他人为言,而与已无与,成为虚浮之天下,而外敌乘虚而入矣。故今日之弊,非矫虚以实不可。矫之,亦必自士子读书始。凡经史中所言之事,皆以为实,而默验之身心,必求其可行而不贵其能言,则心入于事理之中,言未有不真切者,而文亦精进矣。求一得两,何惮[6]不为?

【注释】

【1】求实:力求务实。
【2】束发:古代男孩成童时束发为髻,因以代指成童之年。
【3】经济:经世济民。
【4】兔园册子:本为唐、五代时期私塾的教学课本,内容很肤浅;后用来泛指读书不多之人奉为秘本的浅陋书籍。
【5】刑:法律。
【6】惮:怕,畏惧。

一观时[1]。昔人云:"识时务者为豪杰",此"时"字人以为豪杰之趋时,不知即《易》之"时义",《中庸》之"时中"。盖天地之机[2]日新,帝王之政事、圣贤之学问、吾辈之识见,不得不求日新,以合天地之气运。日新即日变,变而能新,则"时义""时中"之谓也。故孔、孟不取老、庄之言,而用黄帝、尧、舜之道治春秋战国之天下者[3],以时隔二千余年,道当穷变通久也。今日之天下,黄帝、尧、舜之天下也,混沌[4]可易[5]而文明,文明亦可易而机巧,欲变通久,即孔、孟之道也。士生今日,徒抱唐、宋以来之成迹,而不统观开辟以来之变,以印证今日,必不足以持今日之变。故士子读书,以识今日时务为第一义。凡读经史,皆与今日时势相证,且思其所以不合之故,则书皆有用,士成通才矣。

【注释】

【1】观时:也作"审时",即详察时势。
【2】机:事物变化之因。
【3】老、庄之言:老子和庄子的治世之道;黄帝、尧、舜之道:黄帝、唐尧、虞舜的治世之道。
【4】混沌:这里指蒙昧时代。
【5】易:改变,变换。

  一广识[1]。今之为政难矣,不胸有五大洲之列国,不足以安一洲之一国。学以为政,非悉五大洲之政事、文章、人情、物产,亦何以为学?况西人趋使无情之水火、无形之气风,一草一木之微,皆想入非非,化无用为极有用,硝、磺及炭是也[2]。使有言于四五百年之前者,则必议其妄,今果何如耶?况经国[3]大猷[4],历代不袭其迹,而意未尝不同。不知其迹之异,则泥古而鲜通;不知其意之同,则执迷而不化;未有能应今日之变者也。宜于古今治乱兴衰之迹,深求其故,了然于心,而于外洋各国立国之本末,亦兼综条贯,则遇事自分晓,不难立断,而措置从容,无不中节矣。

【注释】

【1】广识:拓广知识。
【2】硝、磺、炭:硝酸钾、硫磺、木炭粉末,三者是制造火药的原料。
【3】经国:治理国家。
【4】大猷:治国大道。

一乐群[1]。今日人心涣散极矣，《易》言"涣其群，元吉"，今何以不吉？盖涣其名利之私而群其道义之公，涣之正所以群之。故继之曰："涣有丘，匪夷所思"，圣人何当不重天下之群哉？吾乡人士，习秦人无党见[2]语，多独学无友，孤陋寡闻，执高头讲章[3]之说，自以为是，与世事全形隔阂。乃闻人之长而必言其短，见人之短而特甚其词，此争名之心发于外也；居处饮食不相让，学问事业不相谋，此争利之心蕴于中也。及至居官，以空疏之识，竞名利之私，其能不嫉贤妒能，贪荣慕势如《诗》之所谓"忮求"者乎？官方坏，则事事失人心。今日人心之涣，未必不自吾辈存心酿而成之也。孔子曰："君子矜而不争，群而不党"，自爱名节，则矜而不党；不贪名利，则不争而能群，能群即"胞与"之仁；不群，即土崩瓦解之势。《书》所谓"亿兆人惟亿兆心也"，《易》于极《涣》之后，许以"元吉"，《象》以"有丘"，幸以"匪夷所思"。萃[4]人心之涣，其权不能专责之士，然士亦有人心世道之责者也。有志者事竟成，吾辈所得为者吾自勉之，"匪夷所思"，安知不为今日之识哉？

【注释】

【1】乐群：乐于团结。
【2】党见：党派门户之见。
【3】高头讲章：经书正文上端留有较宽空白，用来刊印讲解文字，这些刊印的文字称为"高头讲章"，后来泛指这类格式的经书。
【4】萃：聚集。

以上六条，诸生果信予言，潜心学去，他日必有益世用，予日夜所祷祀者也。即谓士须以八股进身，则"厉耻""求实"必不屑剽窃为文，徒恃空言，从事经史，体以身心，而文有根柢；"审时"[1]"广识"，文必精切宏肆[2]，场[3]中易于制胜；"习勤""乐群"，则朋友讲习日夜不倦，文事日精进矣。凡八股皆以发挥圣言，上六条则以圣人之言而以身为之者。世岂有身为其事而不如徒言之亲切者？诸生果实从事于此，倘有妨八股，予甘任其咎[4]。

【注释】

【1】审时:即前文的"观时"。
【2】宏肆:这里指文章因用铺张手法而显得气势宏大。
【3】场:场屋,科举考试的场所,这里引申为科举考试。
【4】咎:责备,处分。

品　读

《时务斋学规》选自《烟霞草堂文集》第八卷,撰写于光绪二十一年(1895)。这一年,古愚在陕甘提督学政赵惟熙的支持下,于味经书院创立时务斋。创立时务斋的直接目的是,为将来陕西创立新式学堂——陕甘崇实书院——做准备;而根本目的则是:"爰立时务斋于味经书院,俾人人心目有当时之务,而以求其补救之术于经史,人人出而有用,中国之势,孔、孟之教,未必不可雄驾诸洲也。"(《烟霞草堂文集》卷八《味经创设时务斋章程》)《时务斋学规》是古愚为时务斋诸生制定的学习章程;光绪二十三年(1897)崇实书院建立后,也被用作崇实书院的学习章程。

味经书院的时务斋是古愚"设学造士以求实用"办学理念的产物。1894年中日甲午战争中中国战败,翌年中日签订《马关条约》。这件事对古愚刺激很大,据载,他"忧伤涕零,时湿衣襟"。痛定思痛,他不禁思考"今以中国之大,不能御一日本"?他思考认为日本乃"新兴之日本",已非昔日的岛国旧邦;而日本之所以新兴,是因为"日本仿行西法不遗余力",深得"西人之精"。基于这种认知,他主张"欲为振兴,而惟西人之是师,西法之是讲"。不过,古愚并非全盘西化者,他明确地主张"学于时,非学于西学也",即学习西方先进的东西——自然科学知识和技术。为了有效地学习西方的自然科学知识和技术,古愚计划在陕西创建主要用来教授西方科技的高等学堂——陕甘崇实书院;而先在味经书院创立时务斋,作为崇实书院的试验品。于是,

1895年在陕甘提督学政赵惟熙的大力支持下,味经书院创立了时务斋。

《时务斋学规》作为时务斋的学习章程,包括六个方面的内容。这六方面的内容,既是时务斋诸生的学习目标,也是他们的学习方法。

第一"厉耻",即以耻自励。何谓耻?古愚说:"亲见外夷之横,异种之教驾于尧、舜之上,以屠割我中国,其耻之深痛,为何如耶?"可见,古愚所谓的耻,是指中国因受外国侵略而使蒙受的耻辱,即国耻。生活在近代中国的学子应当知耻,"必矢以身殉道之心,然后为有志,然后能立志,此耻之全量也。而在诸生,则尤有切要之图"。知耻并非是知道什么是国耻,而是要有雪耻之志。要雪耻必须思考:"当思与中国并立者,何以他国之人皆智、皆巧皆富强,中国独愚独拙独贫弱?人且谓我为野蛮,为无教化,以炎黄之种,生清淑之区,承尧、舜、禹、汤、文、武、周公、孔、孟之教,而令人訾为野蛮、无教化,而愚拙、贫弱,则诚不如人,此其可耻为何如?"(《烟霞草堂文集》卷八《谕崇实书院诸生》)。这种思考不只是看到中国贫弱与西方富强的差异,更进而探明中国与西方这种差异的深层原因——野蛮与文明、愚昧与智慧的差异。古愚认为诸生深切感受到国耻,进而探明国家蒙受耻辱的深层原因,必然会树立振兴中华,一雪国耻的远大抱负。

对学生而言,以耻自励,就是"耻则愤,愤则学"。相对于西方的智慧和文明而言,中国之所以愚昧和野蛮,根本原因是中国人缺少甚至缺失教育。古愚说:"今日中国贫弱之祸谁为之?划兵、吏、农、工、商于学外者为之也!以学为士子专业,讲诵考论以鹜于利禄之途,而非修齐治平之事、日用作习之为。故兵不学而骄,吏不学而贪,农不学而惰,工不学而拙,商不学而愚、而奸欺。举一国为富强之实者,而悉锢其心思,蔽其耳目,系其手足,伥伥惘惘,泯泯棼棼,以自支持于列强环伺之世"(《学记臆解序》)。古愚将晚近国人划分为六民——士、农、工、商、吏、兵,六民之中只有士学习;而其他五民皆不学:这看似说中国只有五分之一的人学习,而六分之五的人不学习。其实,将女性不受教育纳入计算,中国人受教育者更少,"西国无人不学,吾国则妇人去其半,此一半之中,吏、兵、农、工、商皆不学,仅余士人,是中国人民中去其十二分之一,仅余一分从事于学也"(《改设学堂私意》)。中国人只有十二分之一学习,而其他十二分之十一都不学习。与西方全民教育相较来看,中国人被西方视为愚昧和野蛮也就不无道理。依此来看,学习对于中国人而言何其重要。对于学生而言,就更为重要,因为他们将来有师儒之责,教育的普及有赖他们将来推广。所以,古愚说:"耻之,则必求洗其耻,求洗其耻,非自奋于学不可。"这就是"厉耻"。

第二"习勤",即学习勤奋。在西人"群勤"的对比下,古愚认为"今日天下之患,惟惰为甚,而惰之患亦惟士为甚。"士人之所以被认为最惰而不勤,是因为看重劳力,而不看重体力。就教育来看,"不外德育、体育、智育三端",但是中国的教育尤其是宋明以来的教育忽视体育:"然有德育智育而无体育,则儒术流于文弱,知而不能行,德与智皆非。不开后世重文轻武之渐,中国不且流为积弱不振乎?"(《经解》)缺失体育,中国士子流于文弱,何谈国家之富强。基于这种认识,古愚说:"处今日世界,不耐勤劳,何能任事?故当孜孜以求其明,并求其强也。明者,治心之效;强者,治身之效。"如果说"明"是德育和智育之结果的话,那么"强"就是体育的结果。在古愚看来,学生只有身强体壮,才可勤奋,才能追求国家之富强。要将学生培养得体格强壮,学校教育必须有体育。古愚纵观中西教育:"射御,即今学堂所定之体操,从步伐做起,射当易枪,御当易以图也,西人所谓体育也。"无论是古代中国的教育,还是现代西方的教育,都重视体育;所以,学校教育必须重视体育。通过体育塑造健康的体质,这是学生勤奋学习的前提条件。学生有了强健的身体,学习中"勤索新知""勤求物理""勤阅报章",便具有识时达务的知识和能力。

第三"求实",即以实心学实学、干实事。无论是学"实学",还是干"实事",都需要"实心求之";所以,古愚首先提倡"实心"。他说:"诸生欲为实学,当自有实心始。实为尧、舜以来相传之族,则当实心以求保种;实为学习孔、孟之徒,则当实心以求保教;实为大清数百年之士民,则当实心以求保国"(《烟霞草堂文集》卷八《谕崇实书院诸生》)。所谓的"实心",指真情实意地做某事,而不是虚情假意地作秀。古愚强调"实心",是因为"诈伪"普遍存在。无论是"日逞口谈,而身无一事"的"行伪",还是"乡愿之伪术"指导下的作秀,都无疑是"诈伪"。学有"诈伪"便是"俗伪之学",而"实学"与之截然对立,所以首倡"实心"。

"实学",即务实之学。古愚"为学专注实践,归依致用";书院教学"提倡实学",要求学生不但要"崇实学",而且要"修实学"。"实学"有两方面的显著特点:其一是"实行",另一是"实用"。"实行"侧重于道德实践。古愚强调儒学学习重在实行,"务为实行,则当自实致良知、实修良能始"。如何致良知?他说:"孝为人生固有之良知,然恃此虚灵之知,而不实见诸行事,则高语性天,猖狂恣肆,脱略形骸,蔑弃伦常。下焉者如闻亲丧,而饮酒、食肉、博弈自若;上焉者如异教之徒,外视形骸,以天地为父母,不拜父母,而反坐受父母之拜"(《孝经本义》)。古愚以孝为例说明,德性必须在行事上体现:父母在时要有孝敬之实事,父母去世要恪守丧礼;而不是空谈心性之孝。"实用"包含两层意思:一方面是指学问自身具有使用价值,即"实用";另一方面是指知识应用于实践,即"致用"。就前者而言,古愚注重学问的有用性。他提倡"实学",是因为实学乃"有用之实学";提倡西学,也是因为"西人之学皆归实用"。就后者而言,他主张"身体力行,实见于用"。他"早岁读书即以实用为期",教学"原期士皆穷经致用",甚至于"设学造士以求实用"。

"实事",即干实事。就学习而言,应当"求知其理,实为其事";就科研而言,应当"精研其理,实为其事";就教学而言,应当"讲明其理,然后实为其事":总之,要干实事。古愚重实事,缘于"今日中国不患不能为富强之谋,而患不能实为富强之事"(《改设学堂规制》)。他的这种见识,是在中西比较之视域中形成的:"中国人才不如外洋者,非吾圣人之教不如彼也,中国尚虚文,外洋重实事,虚不如实,故逊于外洋也。"中国之学何以会"尚虚"?古愚分析说:"夫秦焚诗书以愚民,未尝不堕名城、销锋镝以弱之,然能去其为强之具,不能弱其为强之心与身。自朝廷以利禄诱士,弃实业而求虚文,士竞趋文雅,清谈出而五胡之祸成,诗赋盛而五代之乱伏。宋、明至今,以制艺埋没中国之人才,而夷狄之祸遂如烈焰洪水而莫之拯救"(《烟霞草堂文集》卷二《幼学操身序》)。基于上述认识,古愚主张"黜虚文而尚事实"。

第四"观时",即识时达务。古愚认为"夫士之所以有实用者,必悉当时之弊。"这说明洞悉时务是学以致用的前提。古愚"斋以'时务'为名,诸生必关心时务、讨论经史,期于坐言起行,可获实用"的表达,更明确地表达了这种观点。如何洞悉时务?古愚说"欲知时务,须多阅报章"。时务斋订有《京报》《申报》《万国公报》等,并利用味经刊书处刊印这些报纸。要求时务斋学生必须阅读这些报纸,"凡不阅报者,不准入斋会讲"。就人才培养而言,"务在识时皆俊杰,天非择地产英雄";那么"观时"或"审时"就是人才培养的必备内容。就中国的国情而言,"中国之患,西祸为急,则时务莫大于洋务。"所谓"洋务",是指代表现代性或进步性的西学知识。要探明"洋务",首先需要了解西方。古愚主张"刊行西书",故而味经书院刊书处在其的主持下刊刻了大量的西方汉译著作。探明"洋务"之后,便知如何学习西方——"学于时,非学于西也",即学习西方先进的东西,而并非全盘西化。但要注意,"识时务"是洞悉时代要务,而"非趋时尚者",对那些追逐时尚、跟风潮流者,古愚嗤之以鼻。

第五"广识",即扩展知识。古愚提倡"因时变学",他说:"夫学将以治万世之天下,岂能拘执一法,而强以应万世之变哉?则必因时制宜,与世推移,而后不穷于用。故学于古者,必以身所值之时习之,习之而得古人之法之意,则准之以应当时之变,然后推行无弊"(《论语时习录》)。这是说,学问应当适应时代的需要,而其前提是"学以致用"。就学说建构之维而言,学者应当创造符合时代要求的学问;就学习之维而言,凡事能够满足时代需要的学问,学人都应当积极学习。基于这种认知,古愚主张:"今日讲学,万不宜自隘程途,悬一孔子之道为的,任人之择途而往,不惟不分程朱、陆王,即荀、杨、管、商、申、韩、孙、吴、黄老、杂、霸、词章以及农、工、商、贾,皆为孔教之人。苟专心向道,皆能同于圣人。而耶、佛亦可为吾方外之友,如孔子之于老子,楚狂、沮、溺等。盖九流皆吾道之支,而耶教则与吾并域而居,其教之兴灭、盛衰,各视其行之心力如何,其是非不能以口舌争也"(《烟霞草堂文集》卷五《与门人王伯明论朱陆同异书》)。学问不必有门派之别,更不可有门户之见;学者应当根据时代之需要,兼取并包,有容乃大。

"研求西学"是古愚始终坚持的观点,他甚至有"今日情见势绌,欲为振兴,而惟西人之是师,西法之是讲"的言辞。他之所以提倡学习西学,主要是因为"西人之学皆归实用,虚不如实,故中国见困于外人也"。古愚最急于向西方学习的是富强之术:在经济方面,他比较看重西方的工业生产,尤其是西方先进的机器生产引起了他极大的兴趣,"今外洋械器一人常兼数人之功,一日能作数日之事";在军事方面,他不只看到了西方"水战船坚炮利",而且看到了西方军人训练有素,主张除仿制西方的军事器械外,还要"团练须仿西法训练"。当古愚认识到西方的富强之术背后有强大的自然科学做后盾时,便转而提倡学习西方的自然科学。有见"算学为各学之门径",他率先在教学中引进西方的代数;同时,西方近代物理、化学、天文等学科的知识也被他引进崇实书院的讲堂。但是古愚排斥西方的自由平等思想,他说:"西人平等之说,原以坏吾三纲,万不可从。"可见,古愚的学问并没有突破晚近以降,中国传统知识分子标榜之"中体西用"的藩篱。

第六"乐群",即团结友爱。古愚之所以主张"乐群",是因为当时的中国如一盘散沙。这样看来:"今日中国之患,不在外洋,即今日中国之教、学不必急效外洋,而当急去吾君民治隔阂,而使之通;急联吾民之涣散,而使之聚"(《学记臆解》)。晚近中国的涣散局面有深远的历史原因:"始于秦皇之愚黔首,终以历朝之恶朋党,驯成涣散锢蔽、不可救药之天下。"同时,文人相轻也是一个重要原因:"中国风气,人心涣散,文人相轻,彼此意见不合,激为仇怨。"在古愚看来,只要国人团结,"以之理财,财必裕;以之治器,器必良;以之治兵,兵必强";这样的话,"中国为一人,天下为一家,大同之运,尚何敌国外患之足虑哉"?故而,他主张"去其隔阂之势,使一国之气机灵;萃其涣散之情,使万民之精神聚"。要"收涣散,去隔阂",就必须"乐群"。

《叶乡高学规》既是古愚教育理念的体现,也是其学术思想的体现。就前者而言,古愚提倡的"人才救国""教育救国""实业救国"等主张在学规中得到了体现;就后者而言,古愚主张的"中体时用"之学也在学规中得到了体现。"中体时用",即古愚所谓的"道以中为体,以时为用",具体而言,借助中国固有的儒学培养士子的道德素养,借助西方的科技培养士子的经世才干。

古愚终生从事教育,为西北乃至中国培养出了大批有用人才,诚如著名学者张舜徽所说"关陇才俊,十九列其门"。这些才俊既有维新志士李岳瑞,也有民国元老于右任,也有革命烈士王授金,也有报刊大家张季鸾,还有水利专家李仪址。这些极具爱国热情的才俊大批涌现在近代陕西,无疑是古愚设学造士的丰硕果实,更是古愚对近代陕西乃至中国的重要贡献。

(撰稿:刘宗镐)

牛兆濂

牛兆濂(1867—1937)字梦周,号蓝川,陕西蓝田人。自幼颖异,潜心经学,造诣高深,尤以诗文延誉关中,有"牛才子"之名。他于1888年乡试中举。适值其父病逝,母亲悲痛失明,他朝夕不离左右,极尽孝养,虽诏命三至,不赴公车。陕西巡抚端方以其孝行可风,奏加内阁中书衔,他向阙遥拜,以书坚辞,其淡泊名利、超然物外的高洁品质,为时人所赞叹。

1893年3月,牛兆濂在母亲"学为好人"的训戒下,拜三原贺瑞麟为师。以贺瑞麟为代表的清麓一系是晚清乃至民国时期关中程朱理学最坚固的学术阵地。在贺瑞麟的影响下,牛兆濂藉识道学指归,从此,以程、朱为圭臬,潜心圣贤之学,成为清麓一系极具影响力的学人,被学者称为"传统关学最后一位大儒"(刘学智:《关学思想史》)。

牛兆濂一生以讲学为主,先后在白水彭衙书院、关中书院、西安鲁斋书院、三原正谊书院、蓝田芸阁学舍等地讲学。其设教近师清麓,远绍程朱,内容以《小学》《近思录》《四书集注》为命脉,挽关学于不绝。

1901年,清廷宣布实行新政,废科举,兴学校,通令全国各地改书院与官办学校为学堂。1902年,作为陕西书院之首的关中书院改建为陕西师范学堂,开始接受近代新式教育。1903年,陕西巡抚升允敦请牛兆濂出任总教习,他闻命坚辞。后迫不得已,"预约必守先师规矩,乃允其请"(《蓝川文钞续·序》)。然任教不及三月,因诸生中有违程、朱言论者,牛兆濂坚决辞去总教习职务。其守道之严,卫道之诚,实为吾道干城。

1904年,牛兆濂执教于鲁斋书院。此书院为纪念元代大儒许衡而建,三原贺瑞麟曾在此主讲,"关学之兴,于时为盛,盖阅数百年而仅见也"(见《重修鲁斋祠落成并祭黄小鲁观察启》)。牛兆濂接续前贤,全身心投入书院教学,精心守护着西北屈指可数的儒学阵地。

1913年,牛兆濂讲学于正谊书院。该书院是贺瑞麟于同治九年(1870)年兴建的,是关中地区程、朱理学的重镇。戊戌变法(1898)后,陕西境内大部分书院改为学堂,传授西学,而书院不随时俗,只讲习理学,独树一帜,弟子云集,牛兆濂及其门下弟子白悟斋、孙廼琨、牛兆濂、张元际等均为一时名儒,清麓一系成为晚清民国关中影响甚大的学派之一。牛兆濂力维先师门户,在正谊讲学五年,传授圣道,其守先待后之义举,使孔、孟、程、朱之学绝而复续。

1919年,牛兆濂主讲芸阁学舍。此时的中国社会,经过新文化运动的冲击,儒学已退出历史舞台,关学在西北亦命悬一线。牛兆濂决定在芸阁讲学,为理学争得咫尺讲地。芸阁系宋、明以来崇祀张载门下吕大临而兴建的祠宇,系关学重镇,意义非凡。他"抱孔子之经,日夕熟诵而身体之,以淑诸身,以教诸人"(见《芸阁学舍记》),守死善道,力图用儒学来挽救社会,挽救人心。因此,这里成为捍卫理学、坚守关学的最后阵地,牛兆濂也成为传统关学最后一位大儒。

牛兆濂一生淡泊名利,心系苍生,关切民瘼。1900年陕西发生灾荒,他主持蓝田县赈恤局工作,心急如焚,作呼赈诗求援,得江南义赈会捐赠,活人无数。1910年,牛兆濂荣膺陕西咨议局常驻议员,为陕西筹赈、禁烟等工作献计献策。1911年辛亥革命爆发后,陕西作为最早响应的省份之一,革命军与清军展开了激烈战斗。陕西巡抚升允率部逃亡甘肃,后集结军队急攻咸阳,两军对峙,人心惶恐,战争一触即发。革命军敦请牛兆濂劝说升允议和。为免生灵涂炭,牛兆濂冒死劝和,经他调停,双方罢兵,千万生灵免于涂炭。1931年"九一八"事变爆发后,面对日本侵华、东三省沦陷的严峻危机,他作《阋墙诗》,呼吁国、共两党和各民主党派消除政见,共同抗日:"阋墙兄弟本非他,外侮急时愿止戈。万事到头须自悟,算来毕竟不如和。"1937年7月卢沟桥事变爆发,北平失守,牛兆濂在极度悲愤中逝世,享年71岁。

牛兆濂一生著述甚丰,有《蓝川文钞》12卷,《蓝川文钞续》6卷,此外,还编纂了《吕氏遗书辑略》4卷、《芸阁礼记传》16卷、《读近思录类编》14卷、《秦关拾遗录》1卷及《礼节录要》《续修蓝田县志》若干卷,为研究牛兆濂的学术思想及清末民初中国社会转型时期关学的发展演变提供了重要文献资料。

芸阁学舍记

牛兆濂

天地之心,寄乎人者也[1]。然必其人之学,有以深得乎天地之心,斯其人足重,即其人所居之地亦与之俱重,天地之心且因是而传之,此芸阁学舍所以至今存也。芸阁者,乡贤宋吕与叔先生号也。吕氏昆仲祀乡贤者四人,而与叔光绪中且升祀孔庭,其学源渊程、张,深见许于朱子,不可谓非得天地之心者矣。

【注释】

【1】天地之心:即所谓天地的意愿,语出《周易》复卦:"复,其见天地之心乎"。《周易·条辞传》曰:"天地之大德曰生",可见,天地之心即生生不息之心;"寄乎人"是指天地将好生之德赋予了人,人要通过后天的修养来保持天地之仁心。

明成化十九年,巡抚阮公勤奏建专祠,著为令典[1]。祠后芸阁寺,弘治中,王提学云凤撤佛像建芸阁书院[2],以提倡正学,盖特举也。惜继起无人,旋就倾圮[3],碑志无考,识者憾焉。有清重道,列在祀典[4],缮茸[5]罔替。官斯土者,展祠[6]而后入视事,尊礼亦云至矣。而书院卒未复,犹阙典[7]也。

【注释】

【1】令典:垂范后世的典籍。《晋书·干宝传》:"夫帝王之迹,莫不必书,著为令典,垂之无穷。"明成化十九年(1483),陕西巡抚阮勤奏建吕大临专祠,并将之载入史册。

【2】弘治:是明朝孝宗皇帝的年号,使用年代为公元1488年至1505年。

【3】倾圮:倒塌。

【4】祀典:指记载祭祀仪礼的典籍。

【5】缮葺:修理房屋、墙垣等;罔替:不更替,不废除。

【6】展祠:省视、参拜祠墓。

【7】阙典:指残缺的典章制度,亦指史料记载上的缺漏。

政变[1]后,吾友茂陵张君元际[2]会讲过此,谓此祠乃关学所系,不可缓。偕季弟元勋[3]倡捐督修,即祠宇为兴学地,美哉!始基之矣。己未[4]岁,兆濂伴读其中,而李知事惟人莅止[5],慨然以兴学为先务,乃自捐廉俸。又请之上台陈督军树藩[6]为拨巨款。未及兴工,刘省长镇华继之[7],先后拨款,数又倍焉。于是添建庠舍,式廓崇基[8],而芸阁学舍于焉托始[9]。逊书院之名,谦也[10]。又将大辟门堂,为谋经久。未及讫工而解组[11]以去,今且十余年矣。

【注释】

【1】政变:指1919年武昌起义。

【2】张元际:张元际(1851—1931),字晓山,号仁斋,兴平人。先后拜柏景伟、刘古愚、贺瑞麟为师,受诸先生教诲,立志振兴关学。1893年在家乡创办"爱日堂",后改宏仁书院,尊经崇孔,讲授理学。

【3】张元勋:张元勋(1863—1955),字鸿山,号果斋,张元际之弟。早年致力科举业,中岁后谢绝名利,转关学道,力扶正学,蜚声三辅。

【4】己未:指民国八年(1919)。

【5】李惟人,字芸生,河南巩县人。1919年任蓝田县长。精勤政务,广兴教育,自捐廉银,兴复芸阁书院。莅止:到达,来临。

【6】陈树藩(1885—1949),字柏森,陕西安康人。同盟会成员。辛亥革命后,任陕西新军旅长。1916年发动反对袁世凯、驱逐陕西督军陆建章的运动,亲任护国军总司令兼陕西督军。曾拨款增修芸阁书院。

【7】刘镇华(1883—1956),原名茂业,字雪亚,河南巩义人。1918年3月,继陈树藩任北洋政府陕西省省长。

【8】式廓:扩大规模、范围。崇基:本指建筑物的高大基座,这里指修筑地基。

【9】托始:开头,创始。

【10】逊书院之名:谦让"芸阁书院"之名,仅以"学舍"命名。

【11】解组:解下印绶,谓辞去官职。

时事变迁,孔子之言为司教育者所不敢道。学舍一椽[1],赖先贤在天之灵,岿然如故。俾来学于此者,有所藉以诵法孔子而存天地之心,夫非其厚幸与。则且进诸生而告之曰:学者,所以学为人也。人道,非圣人不能尽;为圣,非孔子不能至其极。天生孔子以明人道,此天地之心也。今孔子之学为世诟病,天地之心几乎息矣。意者留此先贤读书讲约寻丈之地,为中原绵一线人道之传。慎勿谓一二书生无与于家国存亡之故也,尚其抱孔子之经,日夕熟诵而身体之,以淑诸身,以教诸人,期不失圣人立言之本意,庶经存斯道存,天地之心于是乎立焉。此吕氏之灵所默佑,亦肇事增新[2]诸贤达所祷祀而不敢必[3]者尔。诸生勉乎哉!

【注释】

【1】椽:放在檩上架着屋顶的木条,亦代指房屋间数。

【2】肇事:兴工,开工;增新:扩建新修。

【3】必:必,专擅,强求。

品 读

《芸阁学舍记》是牛兆濂于1932年撰写的一篇记文,收入《蓝川文钞续》(乙亥年冬月芸阁诸生排印本)第三卷。全文记述了芸阁学舍独特的文化底蕴及其创建、发展过程,以及书院在清末民初社会转型时期力图挽救儒学的衰微之势所做出的种种努力。记文第一段着重介绍了芸阁学舍与"四献祠"

的关系,就芸阁学舍的历史背景作了简要的介绍。蓝田"四献祠"始建于宋,是为纪念乡贤吕大忠、吕大防、吕大钧、吕大临昆仲而修建的祠宇,位于县城西北五里头村。吕大忠于皇祐(1049—1053)年间登进士,以直龙图阁知秦州。绍圣二年(1095)加宝文阁直学士,知渭州。为人质直,不妄语,举止皆有法度。程颐称"吕进伯可爱,老而好学,理会直是到底。"(见冯从吾《关学编·进伯吕先生》);吕大钧于嘉祐二年(1057)中进士,授秦州司里参军,监延州折博务。后改光禄寺丞,知三原。然皆未赴。"自以道未明,学未优""不复有禄仕意,家居讲道,以教育人才"。他制订了中国历史上第一部乡村自治法——《吕氏乡约》,提出了"德业相劝,过失相规,礼俗相交,患难相恤"的乡村治理基本纲领,以敦化风俗。横渠先生叹曰:"秦俗之化,和叔有力。"又叹其"勇为不可及"。伊川先生亦赞其"任道担当,其风力甚劲"(见冯从吾:《关学编·和叔吕先生》);吕大临学问最好,涵养深醇,伊川先生称其"守横渠说甚固,每横渠无说处皆相从,有说了更不肯回"。恪守横渠学说,成为关学之正传。牛兆濂在《芸阁学舍记》中说:"其学源渊程、张,深见许于朱子,不可谓非得天地之心者矣。"对这位乡贤赞叹不已。清代光绪中,吕大临升祀孔庙,成为诸吕中影响最大的一位。其著作有《大学中庸解》《考古图》《玉溪集》等。可知,吕氏昆仲曾经先后拜张载与二程为师,精通关、洛旨趣,是宋代理学的重要代表人物,为张载关学、程朱理学在关中的传播发挥了重要作用,因而受到人们的怀念与祭祀。"四献祠"即是后人表彰其社会贡献、仰慕其理学成就而修建的祠宇。

记文的第二段主要介绍了明清时期"四献祠"在历史上的特殊地位及其修缮过程。明成化十九年(1483),巡抚阮勤曾奏请当局为之建立专祠,著为令典。弘治(1488—1505)中,陕西提学王云凤撤掉"四献祠"后庭芸阁寺中的佛像,再变至道,改建芸阁书院,以提倡理学,教化民众,使芸阁回归正学的道路。清代重视德治,芸阁书院被列入祀典,得到修缮,当地官员任职后往往来吕氏祠祭拜,领略蓝田独有的深厚文化底蕴,接受前贤的精神洗礼,提升了自己的道德情操。

可知,"芸阁"虽是吕大临的字号,却在宋、明以后,成为蓝田与关中文化符号,代表着从蓝田、关中走向全国乃至海外的《乡约》文化,象征着张载关学的学术生命力。正如牛兆濂在记文中所说:"必其人之学,有以深得乎天地之心,斯其人足重,即其人所居之地亦与之俱重,天地之心且因是而传之,此芸阁学舍所以至今存也。"可以说,"芸阁"其人因深谙天地涵育万物之心、善体天地生生不息之德而"足重","芸阁"其地亦因其覆载"人人皆可为尧舜"的理想而"俱重"。因此,芸阁书院从其诞生开始,即与儒家的命运紧紧连系在了一起,生死与共,休戚相关。

据张元勋撰述的《牛蓝川先生行状》记载:牛兆濂于1901年开始在芸阁精舍讲学,时精舍设在蓝田的孙真人祠。"孙真人祠,系芸阁书院故址,名学舍为芸阁以此。"前已述及,芸阁书院在明弘治年间陕西提学王云凤毁佛建院后,因"继起无人,旋就倾圮"。虽然清代隆礼重道,将之列入祀典,但书院终归成为了真人祠庙。牛兆濂在此讲学,"慨然以圣学为己任",倡明圣贤为己之学。此外,"朔望讲约习礼,观者如堵",终使"横渠礼教之风畅然满三辅"。"远迩从游者多,一时知名之士,至庠舍不能容"。次年,迁学舍于三里镇西侧之羲母庙,继续讲学。可见,此时的关中大地,传统理学在佛、道的夹缝中生存,辗转寄托于佛寺、道观间,竟无咫尺讲习之地,不亦悲乎!

1902年,陕西响应清政府学制改革的要求,开始向近代教育转型,关中书院改建为陕西师范学堂。1903年陕西巡抚升允敦请牛兆濂出任总教习,先生闻命坚辞。后学堂总办毓俊奉命造门,牛兆濂"预约必守先师规矩,乃允其请"(《蓝川文钞续·序》)。然任教不及三月,因诸生中有违程朱言论者,牛兆濂毅然辞去总教习职务。其守道之严,卫道之艰,于此可见一斑。

1904,受黄小鲁观察嘱托,牛兆濂执教于西安鲁斋书院。鲁斋书院是为纪念元代许衡曾在关中讲学而建的书院。1885年,黄小鲁捐廉集资,袭鲁斋旧名,聚生授课,曾延请关中大儒贺瑞麟讲学于此,习乡饮酒礼,"关学之兴,于时为盛,盖阅数百年而仅见也"(见《重修鲁斋祠落成并祭黄小鲁观察启》)。牛兆濂守先待后,继续贺瑞麟的讲学事业,全身心投入鲁斋的讲学活动。不料陕西咸宁县令却欲借书院改办学堂,牛兆濂力持反对意见,义正辞严地回绝。在《致教育总会书》中,他说:"彼若以官力来,则且夺之矣,吾如彼何哉?若利诱货取,则不能。"在坚持无果的情况下,牛兆濂以"道之兴废在天而不在人,学之存亡在人而不在地"的抗争与努力,果敢地率诸生再次回到芸阁。在与猎猎西风的碰撞中,传统理学几无生存之地,芸阁成为理学仅存的少数阵地之一。

1913年,牛兆濂前往三原正谊书院讲学。正谊书院是贺瑞麟于同治九年(1870)创建的,专研程、朱义理之学,是清代关中具有重要影响的理学重镇。戊戌变法(1898)后,陕西境内大部分书院改为学堂,传授西学,而正谊不随时俗,独树一帜,惟程、朱是依。牛兆濂力维先师门户,在正谊讲学五年,使孔、孟、程、朱之学绝而复续,成为清麓一系重要代表,而正谊书院也成为关中最后的理学堡垒。

记文的第三段重点介绍了芸阁书院在牛兆濂的主持下,得到大规模扩建的过程。1914年,芸阁精舍迁回四献祠旧址。10月,关中著名学人张元际、张元勋会讲途经芸阁,认为"此祠乃关学所系,不可缓。偕季弟元勋倡捐督修,即祠宇为兴学地"。在张氏兄弟与蓝田贤达的共同扶持下,"四献祠"原有六间破旧危房得以修复,且新增东西厢房四间,为日后在此开展的讲学活动奠定了基础。与此同时,将学校取名为"芸阁学舍",与历史上的"芸阁书院"相区别,以示谦逊。1919年,牛兆濂从三原回到芸阁讲学。在他的积极倡议下,蓝田县令李惟人、陕西督军陈树藩、省长刘镇华先后捐献巨款,书院添建了大量的庠舍,芸阁至此方具规模。

记文最后一段,牛兆濂期望芸阁诸生能够"诵法孔子而存天地之心",因为"天生孔子以明人道,此天地之心也"。他强调"留此寻丈之地,为中原绵一线人道之传",竭力守护好芸阁这一"先贤读书讲约"的文化重地,只为理学能延一线生机,为关学留些许种子。因为这些种子是未来国家走向强大的希望所在。牛兆濂坚信,如果诸生能够日夕熟诵孔子经书而身体力行,那么,就有希望经存而道存,天地之心于是乎立。

通过这篇记文,可以让我们深刻地感知到,传统书院作为儒家传道授业的地方,或许仅有寻丈之地,却寄托着中国士阶层的理想与信仰,维系着国家的纲常伦理,关乎到国家生死存亡、治乱兴衰的大局,是文人学士通往修齐治平圣域道路上不可或缺的阶梯与桥梁。

重修鲁斋祠落成并祭黄小鲁观察启(节选)

敬启者：关中讲学之区在省东关者，有鲁斋[1]讲社，即旧鲁斋书院，汉阳黄小鲁观察[2]所特建，以崇祀前贤、振兴关学，为会讲地也。考《元史》，延祐[3]中，敕京兆建鲁斋书院，并给祭田以奉祠事。盖鲁斋提学京兆，居雁塔之东者凡六年，一时名贤辈出，如杨元甫[4]、萧维斗[5]、同宽甫[6]、韩从善[7]诸君子，彪炳史册。而宽甫掌教书院，先后来学至千余人。姚牧庵[8]谓："先生弟子继司鼎铉[9]者将十人，卿曹风纪、二千石吏棋错中外者，又十倍焉。"然则谓讲学之果益于人国，与一二人之心之力，果无与于天下之治乱安危，岂笃论哉？

【注释】

【1】鲁斋：许衡(1209—1281)，字仲平，学者称鲁斋先生，谥文正，河内(今河南沁阳)人。崇信程、朱理学，1254年忽必烈出王秦中，任京兆(今西安)提学。其著作有《中庸直解》《大学直解》等。

【2】黄嗣东：即黄小鲁，湖北汉阳人。光绪十年(1884)，以道员简放陕西，历署凤、邠盐法道及陕安兵备道，所至均有治绩。光绪中，在西安东关重建鲁斋书院，作为讲习集会之所，学者

翕然归之。其著作有《濂学编》《道学渊源录》。

【3】延祐:是元朝仁宗皇帝的年号,使用年代为公元1314年至1320年。

【4】杨元甫:即杨恭懿,号潜斋,陕西高陵人。杨天德(君美)之子。博综群书,无不究心,潜心程朱之学。其著作有《潜斋遗稿》。

【5】萧维斗:萧维斗(1241—1318),名䌷,号勤斋,奉元(今陕西西安)人。淡泊名利,博及群书,凡天文、地理、律历、算数,靡不研究。其治学一以洙、泗为本,濂、洛、考亭为据,关辅之士,翕然宗之,受业者甚众,为一代醇儒。著作有《三礼说》《小学标题驳论》《勤斋文集》等。

【6】同宽甫:即同恕(1254—1331),号榘庵,谥文贞,奉元(今陕西西安)人。元仁宗时,执教于鲁斋书院,先后来学者殆千数。其学由程、朱上溯孔、孟,务求致用,以利于行。所著有《榘庵集》二十卷。

【7】韩从善:即韩择,奉元(陕西西安)人。天资超异,信道不惑,学问精纯,尤邃于礼学,士大夫游学做官经过关中,必往见之,颇受时人敬重。

【8】姚牧庵:即姚燧(1238—1313),字端甫,号牧庵,河南洛阳(今河南洛阳)人。元朝文学家。著有《牧庵集》。

【9】鼎铉:举鼎之具,借指国之卫士。

先生尝言:"纲常不可一日而亡于天下,苟在上者无以任之,则在下之责也。"观察以黎州世系,少承家学,所在以倡明斯道为己任。光绪初,筮仕[1]来秦,即与平定李菊圃方伯[2]、三原贺征君[3]、华州王学正及其门下诸君子倡学省垣,而鲁斋书院于是乎复。鲁斋之祠祀既绝而复续,关学之兴,于时为盛,盖阅数百年而仅见也。亡何观察以忧去官,方伯、征君亦相继即世,风流顿歇,关天运矣。所幸数椽祠宇,历廿余寒暑巍然独存,犹足系学者高山景行之向往,低徊留之不能去,非先生在天之灵有以默相而致然欤!

【注释】

【1】筮仕:古人将出做官,卜问吉凶。

【2】李菊圃:即李用清(1829—1898),字澄斋,号菊圃,山西平定人。同治进士。大学士倭仁门生。授编修。光绪十二年(1886)命为陕西署理布政使。曾先后主讲河东书院、晋阳书院等。

【3】贺征君:指贺瑞麟。

惟祠宇僻在东塾,且北向非制,不惟无以全有庙之尊,并无以为诸生以时习礼之地。观察来书,固屡言之,以艰于筹措未果也。天不祚道,观察竟以宣统二年冬十月十九日谢宾客捐馆舍矣。未竟之志,我同人谋有以踵成之,乃于后院辟地五楹,中祀鲁斋,而以鲁斋后有功关学诸儒左右配享。至观察之惓惓[1]关学,秦人士久切讴思[2],谓公所讲学地,甘棠[3]之爱,有余悲焉。饮食尸祝[4],将于是乎在,瞽宗配食[5],迫于人情之所不容,已固千口同声也。堂阶毕具礼器,拟渐次增设,并留讲堂东西隙地,为扩充衡序之所,庶学者于瞻拜之余,得所感发,以资兴起。又有当时名公卿提倡于上,四方讲学纯儒协力于下,以时会讲,大倡学风,纲纪以立,人心以正,庶民兴而邪慝远,未必不于此一役兆之也夫。而后观察之属望不虚,今日之举亦不为徒劳已。

【注释】

【1】惓惓:深切思念,念念不忘。
【2】讴思:讴歌以表达思念之情。
【3】甘棠:木名,即棠梨。指对官吏的爱戴。
【4】尸祝:古代祭祀时对神主掌祝的人;主祭人。祭祀。
【5】瞽宗:学校名。商代创设,以习乐为主。

品　读

　　《重修鲁斋祠落成并祭黄小鲁观察启》出自《蓝川文钞》(壬戌年即1922年芸阁诸生排印本)卷八,该文系统介绍了西安鲁斋书院的发展历史、教育成就及其在理学史上的重要地位。作为关中理学的又一个学术重镇,鲁斋书院有其独特的深厚的文化底蕴与历史价值,元、明、清各朝对之十分重视,不断加以修葺。本文共分三部分,第一部分主要介绍了鲁斋书院的创建历史。据《元史》卷一百八十九《儒学》、卷一百五十八《许衡传》记载:1254年蒙古国忽必烈出王秦中,任命许衡为京兆(今陕西西安)提学,教化三秦民众。时"秦人新脱于兵,欲学无师,闻衡来,人人莫不喜幸来学。郡县皆建学校,民大化之。世祖南征,乃还怀,学者攀留之不得,从送之临潼而归"(《元史·许衡传》)。许衡在关中的讲学活动历时六年,培养了如杨元甫、萧维斗、同宽甫、韩从善等一大批关中贤达,影响广远。元延祐初年,陕西行台侍御史赵世延奏请仁宗皇帝,在西安东关修建鲁斋书院,由关中大儒同恕"领教事",以纪念许衡在关中的学术贡献。延及清末,汉阳黄小鲁观察为崇祀前贤,振兴关学,在书院旧址修建鲁斋祠,以期教化民众,敦化世风,培育人才。

第二部分主要讲述了黄小鲁欲变移士习,"以倡明斯道为己任",于光绪十三年(1887)延请关中大儒贺瑞麟在鲁斋书院讲学。据《贺复斋先生行状》与《贺清麓先生年谱》记载,此次讲学活动备受关中学人重视,叶伯英中丞、李菊圃方伯、黄彭年廉访、曾铄观察、江汇川观察等都来会讲,请贺瑞麟上坐讲《西铭》《大学》,李方伯讲《中庸》,同时讲习古乡饮酒礼。讲学活动也吸引了众多关中青年学子。如正在关中书院读书的牛兆濂,就是在鲁斋书院听到贺瑞麟讲授理学,心向往之,对理学产生兴趣,倾慕不已。亦如本文中所言:"鲁斋之祠祀既绝而复续,关学之兴,于时为盛,盖阅数百年而仅见也。"一时关中讲学风气隆盛,关学再现郁郁生机。然讲学活动维持一段时间后,却因黄小鲁丁忧归乡,贺瑞麟、李菊圃相继过世,书院"风流顿歇",物是人非。牛兆濂于1904年接续先师贺瑞麟的讲学事业,接过鲁斋书院的讲学重任。他在《赠庞纯修》一文中说:"鲁斋之学,朱子之学也;朱子之学,孔、孟之学也。学其学,心其心,名教纲常之不亡于天下,非异人任也。"可见,牛兆濂在此讲学目的,就是通过讲授孔、孟、朱子、鲁斋之学,挽纲常大纪于不倒。但牛兆濂在鲁斋的讲学活动为时不久,西安地方官员却欲将鲁斋书院改建为新式学堂,牛兆濂对此竭力反对,上书教育总会,据理力争,无奈之余,他感叹"所最可惜者,佛、老、袄之教堂,充塞宇宙,省垣之大,何所不容!而独不使孔、孟、程、朱之绪论留咫尺地以为讲习,亦主持名教者之耻也"(见牛兆濂《致教育总会书》)。后在黄小鲁的劝说下,牛兆濂率诸生回到芸阁学舍。其内心的矛盾与痛苦,既彰显了一代学人为了学术事业不屈不挠的决心与勇气,也折射出在西学的不断冲击下,儒学地位一落千丈,日渐走向消亡的历史背景。

  第三部分主要介绍了1910年黄小鲁逝世后,牛兆濂等关中大儒共伸其未竟之志,多方募集款项,对先正曾经讲学的地方再次扩建。在鲁斋后院辟地五楹,中殿祭祀鲁斋,左、右殿配享鲁斋之后有功于关学的名儒,岁时祭祀,以示对先儒的崇拜与景仰,同时表达对黄小鲁在关中弘扬、传播关学的杰出贡献。本段落还介绍了牛兆濂等关中大儒齐心协力,继承许衡的讲学事业,在鲁斋以时会讲,传播孔、孟、程、朱之学,以期为关中培养出许衡门下杨元甫、萧维斗、同宽甫、韩从善那样的道德楷模,以此立纲纪,正人心,远邪慝,存正气。文末交待了牛兆濂等关中人士重新修葺鲁斋祠的目的,就是给读书人留方寸之地,为正学绵一线生机,天地之心赖是以存,道德人心赖是以归,纲常名教赖是不坠。其用心之良苦,卫道之艰难,绝非今人所能体会。

与张鸿山[1]

富阳[2]有书来,意甚殷挚[3],惟有谓"《清麓文集》多陈言而少心得,于汉学、西学盛行之日,不能出一言以救正,亦异于程、朱之学矣"等语殊乖公允。夫先师不尚文词,不矜[4]著述,非孔、孟、程、朱之言不言,笔札所流皆其躬行心得者也。以为陈言而务去之,则曾子、子思之《大学》《中庸》,朱子《小学》书,可议者多矣。濂尝谓"一留心文词,便有求工、求胜之心"。已成心术之病,我辈多年驱策不去者,灵峰反以此少先师,何也?

【注释】

【1】张鸿山,即张元勋(1863—1955),字鸿山,号果斋,陕西兴平人。与其兄张元际(晓山)倡导儒学,创建爱日堂、宏仁书院,提倡讲学,教化乡里,名闻三辅。
【2】富阳:代指夏震武。夏震武(1853—1930),又名震川,字伯定,号涤庵,浙江富阳人。晚年讲学于灵峰精舍,致力于程、朱理学,提倡孔、孟之道,时称灵峰先生。
【3】殷挚:恳切诚挚.
【4】矜:自尊自大;自夸。

汉学之害,秦中当日尚无此,而《汉学商兑》[1]早已刊布,以破其说,不可谓无以救正之关中。志学斋[2]购书多系汉学,先师早为忧之,见于文集《与张愚生书》可考也。秦中僻在一隅,西学倡行在甲午、乙未以后,去癸巳先师之殁已数年,以是追咎不可也。先师当日所力辟者,科举也,陆、王也,功利也,皆所以救时而拔本塞源之论也。反经以消邪慝[3],俾三十年来关中道脉之延不绝如线,谁之力欤?此殆非门下阿好之言矣。先师道德,在天壤如日月光明,初不以一言为增减,惟于人不深相知,于其议论学行不详究本末,而辄以一言断之,其不失累黍[4]者鲜矣。

【注释】

【1】《汉学商兑》:清方东树(1772—1851)撰,全书共三卷,是为反驳江藩《汉学师承记》、纠正清代汉学之失而作。

【2】志学斋:光绪七年(1881)陕西巡抚冯誉骥(1822—1884)在关中书院设立"志学斋",以经义课士,所拔皆三辅英俊。

【3】邪慝:邪恶。

【4】累黍:古代用黍粒作为计量的基准,累黍就是用一定的方式排列黍粒,以计算长度、容各与重量。

品 读

《与张鸿山书》节选自《蓝川文钞》卷五《书答》。全文分为两个部分。第一部分,牛兆濂向道友张鸿山(果斋)转述了富阳夏灵峰来信内容。针对夏灵峰批评《清麓文集》"多陈言而少心得,于汉学、西学盛行之日,不能出一言以救正,亦异于程、朱之学矣"等语,牛兆濂认为此话有失公允。作为关中理学巨擘,贺瑞麟早年师从大儒李元春,得其高致,后屏弃名利,锐志圣贤,一以朱子立志居敬、穷理反身为纲要,以程、朱为依归。曾曰:"朱子之学,孔子之学也;朱子之道,孔子之道也。宗朱子者为正学,不宗朱子即非正学"(参见《灵泉文集·清麓文集约钞序》)。他曾对门下说:"为学第一要路脉真,第二要工夫密",规定"凡学于此者,一以圣贤之学为宗",而对于"世俗记诵词章,功名利禄之说,务使扫除净尽,不以干碍其胸中"(参见《贺瑞麟集·贺清麓先生年谱》)。贺瑞麟讲学和著述的特点,一是不重举业,惟志于圣贤求仁之学,欲以此明学术,正人心。二是排斥诸种杂学,但凡权谋术数及百家众技,以及老之虚无、佛之寂灭、俗儒之词章记诵等,坚决痛拒之。"凡异学之空寂,霸学之功利,汉学之博杂,俗学之卑陋,以及心学阳儒阴释,无不峻拒而痛惩之。"正因于此,其门下士孙迺琨赞其"守道之笃,辨道之精,体道之实,卫道之严,直欲开千古之光明"(参见《灵泉文集·清麓文集约钞序》)。受程、朱文字表述亲切可近的文风影响,贺瑞麟不尚文辞,不事雕琢,语言质朴亲切,文章平实无华,毫无矜持之气,非孔、孟、程、朱之言不言,形诸于笔端的都是其躬行实践的心得体会。因此,牛兆濂认为夏灵峰对贺瑞麟的评价有失公允,直陈如果按照夏的标准,那么,《大学》《中庸》亦难免其嫌。与此同时,牛兆濂也说出了自己的忧心,指出"一留心文词,便有求工、求胜之心",一昧地追求文字表达形式上的完美,必然会导致求工、求胜的学术倾向,因此,他主张要杜绝过份虚饰文辞,做到文质相符。

第二部分,牛兆濂对清代流衍的汉学、西学谈了自己的看法。他认为《汉学商兑》早已刊布,对汉学的弊端已给予了彻底批判,不可谓无以救正于关中。牛兆濂忆及贺瑞麟先生在世时,曾对志学斋所购图书多系汉学之书甚为担忧,而现在这种局面已经有所改变,自己再无需赘言。但对夏灵峰批评贺瑞麟著作"多陈言,少心得"之语,牛兆濂进一步加以分辩。他说:"近世新学之祸,其源倡之汉学,力与程、朱为敌,因之以排斥孔、孟,皆'新'之一字为之,实'功'之一字为之也。然吾谓其不识功,并不识新。圣人之言新也,曰'温故而知新。'则舍故无以为新也。曰:'德日新,日日新,又日新。'言德之日进不已也。日进而不已,则作圣之功也。以之修己,则身修而德崇;以之治人,则家齐、国治、天下平,而业于是广"(参见《蓝川文钞续》卷三《庸字说》)。由此可知,牛兆濂对汉学、西学是持批判态度的,并不认同夏灵峰批评贺瑞麟思想保守、守旧的说法。他说:"先师当日所力辟者,科举也,陆、王也,功利也,皆所以救时而拔本塞源之论也。反经以消邪慝,俾三十年来关中道脉之延不绝如线,谁之力欤？"

晚清民国时期的中国思想界,理学、汉学、西学三种学术思想矛盾交织,相互碰撞,相互交锋。以江藩等为代表的汉学家对传统理学尤其是程、朱理学予以批评,与此同时,也受到了方东树为代表的桐城派的有力回击,在《汉学商兑》一书中,方东树批评汉学家"惟以诋宋儒、攻朱子为急务,要之不知学之有统,道之有归,聊相与逞志快意以鹜名而已",可谓直指要害,一剑封喉。然在理学内部,却也有不同分歧。以夏灵峰为代表的程、朱学派,受新学的影响,对西北地区以贺瑞麟为代表的清麓学派有所批评,并遭到了清麓后学的驳斥。学术贵在批判,在批判中吸收不同的思想养分,是学术能够强大的必经之路。

(撰稿:王美凤)